인생이 즐거워지고 비즈니스가 풍요로워지는
SNS소통연구소 교육 소개

현재 전국에 수백 명의 스마트폰 활용지도사 자격증을 취득한 뉴미디어 마케팅 전문 강사들이 강사로 활동 중에 있습니다.

- **스마트폰 활용지도사 2급 및 1급 자격증**
  스마트폰 기본 활용부터 스마트폰 UCC, 스마트폰 카메라, 스마트워크, 스마트폰 마케팅 교육 등 스마트폰 전문강사를 양성하고 있습니다.

- **유튜브 크리에이터 전문지도사 2급 및 1급 자격증**
  유튜브 기본 활용부터 실전 유튜브 마케팅까지 실질적으로 도움이 되고 돈이 되는 교육을 실시하고 있습니다.

- **SNS마케팅 전문지도사 2급 및 1급 자격증**
  다양한 SNS채널을 활용해서 고객을 유혹하고 매출을 증대시킬 수 있는 실전 노하우와 SNS마케팅 효과를 극대화하기 위한 광고 전략 구축 노하우 교육을 하고 있습니다.

- **프리젠테이션 전문지도사 2급 및 1급 자격증**
  기업체에서 발표자료를 만들거나 제안서를 만들 때 꼭 알고 활용해야 할 프리젠테이션 제작 노하우를 중점적으로 교육하고 있습니다.

- **스마트워크 전문지도사 2급 및 1급 자격증**
  스마트폰 및 SNS를 활용해서 실전에 꼭 필요한 기능과 업무효율을 높일 수 있는 노하우에 대해서 교육을 진행하고 있습니다.

- **디지털문해교육 전문지도사 2급 및 1급 자격증**
  디지털문해교육 전문지도사가 초등학교부터 대기업 임원을 포함한 퇴직 예정자들까지 디지털 기술 활용에 대한 교육을 진행할 수 있도록 교육하고 있습니다.

- **디지털범죄예방전문지도사 2급 및 1급**
  4차 산업혁명시대! 디지털리터러시 시대에 어린아이들부터 성인들에게 이르기까 각종 디지털범죄로 인해 입을 피해를 방지하고자 교육합니다.

- **AI 챗GPT 전문지도사 2급 및 1급 자격증**
  디지털 대전환시대에 누구나 배우고 익혀야 할 AI챗GPT 각 분야별 전문 강사를 양성하고 있습니다.

SNS소통연구소는

2010년 4월부터 **뉴미디어 마케팅 교육(스마트폰, SNS 마케팅, 유튜브 크리에이터, 프리젠테이션, 컴퓨터 활용 등)**을 진행하고 있으며 4,000여명의 스마트폰 활용 지도사를 양성해오고 있습니다. 현재 전국 74개의 지부 및 지국을 운영하고 있습니다.

📞 **교육 문의** 02-747-3265 / 010-9967-6654
✉ **이 메일** snsforyou@gmail.com

책을 내면서...

이번에 출간하는 책은 15년 동안 스마트폰 교육, SNS마케팅 교육 및 뉴미디어 마케팅 교육 전문 강사 양성을 전문적으로 진행하고 있는 SNS소통연구소에서 발행하게 되었습니다.

SNS소통연구소는 2010년도부터 스마트폰 활용 교육과 SNS마케팅 교육 전문 강사를 전문으로 양성 해오고 있습니다.

스마트폰 교육 전문가를 양성하기 위해서 2014년도에 국내 최초로 스마트폰 강사 자격증인 [스마트폰활용지도사] 교육을 통해 2024년 4월 현재 4,000여 명 이상의 자격증 취득하신 분을 배출하였으며 수백 명의 강사들이 전국 각 기관 및 단체에서 활발히 활동 중에 있습니다.

또한, 전국에 74개의 SNS소통연구소 지부 및 지국을 운영하면서 각 지역에서 활동하고 있는 모든 정보들을 서로 공유하며 진정 대한민국의 디지털 콘텐츠 교육문화를 선도해 나가고 있습니다.

SNS소통연구소 소속 강사들은 단순히 시니어 실버분들을 위한 스마트폰 활용 교육만 하는 것이 아니라 초등학교부터 대기업 임원분들까지 디지털 콘텐츠 관련 교육(스마트폰, 스마트워크, SNS마케팅, 디지털 범죄 등)을 진행하고 있습니다.

SNS소통연구소는 디지털콘텐츠 전문 교육 기관으로 거듭나고자 2023년 7월 ㈜디지털콘텐츠그룹을 설립하였으며 2023년 11월 [디지털콘텐츠 R&D센터]를 설립하고 과학기술정보통신부와 한국산업기술진흥협회로부터 [기업부설연구소 인정서]를 발급받아 디지털 콘텐츠 연구에 정진하고 있습니다.

또한, 디지털콘텐츠e-러닝은 2024년 5월 중에 벤처기업확인기관에서 기술의 혁신성과 성장성이 우수하다고 평가받은 기업에게 주어지는 [혁신성장유형 벤처기업인증] 취득을 기다리고 있습니다.

위 말씀드린 내용처럼 SNS소통연구소와 ㈜디지털콘텐츠그룹은 진정 대한민국을 넘어 전 세계 시니어 실버들이 디지털리터러시 교육을 통해 지금보다 좀 더 풍요롭고 즐거운 인생을 살아가는데 도움을 드리고자 합니다.

이번 책은 SNS소통연구소에서 디지털 콘텐츠 관련된 다양한 책들이 50여 권 출판되어 많은 분들이 교재로 사용하고 계십니다.

현재도 그렇지만 앞으로 디지털문해교육이 더 많아질 것입니다.

일반분들은 디지털문해교육이 어르신들이 배우는 디지털문해라고 생각하시는 경우가 많은데 어린 학생부터 성인들까지 디지털문해 관련된 교육이 절실한 시대입니다.

이에 이번 출간되는 책이 개인의 자기계발서뿐만 아니라 전국에서 디지털문해교육을 하고 계시는 많은 강사님들에게 교재로 사용되면 좋을 것입니다.

4차 산업혁명 시대, 디지털 대전환의 시대에 스마트폰은 진정 소통의 도구이며 마술봉과도 같습니다.

이 책을 통해서 SNS 소통연구소와 ㈜디지털콘텐츠그룹이 항상 강조하고 있는 "스마트폰 제대로 배우고 익히면 인생이 즐거워지고 비즈니스가 풍요로워집니다!" 를 대한민국 국민 모두가 공감하고 제대로 스마트폰 및 디지털 콘텐츠를 제대로 배우고 익히셔서 활용을 잘 하셨으면 하는 바람이 간절합니다.

저자 소개

이종구
교육문의 : 010-9967-6654
웹사이트 : digitalcontentgroup.com

경력사항
- 현) ㈜디지털콘텐츠그룹 대표이사
- 현) 디지털콘텐츠 평생교육원장
- 현) 디지털콘텐츠 뉴스 발행인
- 현) 디지털콘텐츠 출판사 대표
- 현) SNS소통연구소 소장
- 현) SNS소통연구소 출판사 대표
- 현) 소통대학교 대표

주요 자격사항
- 국내 최초(最初) 국내 최고(最高) 스마트폰 강사 및 SNS마케팅 강사 자격증인 스마트폰활용지도사 발행인
- 디지털콘텐츠큐레이터
- SNS마케팅전문지도사
- 유튜브크리에이터전문지도사
- 스마트워크전문지도사
- 디지털문해교육전문지도사
- 디지털범죄예방전문지도사
- AI챗GPT전문지도사
- 프리젠테이션전문지도사
- 컴퓨터활용전문지도사
- 마케팅글쓰기전문지도사

위 자격증들도 직접 교육 및 발행하고 있습니다.

주요 저서
- SNS길라잡이(2012년 5월) 외 스마트폰 및 SNS마케팅 관련 책 49권의 책 집필 및 직접 출판

강의규
교육문의 : 010-7223-0007
웹사이트 : digitalcontentgroup.com

경력사항
- 현) ㈜디지털콘텐츠그룹 스마트폰 활용 교육 강사
- 현) 디지털콘텐츠평생교육원 유튜브 크리에이터 강사
- 현) SNS소통연구소 디지털콘텐츠 교육 강사
- 현) 서초양재느티나무쉼터 스마트폰 활용 강사
- 현) 까리따스 방배 복지관 시니어 아카데미 스마트폰 활용 강사
- 전) IT분야 30년 근무

주요 자격사항
- 스마트폰활용지도사 2급 및 1급
- 유튜브크리에이터전문지도사 2급
- 디지털문해교육전문지도사 1급
- 심리상담사1급
- 사회복지사2급

이정화
교육문의 : 010-9490-7024
블로그 : blog.naver.com/wildcat-ljh
웹사이트 : digitalcontentgroup.com

경력사항
- 현) ㈜디지털콘텐츠그룹 이사
- 현) 디지털콘텐츠 평생교육원 부원장
- 현) 디지털콘텐츠 e-러닝평생교육원 교수
- 현) 디지털콘텐츠 뉴스 이사
- 현) SNS소통연구소 부소장
- 현) SNS소통연구소 출판사 기획이사
- 현) 소통대학교 부대표

주요 자격사항
- 스마트폰활용지도사 2급,1급
- 디지털콘텐츠큐레이터 2급,1급
- 유튜브크리에이터전문지도사 2급,1급
- 디지털문해교육전문지도사 2급,1급
- SNS마케팅전문지도사 2급,1급
- 디지털범죄예방전문지도사 2급,1급
- 스마트워크전문지도사 2급,1급
- AI챗GPT전문지도사 2급,1급

주요 저서
- 스마트폰활용 교육전문가들을 위한 길라잡이
- 누구나 쉽게 따라하는 유튜브 크리에이터
- 고객이 몰리고 매출이 증대되는 SNS마케팅 길라잡이 외 30권 집필

한덕호
교육문의 : 010-8831-0034
블로그 : blog.naver.com/dhhan5830

경력사항
- 현) ㈜디지털콘텐츠그룹 관리 본부장
- 현) SNS소통연구소 / 소통대학교 관리본부장
- 현) SNS소통연구소 출판사 이사
- 현) 디지털콘텐츠 출판사 이사
- 전) 진로 재팬㈜ 사장
- 전) ㈜진로 영업관리,마케팅 담당 임원

주요 자격사항
- 디지털콘텐츠큐레이터
- AI챗GPT전문지도사
- SNS마케팅전문지도사
- 디지털문해교육전문지도사
- 유튜브크리에이터전문지도사
- 스마트워크전문지도사
- 디지털범죄예방전문지도사

주요 저서
- 스마트폰 활용 교육전문가를 위한 길라잡이
- 누구나 쉽게 따라하는 유튜브 크리에이터
- 스마트폰,SNS마케팅,컴퓨터 분야 책 다수 출간

박은숙

교육문의 : 010-8269-5347
블로그 : blog.naver.com/hand0920

경력사항
- 현) ㈜디지털콘텐츠그룹 경주시 지국장
- 현) ㈜디지털콘텐츠그룹 디지털콘텐츠 큐레이터
- 현) SNS소통연구소 경주시 지국장
- 현) 디지털 콘텐츠 e-러닝평생교육원 교수
- 현) 경주신중년사관학교 스마트폰활용과 교수
- 현) 동국대학교 평생교육원 스마트폰 자격증반
- 전) 복지관, 노인대학, 장애인기관, 도서관 스마트폰강사
- 전) 평생학습관 찾아가는 디지털학습사랑방 강사

주요 자격사항
- 스마트폰활용지도사 2급,1급
- 유튜브크리에이터전문지도사 1급
- SNS마케팅전문지도사 2급,1급
- 스마트워크전문지도사 2급,1급
- 디지털문해교육전문지도사 1급
- 평생교육사, 사회복지사, 문해교육사 외

주요 저서
- 박은숙과 함께하는 즐거운 스마트폰 교육
- 업무효율 200% 올려주는 스마트워크
- 누구나 쉽게 따라하는 SNS마케팅
- 디지털교육 강사들의 필수 지침서 외 3권 집필

최영하

교육문의 : 010-5358-6710
블로그 : blog.naver.com/life-designer

경력사항
- 현) ㈜디지털콘텐츠그룹 서울시 강남구 지국장
- 현) ㈜디지털콘텐츠그룹 디지털콘텐츠 큐레이터
- 현) SNS소통연구소 서울시 강남구 지국장
- 현) 서울동부여성발전센터 스마트폰활용 직업교육 강사
- 현) 강남평생학습센터 디지털문해교육 직업교육 강사
- 현) 교육기관, 공공기관, 복지관, 장애인센터 등 스마트폰활용, 키오스크 디지털범죄 예방, 디지털콘텐츠디자인, SNS마케팅, 유튜브, 스마트워크 챗GPT 등 디지털 리터러시 강사
- 전) 과학기술정보통신부 디지털전환 강사
- 전) 서울시민대학 디지털시민교육 강사

주요 자격사항
- 디지털콘텐츠큐레이터 2급,1급
- AI챗GPT전문지도사 2급,1급
- 스마트폰활용지도사 2급,1급
- 스마트워크전문지도사 2급,1급
- 디지털문해교육전문지도사 2급,1급
- 유튜브크리에이터 전문지도사 2급,1급
- SNS마케팅전문지도사 2급,1급
- 컴퓨터활용능력/ITQ/Untact Lecturer
- 경영 빅데이터 분석사/빅데이터전문가
- 온라인마케팅컨설턴트/공학사/창업경영학사

주요 저서
- 누구나 쉽게 따라하는 Ai 챗 GPT
- 스마트폰 강사들이 꼭 알아야 할 스마트폰활용 비법
- 스마트폰 교육전문가 최영하와 함께하는 스마트폰 쉽게 배우기
- 스마트폰 시스템 구축을 위한 SNS도구 활용 가이드 북
- 메타버스시대 가장 먼저 배우고 익혀야 할 스마트폰활용

박남수

교육문의 : 010-4234-6456
웹사이트 : www.socialcoop.or.kr

경력사항
- 현) 전국협동조합협의회 상임대표
- 현) 의정부이종협동조합연합회 회장
- 현) 사회적협동조합 사회적경제를이끄는공동체 이사장
- 현) 의정부녹양동주민자치회 유튜브 '녹양이TV' 방송위원장
- 전) 한국기독교장로회 총회 파송 독일 헤쎈나우 주교회 선교사
- 전) 재독기독교한인교회협의회 회장
- 전) 유럽목회선교연구원(EMI) 총무
- 전) 의정부기독교연합회 회장
- 전) 경기북부사회적경제네트워크 대표이사
- 전) 경기도협동조합협의회 대표

주요 자격사항
- 사회복지사
- 교육부 중등학교 정교사
- 스마트폰활용지도사
- 갈릴리에큐메니칼신학원 교수
- 디지털문해교육전문지도사
- 서울대학교 경영대 협동조합전문가 과정 코디네이터
- 한국생산성본부 소상공인협동조합 컨설턴트, 인큐베이터

주요 저서
- 서대문민중신학교의 증언
- 서서 죽기를 원한 사람들
- 성공비즈니스를 위한 스마트폰 활용노하우
- 디지털문해교육의 정석(디지털 기초부터 AI까지)

민세원

교육문의 : 010-3232-2058
웹사이트 : digitalcontentgroup.com

경력사항
- 현) ㈜디지털콘텐츠그룹 시니어 스마트폰 활용 교육 강사
- 현) 디지털콘텐츠평생교육원 UCC 활용 교육 강사
- 현) SNS소통연구소 디지털콘텐츠 활용 교육 강사
- 현) 서초구립 느티나무쉼터 SSN PD (유튜브채널 "할마할빠 이야기" PD)

주요 자격사항
- 스마트폰활용지도사 2급 및 1급
- 유튜브크리에이터전문지도사 2급
- 디지털문해교육전문지도사 1급

국내 최초! 국내 최고!
스마트폰 강사 자격증

● **스마트폰 활용지도사 자격증에 대해서 아시나요?**
과학기술정보통신부가 검증하고 한국직업능력개발원이 관리하는 스마트폰 자격증 취득에 관심 있으신 분들은 살펴보세요.

상담 문의
이종구 010-9967-6654
E-mail : snsforyou@gmail.com
카톡 ID : snsforyou

스마트폰 활용지도사 1급

● **해당 등급의 직무내용**
초/중/고/대학생 및 성인 남녀노소 누구에게나 스마트폰 활용교육 및 SNS 기본 교육을 실시할 수 있습니다. 개인 및 소기업이 브랜딩 전략을 구축하는 데 있어 저렴한 비용을 들여 브랜딩 및 모바일 마케팅 전략을 구축할 수 있도록 필요한 교육을 할 수 있습니다.

스마트폰 활용지도사 2급

● **해당 등급의 직무내용**
시니어 실버분들에게 스마트는 활용교육을 실시할 수 있습니다. 개인 및 소기업이 모바일 마케팅 전략을 구축하는데 있어 기본적인 교육을 할 수 있습니다. 1인 기업 및 소기업이 스마트워크 시스템을 구축하는 데 제반 사항을 교육할 수 있습니다.

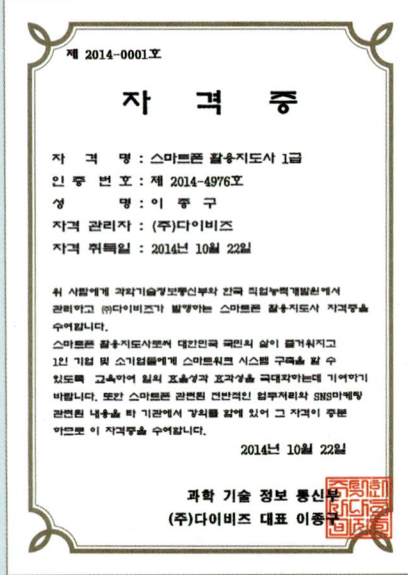

- **시험 일시** : 매월 둘째 주, 넷째 주 일요일 5시부터 6시까지 1시간
- **시험 과목** : 2급 – 스마트폰 활용 분야 / 1급 – 스마트폰 SNS마케팅
- **합격점수**
  1급 – 80점 이상(총 50문제 각 2점씩, 100점 만점에 80점 이상)
  2급 – 80점 이상(총 50문제 각 2점씩, 100점 만점에 80점 이상)

시험대비 공부방법
1. 스마트폰 활용지도사 2급 교재 구입 후 공부하기
2. 정규수업 참여해서 공부하기
3. 유튜브에서 [스마트폰 활용지도사] 채널 검색 후 관련 영상 시청하기

시험대비 교육일정
1. 매월 정규 교육을 SNS소통연구소 전국 지부에서 실시하고 있습니다.
2. 스마트폰 활용지도사 **SNS소통연구소 블로그** (blog.naver.com/urisesang71) 참고하기
3. 디지털콘텐츠 그룹 사이트 참조(digitalcontentgroup.com)
4. NAVER 검색창에 **(SNS소통연구소)**라고 검색하세요!

| 시험 응시료 : 3만원
| 자격증 발급비 : 7만원

- 일반 플라스틱 자격증
- 종이 자격증 및 우단 케이스 제공
- 스마트폰 활용지도사 강의자료 제공비 포함

스마트폰 활용지도사 자격증 취득 시 혜택
1. SNS 상생평생교육원 스마트폰 활용 교육 강사 위촉
2. SNS소통연구소 스마트폰 활용 교육 강사 위촉
3. 스마트 소통 봉사단에서 교육받을 수 있는 자격부여
4. SNS 및 스마트폰 관련 자료 공유
5. 매월 1회 세미나 참여 (정보공유가 목적)
6. 향후 일정 수준이 도달하면 기업제 및 단체 출강 가능
7. 그 외 다양한 혜택 수여

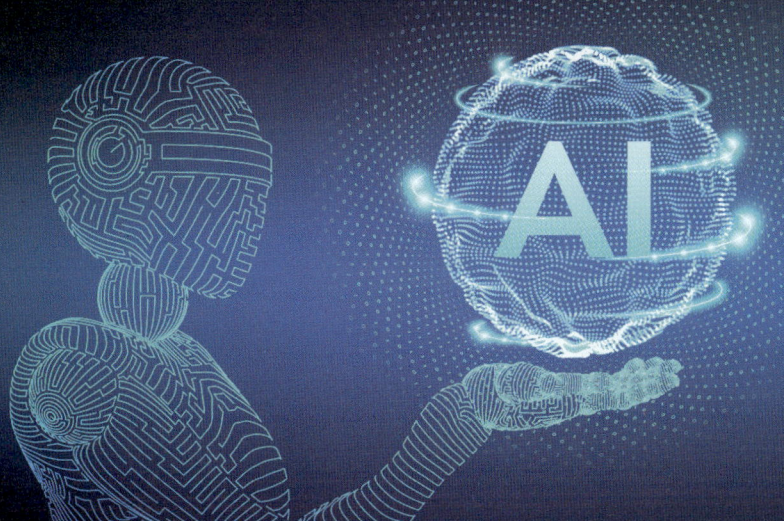

Ai 챗GPT 전문지도사
2급 / 1급

Ai 챗GPT 전문지도사 시험
매월 첫째, 셋째 일요일
오후 5시~6시까지

Ai 챗GPT 전문지도사가
일의 효율성과 효과성을 극대화 시키는데
도움을 드릴 수 있습니다!

Ai 챗GPT 전문지도사 2급 및 1급

- ☑ **자격의 종류** : 등록 민간자격
- ☑ **등록번호** : 560-86-03177
- ☑ **자격 발급 기관** : (주)디지털콘텐츠그룹
- ☑ **총 비용** : 100,000원
- ☑ **환불 규정**
  - 접수 마감 전까지 100% 환불 가능(시험일자 기준 7일전)
  - 검정 당일 취소 시 30% 공제 후 환불 가능

시험 문의
(주)디지털콘텐츠그룹 (Tel. 02-747-3265)

SNS소통연구소 자격증 교육 교재 리스트

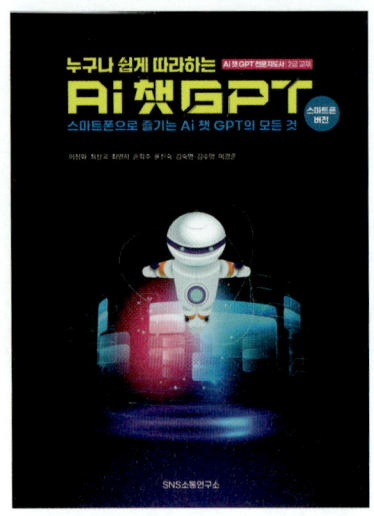

누구나 쉽게 따라하는 AI 챗GPT
스마트폰에서 활용하는 AI 서비스 활용
AI 챗GPT전문지도사 2급 교재

AI 챗GPT는 마케팅전문가
PC에서 활용하는 AI 서비스 활용
AI 챗GPT전문지도사 1급 교재

대학원생 및 컨설턴트를 위한 AI 챗GPT
AI 챗GPT전문지도사 1급 교재

AI챗GPT는 컨설턴트
: 챗GPT를통한 효율적 컨설팅
AI 챗GPT전문지도사 1급 교재

내 손안의 똑똑한 비서
스마트폰 활용하기
스마트워크전문지도사 2급 교재

디지털 범죄예방 교육의 정석
디지털 범죄예방 전문지도사
2급 교재

어르신들을 위한 스마트폰 기초 교실(개정판)
스마트폰 기초부터 기본 UCC 활용 책

부모님을 위한 스마트폰 교과서(개정판)
60+세대를 위한 가이드북

스마트폰 교육의 정석
디지털 교육 강사들의 필수 지침서
스마트폰활용지도사 2급 교재

나만 알고 싶은 SNS마케팅 비법
스마트폰활용지도사 1급 교재

UCC제작과 유튜브크리에이터 양성을 위한 책
유튜브크리에이터전문지도사 2급 교재

스마트한 강사를 위한 길라잡이
프리젠테이션전문지도사 2급 교재
컴퓨터활용전문지도사 2급 교재

지역사회 발전을 위해 사회복지사처럼
스마트폰 활용지도사가 필요합니다!

뉴미디어 마케팅 교육 문의
- 스마트폰 활용
- SNS마케팅
- 유튜브크리에이터
- 프리젠테이션
- 컴퓨터 활용 등
- 디지털범죄예방
- AI 챗GPT 활용

● **SNS소통연구소**(직통전화)
010-9967-6654

● **디지털콘텐츠그룹**(직통전화)
02-747-3265

SNS소통연구소 지부 및 지국 활성화

- 2010년 4월부터 교육을 시작한 SNS소통연구소는
  현재 전국에 74개의 지부 및 지국을 운영 중

스마트폰 활용지도사
(국내 최초! 국내 최고!)

- 2014년 10월 스마트폰 활용지도사 민간 자격증 취득
- 2급과 1급 과정을 운영 중이며 현재 4,000여 명 이상 지도사 양성

실전에 필요한 전문 교육
(다양한 분야 실전 교육 중심)

- 일반 강사들에게도 꼭 필요한 전문 교육을 실시함
  (SNS마케팅, 스마트워크, 프리젠테이션, 컴퓨터 활용 등)

SNS소통연구소 출판사

- 2011년 11월부터 SNS소통연구소 출판사 운영
- 스마트폰 활용 및 SNS마케팅 관련된 책 50권 출판
- 강사들에게 필요한 다양한 분야의 책을 출간 진행 중

SNS소통연구소 주요 사업 콘텐츠

● **사회복지사란?**
청소년, 노인, 가족, 여성, 장애인 등 사회적 약자에 대한 복지 정책 및 공공 복지 서비스가 증대함에 따라 사회적인 문제로 어려움을 겪는 이들을 돕는 직업

● **스마트폰 활용지도사란?**
개인이 즐거운 인생을 살아가는 데 도움을 드리고 소상공인들에게 풍요로운 비즈니스를 할 수 있도록 도움을 드리는 직업으로 스마트폰 활용지도사가 디지털 문맹 퇴치 운동에 앞장서고 즐거운 대한민국을 만들어가는데 초석이 되었으면 합니다.

SNS소통연구소 전국 지부 봉사단 현황

서울/경기북부	울산지부	부산지부
스마트 소통 봉사단	**스폰지**	**모바일**
2018년 6월부터 매주 수요일 오후 2시부터 5시까지 스마트폰 활용지도사들이 소통대학교에 모여서 강사 트레이닝을 목적으로 운영되고 있음 (기관 및 단체 재능기부 교육도 진행)	매월 정기모임을 통해서 스마트폰 활용지도사의 역량개발과 지역주민들을 위해 스마트폰 활용 교육 봉사활동 진행	모든 것이 바라는 대로 이루어집니다! 매월 정기모임을 통해서 스마트폰 활용지도사의 역량개발과 지역주민들을 위해 스마트폰 활용 교육 봉사활동 진행
제주지부	**경북지부**	**경기북부**
제스봉	**스소사**	**펀펀 스마트 봉사단**
제주도 스마트폰 봉사단 매월 정기모임을 통해서 스마트폰 활용지도사의 역량개발과 지역주민들을 위해 스마트폰 활용 교육 봉사활동 진행	'스마트하게 소통하는 사람들' 경북지부 스마트폰 봉사단 매월 정기모임을 통해서 스마트폰 활용지도사의 역량개발과 지역주민들을 위해 스마트폰 활용 교육 봉사활동 진행	'배우면 즐거워져요~' 경기북부 스마트폰 봉사단 매월 정기모임을 통해서 스마트폰 활용지도사의 역량개발과 지역주민들을 위해 스마트폰 활용 교육 봉사활동 진행
경기동부	**경기서부**	**대구지부**
스마트 119 봉사단	**스마트 위드유**	**스마트 소통 약방**
'스마트한 사람들이 모여 지역주민들의 스마트한 인생을 도와드리는 봉사단' 매월 정기모임을 통해서 스마트폰 활용지도사의 역량개발과 지역주민들을 위해 스마트폰 활용 교육 봉사활동 진행	매월 정기모임을 통해서 스마트폰 활용지도사의 역량개발과 지역주민들을 위해 스마트폰 활용 교육 봉사활동 진행	매월 정기모임을 통해서 스마트폰 활용지도사의 역량개발과 지역주민들을 위해 스마트폰 활용 교육 봉사활동 진행

SNS소통연구소
(2024년도 4월 기준) 출판 리스트 50권

   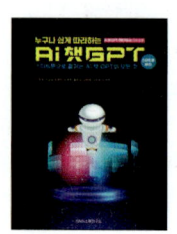 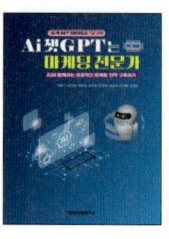 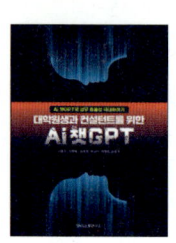 

SNS소통연구소
전국 지부 및 지국 현황

서울 (지부장-소통대)					
	강남구 (지국장-최영하)	강서구 (지국장-문정임)	관악구 (지국장-손희주)	강북구 (지국장-명다경)	강동구 (지국장-윤진숙)
	동작구 (지국장-최상국)	도봉구 (지국장-오영희)	마포구 (지국장-김용금)	송파구 (지국장-문윤영)	서초구 (지국장-조유진)
	성북구 (지국장-조선아)	양천구 (지국장-송지열)	영등포구 (지국장-김은정)	용산구 (지국장-김수영)	은평구 (지국장-노승유)
	중구 (지국장-유화순)	종로구 (지국장-김숙명)	금천구 (지국장-김명선)		

경기북부 (지부장-이종구)	의정부 (지국장-한경희)	양주 (지국장-유은서)	동두천/포천 (지국장-김상기)	구리 (지국장-김용희)	남양주시 (지국장-정덕모)	고양시 (지국장-백종우)

경기동부 (지부장-이종구)	성남시 (지국장-노지영)	용인시 (지국장-김지태)		경기서부 (지부장-이종구)	시흥시 (지국장-윤정인)	부천시 (지국장-김남심)

경기남부 (지부장-이중현)	수원 (지국장-권미용)	이천/여주 (지국장-김찬곤)	평택시 (지국장-임계선)	안성시 (지국장-허진건)	화성시 (지국장-한금화)

인천광역시	서구 (지국장-어현경)	남동구 (지국장-장선경)	부평구 (지국장-최신만)	중구 (지국장-조미영)	계양구 (지국장-전혜정)	연수구 (지국장-조예윤)

강원도 (지부장-장해영)	강릉시 (지국장-임선강)	춘천시 (지국장-박준웅)		충청남도 (지부장-김미선)	청양/아산 (지국장-김경태)	금산/논산 (지국장-부성아)	천안시 (지국장-김숙)	홍성/예산 (지국장-김월선)

대구광역시 (지부장-임진영)		대전광역시	중구/유성구 (지국장-조대연)		경상북도 (지부장-남호정)	고령군 (지국장-김세희)	경주 (지국장-박은숙)

전라북도 (지부장-송병연)		전라남도		광주광역시	북구 (지국장-김인숙)

부산광역시 (지부장-손미연)	사상구 (지국장-박소순)	해운대구 (지국장-배재기)	기장군 (지국장-배재기)	연제구 (지국장-조환철)	진구 (지국장-김채완)	북구 (지국장-황연주)

울산광역시 (지부장-김상덕)	동구 (지국장-김상수)	남구 (지국장-박인완)	중구 (지국장-장동희)	북구 (지국장-이성일)		제주도 (지부장-여원식)

CONTENTS

1강 | 스마트 라이프를 위한 스마트폰 활용 편 — 20

1. 스마트폰을 제대로 배우고 익혀야 하는 이유?

2강 | 스마트폰 용어만 알아도 스마트폰 사용이 쉬워진다! — 24

1. 스마트폰이란?
   - 스마트폰 및 스마트폰의 특징
   - 구글 플레이스토어
   - MVNO
   - 자급제폰
   - 유심(USIM)
   - e심(eSIM)
   - 데이터쉐어링
   - NFC
   - 선택약정
   - 번호이동
   - 기기변경
   - 신규가입
   - 셀프개통
   - 유심기변
   - 확정기변
   - 해외로밍
   - IMEI
   - PASS 인증
   - 테더링
   - 데이터핫스팟
   - 위젯
   - 동기화
   - 해상도
   - 1G, 2G, 3G, 4G, 5G
   - 와이파이
   - 블루투스
   - 증강현실
   - 모바일클라우드서비스
   - 상단바
   - 내비게이션바
   - 패턴
   - 퀵패널

3강 | 스마트폰 이것만 알아도 스마트폰과 친해질 수 있다! — 37

1. 홈 화면 정리하기
2. 앱스 화면 정리하기
3. 기본 벨소리 바꾸기
4. 글씨 크기 조절하기
5. 글자 크게 하기
   - 문자 메시지에서 글자 크게 하기
   - 카카오톡에서 글자 크게 하기
   - 네이버 뉴스 글자 크게 하기
6. 배터리 절약
7. 저장공간 확보하기
   - 카카오톡 캐시 삭제
   - 디바이스케어
   - 애플리케이션에서 캐시 삭제
8. 위젯 기본 활용하기
   - 전화 바로 걸기
   - 돋보기 활용하기
   - 날씨 위젯 활용하기

4강 | 스마트폰이 왜 안 될까요? 이럴 땐 이렇게 해보세요   52

1. 전화가 걸리지도 울리지도 않아요
2. 인터넷 사용 시 와이파이나 모바일 데이터 확인하기
3. 소리가 안 들려요.
4. 와이파이 자동으로 연결하기(동일한 장소에서)
5. 와이파이를 QR코드로 스캔하여 연결하기
6. 스마트폰이 자꾸 뜨거워져요
7. 나도 모르는 광고가 자꾸 홈 화면에 떠요
8. 인증 문자가 안 와요
9. 인증 오류라고 떠요

5강 | 스마트폰 하나면 나도 사진작가다! 스마트폰 카메라 기본 사용법   59

1. 스마트폰 파지법
2. 영상 촬영하면서 사진도 촬영
3. 음량 버튼이 셔터 기능
4. 카메라 화면 확대, 축소 간단하게 하기
5. 인물 사진 촬영하기 노하우
6. 음식 사진 촬영하기 노하우

6강 | 나만의 사진 스튜디오 갤러리 기본 활용하기   66

1. 사진 드래그해서 선택하기, 사진 폴더 만들기
2. 사진 검색하기 기능
3. 포토에디터 제대로 활용하기 (스마트폰 UI 버전 5.0 안드로이드 13 버전)
4. 사진이나 동영상 다른 사람은 못 보고 나만 보고 싶을 때

7강 | 가족 간의 원활한 소통을 위한 카카오톡 기본 활용 노하우 72

1. 카카오톡 프로필 꾸미기
   - 프로필 사진 및 동영상으로 꾸미기
   - 이름, 상태 표시 메시지 입력하기
   - 프로필 배경 사진 및 동영상으로 꾸미기
   - 공감 스티커 및 음원으로 꾸미기
   - 스티커 및 배경효과 꾸미기
   - 텍스트, 디데이, 세트 아이템 꾸미기
2. 카카오톡 음성으로 문자 보내기
3. 카카오톡 알림 배지 안 보이는 경우
4. 카카오톡 저장 공간 관리하기
   - 불필요한 채팅방 나가기
   - 자주 사용하는 채팅방마다 전체파일 삭제하기
   - 카카오톡 "톡서랍"을 이용한 사진 및 동영상 삭제하기
5. 사진 묶어보내기
6. 벨소리 설정하기
   - 카카오톡 전체 알림음 설정
   - 카카오톡 채팅방마다 알림 소리 다르게 하기
7. '카카오톡'에서 받은 파일 찾기
   - 사진, 동영상 파일 "갤러리" 앱에서 쉽게 찾기(저장 경로 확인하기)
   - 오디오, 문서 파일 "내 파일" 앱에서 찾기
8. 카카오톡 친구 찾아서 자료 전달하기
   - 보이는 화면에 없는 경우 정보 링크 공유하기
   - 카카오톡 친구 초성으로 검색하고 자료(PDF, HWP, MP3) 보내기
9. 카카오톡보다 더 빠른 사진 동영상 내 PC로 옮기는 '퀵쉐어' 앱 활용하기
   - 퀵쉐어 스마트폰 기보 설정하기
   - 퀵쉐어 PC에 설치하고 삼성 계정 로그인하기
   - 스마트폰에서 PC로 파일 전송하기
   - 모든 기기에 공유하기 / 앱으로 링크 공유 폴더 공유하기

8강 | 유튜브 제대로 활용하면 인생이 즐거워집니다 88

1. 시크릿 모드 사용
2. 유튜브 알림이 너무 많이 올 때 한 번에 정리하기
3. 유튜브 YouTube 시간 관리 도구 [시청 시간 조정하기]
4. 유튜브 YouTube 화면 밝기 설정
5. 유튜브 YouTube 화면 크게 보기
   - 확대 버튼 터치로 화면 크기 설정기
   - 스마트폰 가로, 세로 회전 버튼 설정
   - 유튜브 영상 화면 쓸어올리기, 내리기

9강 | 스마트폰 전화 기능 제대로 활용하고 계신가요? 97

1. 손주들과 영상 전화 걸기
2. 손주들과 영상 전화 받기
3. 손주들과 음성으로 문자 보내기(인터넷이 안 되는 경우에도 가능)
4. 단축번호 지정하기
5. 전화 거절 메시지
6. 통화 자동 녹음
7. 수신 차단
8. 전화 올 때 소리 안 나게 (무음 처리)
9. 저장된 번호 검색하는 방법
10. 벨소리 변경하기

10강 | 스마트폰 문자 기능 얼마나 알고 계신가요? 108

1. 문자, 사진, 오디오, 파일 공유 방법
2. 검색 아이콘으로 받은 사진 보여준다.
3. 광고 및 대출 문자 안 받기
   - 수신 차단하기
   - 입력한 번호로 시작할 때
   - 차단 문구 설정하기
4. 인증 번호 안 올 때
5. 보이스피싱 방지
6. 단체 문자 보내기
7. 메시지 1 표시가 나오면 읽지 않은 상태
8. 빠른 답장 문구
9. 웹 링크 미리보기
10. 이미지 공유 시 위치 삭제
11. 문자 검색
12. 문자 메시지 카테고리 설정으로 가독성을 높여보자

11강 | 구글 플레이 스토어 제대로 활용하기 118

1. 구독 취소하기
2. 개인정보 보호를 위해 2단계 인증 설정하기
3. 숨어 있는 앱 찾기
4. 보안 폴더에 앱 숨겨놓기

12강 | 나만의 멋진 카드뉴스 만들기 125

1. 축하카드 보내기
2. 픽사베이 활용하기
3. 감성공장 활용하기

13강 | 스마트폰 하나면 나도 UCC 전문가다　　　　　　　　130

1. 무료 음악 다운받기 - 음악다운
2. 다운받은 음악 관리하기 - 파일 관리자
3. 스마트폰 갤러리에서 영상 만들기
4. 갤러리에서 GIF 만들기
5. 갤러리에서 콜라주 만들기

14강 | 스마트폰 하나면 나도 스마트워커다!　　　　　　　　134

1. 스마트폰과 PC에서 자료 주고받기 - 샌드애니웨어
   - PC에서 샌드애니웨어 사용하기
2. 1시간 동안 타이핑할 자료 5초 만에 텍스트 추출하기 - 텍스트 스캐너
3. 스마트폰 미러링하여 컴퓨터에서 확대해서 사용하기 - 삼성플로우
   - PC 설정하기
   - 스마트폰 설정하기

15강 | 한 달에 몇만 원씩 절약할 수 있는 스마트한 통신 생활　　147

1. 스마트폰 요금제 선택하는 법
   - 통신 3사 요금 비교
   - 요금 할인(선택 약정)
2. 알뜰폰을 사용했을 때 장단점
   - 알뜰폰의 장점
   - 알뜰폰의 단점

16강 | 즐겁고 행복한 인생을 위한 미디어 앱 활용하기　　　　156

1. 실시간 TV
2. 모두의 신문
3. MBC, KBS, SBS 라디오

17강 | 나의 건강 주치의 스마트폰 건강관리 앱　　　　　　　164

1. 삼성헬스
2. 내가 먹는 약! 한눈에 - 건강e음 (건강보험심사평가원)
3. 응급의료정보제공 (휴일과 야간에 병원 및 약국 찾기)

18강 | 어르신들이 꼭 알고 활용해야 할 디지털 범죄 예방 앱   176

1. 세상에 이런 일은 없다!
2. 디지털 범죄란?
   - 디지털 범죄 구분
   - 모바일 범죄 특징
3. 모바일 범죄 예시
   - 모바일 범죄 피해 예방 안전 수칙
4. 꼭 알고 활용해야 할 모바일 범죄 예방 정보
   - 문자에 있는 인터넷 링크주소만 터치해도 내 정보가 유출되나요?
   - 문자에 있는 링크 클릭 시 일어날 수 있는 일
5. 스미싱 문자의 링크를 누른 후 대처 방법(안드로이드)
   - 금융감독원 보이스 피싱 지킴이 홈페이지 참고
   - 보호나라 홈페이지 참고
   - 와이즈유저 홈페이지 참고
6. 이것만은 꼭 알고 계시면 디지털 범죄 예방하실 수 있습니다!
7. 스마트폰에서 10가지 실습하기

19강 | Ai 챗GPT 어렵지 않아요!   186

1. Ai란 무엇인가?
   - 인공지능, 머신러닝, 딥러닝의 차이
2. 국내 AI 챗GPT서비스 Askup(아숙업) 활용하기
   - 개요 및 특징
   - 장점 및 단점
   - 아숙업 친구 등록하기
   - 아숙업 튜토리얼 6가지 알아보기
   - 아숙업 실제 활용사례 살펴보기

20강 | 디지털문해교육전문지도사가 꼭 알아야 할 스마트폰 앱(App) 및 사이트 소개   197

- 1등 비서 AI 서비스 앱(App) 활용하기
  - 구글 어시스턴트에서 전세계 뉴스를 무료로 청취하자
  - 구글렌즈로 1시간동안 타이핑할 자료 5초만에 해결하자
  - OpenAI ChatGPT 기본만 활용해도 인생이 즐거워진다
  - Microsoft Copilot에서 내가 원하는 이미지 무료로 만들기
- 가족간 지인간의 원할한 소통을 위한 이미지 합성 앱 활용하기
  - 포토퍼니아
  - 포토랩
- 다이내믹하고 임팩트한 카드뉴스 만들기   ■ 감성공장
- 광고 없이 유튜브 시청하면서 원하는 음악이나 동영상 무료로 다운받기   ■ BraveBroser
- PC화면, 사진에 있는 텍스트를 추출할 때 사용하면 유용한 프로그램   ■ Powertoys
- 회원가입 필요 없고 보안이 최고인 무료 파일 전송 프로그램 활용하기   ■ Wormhole
- 우클릭 막아놓은 PC 사이트 한번에 해제하는 확장 프로그램   ■ 드래그프리

1강 스마트 라이프를 위한 스마트폰 활용 편

1. 스마트폰을 제대로 배우고 익혀야 하는 이유?

전 세계 유명한 경제학자들이 연구한 바에 의하면 인구 5천만 명을 기준으로 볼 때 100만 명 이상이 사용하면 패션(Fashion)이고, 500만 명 이상이 사용하면 트렌드(Trend)고, 1,000만 명 이상이 사용하면 문화(Culture)라고 합니다.

패션이나 트렌드는 바뀔 수 있지만, 문화는 쉽게 바뀌지 않습니다. 이제 스마트폰은 문화이며 필수로 제대로 배우고 익혀야 할 도구입니다.

2022년 말 기준 대한민국 국민 수는 5,162만 명이고 스마트폰 개통 대수는 5,158만 대입니다.

스마트폰이 문화인 현재의 세상을 '포노사피엔스' 시대라고 합니다!
2016년 영국 이코노미스트에서 처음 사용한 단어로 '포노는 라틴어로 폰을 들고 사는 사람', '사피엔스는 라틴어로 슬기로운 인류'를 뜻합니다. 정리하면 현재의 인류를 '포노사피엔스'라고 합니다.

스마트폰을 스마트하게 사용하면 '포노사피엔스'라고 하고 핸드폰으로만 사용하면 '호모사피엔스'(생각하는 인류)인 것입니다.

대한민국 4인 가족 기준으로 한 달 통신비 지출(5G)이 얼마나 될까요?

30만 원입니다.
1년에 360만 원입니다. 결코 적은 돈이 아닙니다.
하지만, 대한민국 스마트폰 사용자 그 누구도 스마트폰 통신사나 제조사에게 스마트폰 활용 교육을 해달라고 요구하는 사람은 아무도 없습니다.

왜 그럴까요?
대부분 사람들은 그냥 스마트폰을 핸드폰으로만 사용하는 경우가 많기 때문일 것입니다.
지역 주민 센터에서도 스마트폰 활용 교육을 하는 곳은 거의 없는 게 현실입니다.
기존의 구청 단위 공공기관 평생학습센터에서는 분기별로 스마트폰 활용 교육을 하고 있지만, 지역의 주민 센터 학습센터에서는 일반 교육(외국어 교육 등)은 하고 있지만, 스마트폰 활용 교육은 하고 있지 않습니다. 만약에 수요조사를 해본다면 지역주민 중에서 시니어 실버들의 경우 스마트폰 활용 교육이 최우선일 것입니다.

코로나 시대! 팬데믹 시대에는 더욱더 스마트폰 활용 교육이 절실한 시대입니다.
학생 및 젊은 분들은 스마트폰 활용은 다들 잘하고 있다고 생각하지만, 실제는 그렇지 않습니다.

젊은 분들의 경우 자신이 필요한 건 네이버나 유튜브에서 검색해서 활용하고 있지만, 실제 스마트폰이나 SNS 도구들을 활용하면 어떤 장점이 있고 어떻게 일의 효율성과 효과성을 극대화할 수 있다는 것은 잘 모르고 있습니다.

가장 큰 이유는 학교에서나 사회 교육기관에서 제대로 스마트폰이나 SNS 도구에 대해서 제대로 가르쳐주는 곳이 없기 때문입니다.

이제는 스마트폰 및 SNS 도구 활용을 배울지 말지 고민하는 것이 아니라 개인들은 스마트폰을 제대로 배우고 익혀서 가족 간, 세대 간의 원활한 소통으로 인해 즐거운 인생을 살아가고, 비즈니스 하시는 분들은 더욱더 하는 일의 생산성을 높이고 풍요로운 비즈니스 결과를 만들어 내야 할 것입니다.

가족 간, 직원 간의 원활한 소통을 위해서라도 스마트폰 활용 제대로 배워야 합니다.

스마트폰 활용이 문화로 자리 잡은 요즘 시니어 실버들의 경우 용어 자체가 생소하다 보니 접근성이 너무 낮아 소통하는데 어려움을 많이 겪고 있습니다.
과거에는 운전면허 연습은 가족 간에 하면 싸움만 난다고 했습니다. 요즘은 스마트폰이 그렇습니다. 스마트폰에 대해서 시니어 실버분들이 물어보고 하면 자식들은 "바빠요!" 하고 피하고 손주들은 "일전에 알려드렸잖아요" 하고 피한답니다. 궁금해도 자존심 때문에 어디 물어볼 데도 마땅치 않은 게 현실이기도 합니다.

스마트폰 제대로 배우고 익히면 세대 간의 소통도 원활해질 것입니다. 소통이 원활하지 않으면 불통이 되고 불통이 반복되면 먹통이 되고 맙니다. 진정 스마트폰 활용 교육은 가족 간의 소통을 위해서라도 꼭 필요한 교육입니다.

나이가 많다고 해서 스마트폰 활용을 못 하는 건 아니지만, 현재 50세 이상 기준으로 보면 스마트폰 기계 활용에 대해서 잘 못 하시는 분들이 상당히 많이 있습니다. 앞으로의 부국은 자원이 많은 나라보다도 국민 개개인의 지식수준이 높은 나라가 부국이라고 합니다.
스마트폰은 제2의 두뇌라고 합니다. 진정 스마트폰 제대로 배우고 익혀서 디지털 문맹 인구가 줄어들면 자연히 대한민국의 지식수준이 올라가고 부국이 되는데 초석이 될 것입니다.

어르신들의 경우 처음에 수업받으실 때 다들 어려워하십니다. 어려워하는 게 당연한 일일 것입니다. 60~70년 이상을 기계와 별로 친하지 않게 살아왔고 스마트폰 용어는 생소한 단어라 어려워하는 게 당연한 일입니다.

하지만, 몇 번 반복해서 하다 보면 기본적인 스마트폰 활용은 어렵지 않게 하시게 됩니다.
실례로 2017년 6월 16일부터 하루에 2시간씩 15회를 서울 노원구에 있는 한 노인복지관에서 스마트폰 기초 교육을 시행하였습니다. 14분이 수강하시는데 평균연령 74세였습니다.

처음에는 문자 보내는 것도 힘들어하시고 카카오톡에서 사진 보내는 것도 잘 모르시던 분들이 6개월 정도 기간이 지나니까 자판 사용하는 게 어려워 문자도 안 보내고 하시던 분들이 지금은 음성으로 문자도 보내시고 카카오톡 채팅도 즐겁게 잘하십니다.
카카오페이를 간단히 등록해서 카카오톡에서 손주나 자식들에게 용돈도 보내고 선물도 간단하게 보내니 가족분들이나 주변 친구분들이 놀라워한다고 합니다.
단체방에서도 직접 촬영한 사진 위에 좋은 글이나 명언들을 입력해서 보내고, 친구들과 촬영한 사진으로 이미지 합성을 멋지게 하셔서 친구들과 공유하시고 영상 편지도 직접 만들어서 가족 및 지인들과 공유하고 즐거움을 나눠 갖고 있습니다.

현재 전국 노인복지관 등 공공기관에서 스마트폰 활용 교육을 받으시는 70대, 80대 노인분들도 몇 번 반복해서 실습해보시면 어느 정도 따라와 주시고 지금은 저희 스마트폰 활용지도사 선생님들한테 즐거운 인생을 살게 해줘서 고맙다고 볼 때마다 말씀해 주시고 카톡이나 문자로 "감사합니다" "사랑합니다"를 보내주고 계십니다.

이처럼 스마트폰 활용은 처음에 뭐가 뭔지 잘 몰라서 스마트폰 사용을 못 하지만 조금만 배우고 익히시면 혼자서도 충분히 궁금한 점을 찾아서 하실 수 있습니다.

앞으로의 부국(富國)은 자원이 많은 나라보다도 국민 개개인의 지식수준이 높은 나라가 부국이 된다고 합니다.
대한민국의 발전을 위해서, 가족 간의 소통을 위해서, 조직의 발전을 위해서라도 스마트폰 제대로 배우고 익히셔야 할 것입니다.

앞으로 치명적인 병에 걸리지 않는 이상 누구나 100년을 사는 세상이 되었습니다.
그러나 우리는 100세의 삶이 어떤지, 어떤 미래가 도래할지 제대로 알지 못합니다.
과연 100세 시대는 우리에게 어떤 세상을 열어 줄 것인가?

지금 나이가 70이어도 앞으로 최소 30년 이상을 더 사실 수 있습니다.
시니어 실버들이 스마트폰 제대로 배우고 익혀서 실생활에 활용해본다면 지금보다 더 즐겁고 행복한 인생을 살아가는 데 많은 도움이 될 것입니다.
아주 늦은 나이에 도전해 큰 성공을 이룬 사람들 영상을 보시고 현재의 삶에 만족하지 마시고 자신이 하고 싶은 일을 하시면서 인생 2막을 살아가시면 하는 바람입니다.

2강 스마트폰 용어만 알아도 스마트폰 사용이 쉬워진다!

1. 스마트폰이란?

스마트폰 (SmartPhone)

1) 휴대전화에 여러 컴퓨터 지원 기능을 추가한 지능형 단말기로 시간과 공간의 제약 없이 통화기능은 물론 TV, 동영상 제작, 카메라, 팩스, 캠코더, MP3 기능까지 갖추고 있어 "다기능 지능형 복합 단말기"라고도 불립니다. 최근에는 AI 기능에 사물 인식 기능, 번역은 물론 다양한 앱을 통해서 비즈니스에도 상용되고 있습니다.

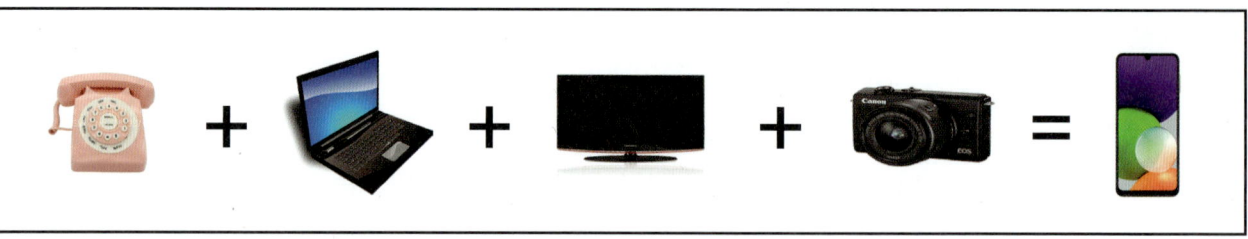

2) 컴퓨터 [운영체제]와 비슷한 모바일[운영체제]가 설치되어 있으며, 다양한 프로그램 [애플리케이션]을 설치하여 사용할 수 있습니다.

※ [운영체제] : 컴퓨터의 하드웨어(기기)와 소프트웨어(프로그램)를 제어하여 사용자가 컴퓨터를 쓸 수 있게 만들어 주는 프로그램

※ [애플리케이션] : 앱 또는 어플이라고 말하기도 한다. 스마트폰이나 컴퓨터에서 특정한 기능을 사용할 수 있도록 만들어진 프로그램

3) 전화와 문자는 기본이고 음악, 카메라, 인터넷, 게임, 채팅, 사진, 영상, 메일, 날씨, 지도, 내비게이션, 일정표, 파일 공유 등 인공지능 음성 서비스까지 수많은 기능을 사용할 수 있습니다.

● 스마트폰의 특징

1) 크기가 작아 휴대하기 편하다.
2) 사용법이 간단하다.
3) 언제 어디서나 인터넷을 연결할 수 있다.
4) 와이파이(Wi-Fi)를 사용하여 무료로 인터넷을 사용할 수 있다.
5) 생활에 편리한 프로그램이 많아서 유용하다.
6) 각자 분야에 맞는 앱을 사용하여 일상의 활용도가 높다.
7) 다양한 앱을 설치하고 삭제하기가 쉽다.
8) 화면구성을 원하는 대로 설정할 수 있다.
9) 데이터 사용량이 제한된 용량을 초과할 경우 추가 비용을 부담해야 한다.
10) 다양한 센서 기술(카메라, 가속도 센서, GPS, 조도센서, 근접센서... 등) 운영체제 및 앱을 쉽고 빠르게 업데이트할 수 있다.

● 구글 플레이 스토어 (Google Play Store)

1) 안드로이드 기반의 스마트폰에 기본적으로 설치돼 있는 앱으로 구글의 [디지컬 컨텐츠 서비스 제품]을 인터넷을 통해 구입 후 바로 다운로드 받아서 사용하는 방식의 앱 스토어입니다.
   단, Chrome과 크롬 OS용으로 쓰는 '크롬 웹스토어'와는 달리 안드로이드용 ESD. 쉽게 말해서 안드로이드 판 앱 스토어라 할 수 있으며 전 세계에서 가장 많이 이용하는 스마트폰 앱 스토어입니다.

[구글 로고 변화]

2) 구글 플레이 스토어 이용 종류
   수백만 개의 최신 안드로이드 앱, 구글TV, 구글북, 게임, 음악, 영화, TV, 구글뉴스, YouTube Music의 [유료 / 무료]앱을 이용 가능합니다.

3) 구글 플레이 스토어 결제수단
   신용카드, 체크카드, 기프트카드, PAYCO포인트, 카카오페이머니, 토스결제, 네이버페이포인트, NHN KCP계좌결제, 휴대폰소액결제로 가능합니다.

● MVNO (Mobile Virtual Network Operators)

1) 주파수를 보유하고 있는 이동통신망 사업자(MVNO)로부터 통신망을 임대하여 독자적인 이동통신 서비스를 제공하는 가상 이동통신망 사업자를 말합니다. 흔히 알뜰폰이라고도 불립니다. 기존 이동통신사(SKT, KT, LGU+) 통신망을 빌려 통신서비스를 제공하여 저렴한 요금으로 사용할 수 있습니다.

2) 알뜰폰(MVNO)의 장/단점 및 업체 현황
   · 장점 : 저렴한 통신 요금, 사용 통신사(SKT→ 7모바일)에서 번호이동 가능함.
   · 단점 : 단말기 보조금 및 멤버십 혜택이 거의 없음, 고객센터 등 고객 지원이 미흡함.

[22년 5월 기준 알뜰폰 통신사]

● 자급제폰

1) USIM 칩과 단말기 구매를 고객의 **재량에 맡기는 제도**입니다.
   종전에는 USIM 칩과 단말기를 따로 사는 게 불가능했으나 개선되었으며, 개방형 IMEI(단말기 식별번호) 관리제도, 휴대폰 자급제, 블랙리스트제 등으로 불리고 있습니다.

2) 자급제폰은 디지털프라자, 하이마트, 온라인을 통해 기기만 구매해 통신사 약정 없이 KT 모바일, U+ 알뜰모바일, SK7 모바일, 헬로모바일 등 알뜰통신사 등을 이용해 통신비용을 저렴하게 사용할 수 있다는 장점이 있습니다.

● 유심 = USIM (Universal Subscriber Identity Module)

1) 유심은 무선 통신 회선 가입자들의 식별 정보를 담고 있는 것으로, 일종의 **모바일용 신분증**이라 할 수 있습니다.

2) USIM은 가입자 식별을 위한 정보를 담고 있는 IC 카드로, 단말기 내부에 끼워 넣는 작은 카드를 말하는데, 새로운 단말기 구매 시 이전 단말기에 있는 USIM 카드를 바꿔 끼우면 개인 정보를 쉽게 이동시킬 수 있습니다.

3) USIM에는 가입자 식별 정보, 주소록, 금융 정보 등의 중요 정보를 담고 있을 뿐만 아니라 교통카드, 신용카드 등의 부가 기능을 제공합니다. USIM은 그 크기에 따라 미니 유심, 마이크로 유심, 나노 유심으로 구분되며, 단말기의 크기가 작아짐에 따라 최근 출시되는 스마트폰은 대부분 나노 유심을 사용합니다.

● e심 = eSIM (embedded SIM)

1) 스마트폰 메인 보드에 내장된 심(SIM)으로 **내장형 가입자 식별모듈**이라고도 합니다.
   e심은 사용자가 별도로 구입해 스마트폰에 삽입하는 물리적 형태의 기존 유심(USIM:사용자 개인 정보가 저장된 소형칩)과는 다르지만 e심과 유심의 기능은 동일합니다.
   단말기고유식별번호(IMEI) 인증, 개인 정보 보관 등의 역할을 맡음. 다만 e심은 단말기에 내장돼 있어 탈부착이 불가능합니다.

2) 크기는 가로 6mm, 세로 5mm로 e심의 크기는 유심 중 가장 작은 나노심과 비교하면 3분의 1 수준입니다.

3) 2022년 9월부터 지원되는 e심은 온라인만으로 개통 가능하며 발급비용은 2,750원으로 USIM보다 (7,700 ~ 8,800원) 저렴합니다. 하지만 이동통신사를 이용하면서 단말기만 교체(기기변경)하는 경우 USIM은 재사용이 가능하지만, eSIM은 현재 기술적 한계로 재다운로드가 지원되지 않아 추가 비용이 있습니다.

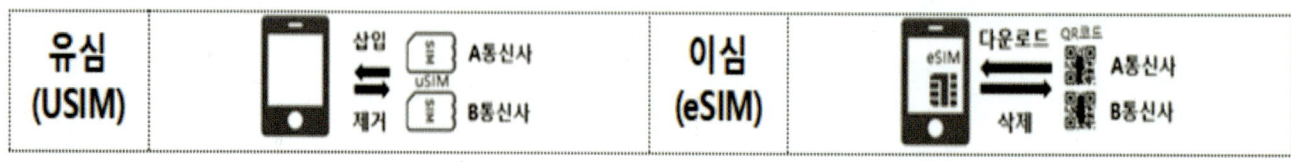

● 데이터쉐어링 (One Person Multi Device)

1) 사용하고 있는 스마트폰 무제한 요금제에서 기본으로 제공하는 데이터를 추가 요금 없이 태블릿, 또는 다른 스마트기기와 나눠 쓸 수 있는 서비스입니다.
2) 이용요금 : 1~2회선 무료 / 3회선 7,000원 추가(부가세 별도)

   예시) 데이터 맘껏 15GB+/100분 요금제(15GB+3Mbps 데이터 제공 요금제)를 사용한다면 15GB 내에서 LTE 속도로 데이터를 같이 쓸 수 있음. 15GB 초과 시 200kbps 속도로 차단 없이 사용가능함.

데이터 사용량이 많지 않아 별도로 요금 내기 부담스러운 유심 사용 기기와 연결

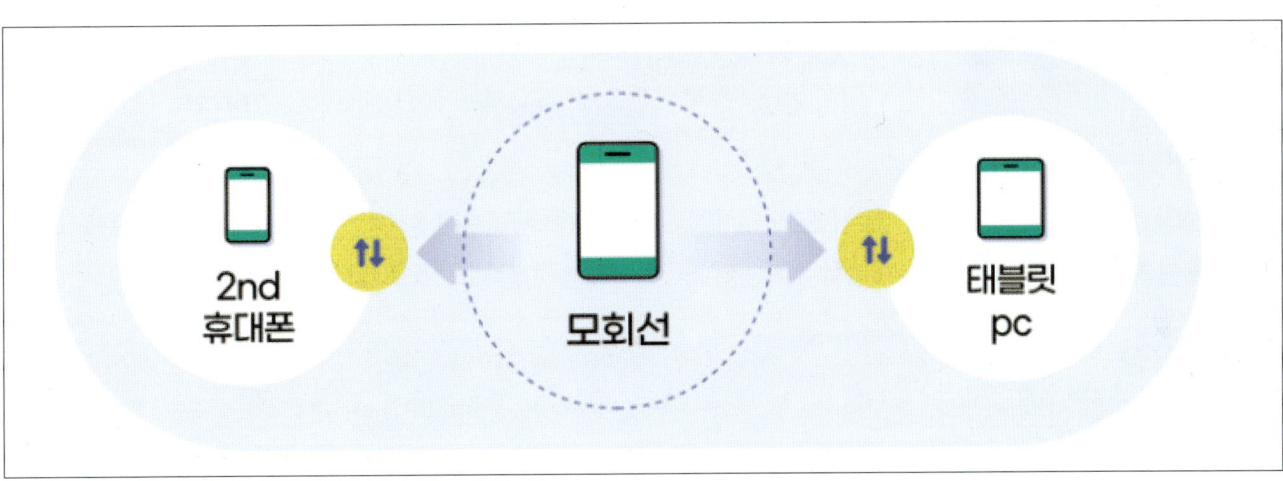

3) 사용 / 신청 방법

① 데이터쉐어링을 사용 가능한 요금제인지 확인.
② 엠모바일 유심칩을 준비.
③ 데이터쉐어링을 신청할 회선 정보를 넣고 데이터쉐어링 셀프개통 및 통신사 상담.
④ 신청 시 사용하고 있는 무제한 요금제와 같은 명의로 쉐어링 요금제에 가입/개통되며, 유심을 사용하고자 하는 기기에 꽂아 사용.

● NFC (Near Field Communication)

1) 13.56MHz 대역의 주파수를 사용하여 약 10cm 이내의 근거리에서 데이터를 교환할 수 있는 비접촉식 무선통신 기술로서 스마트폰 등에 내장되어 NFC 기능이 있는 기기에 접촉하기만 해도 복잡한 설정 과정 없이 쉽고 빠르게 블루투스 연결도 가능합니다.
   NFC를 활용하면 스마트폰으로 도어락을 간편하게 여닫을 수 있으며, 버스나 지하철 등 대중교통을 손쉽게 이용할 수 있고, 쿠폰을 저장해 쇼핑에 활용하는 것도 가능합니다.

2) 스마트폰 NFC 활성화 방법 (안드로이드 11버전 / 메뉴는 스마트폰마다 다를 수 있음)

1 ① 스마트폰 화면 상단을 아래로 [드래그]합니다. **2** ② NFC를 [한번 선택]시 활성화가 됩니다.
3 ③ 활성화된 NFC를 [2초]간 눌러 주시면 NFC 및 비접촉 결제의 모드 선택도 가능합니다.

● 선택약정

1) 공시지원금 대신 통신 기본요금의 25%를 할인받을 수 있는 제도를 말합니다.
   즉, 단말기 가격을 할인받는 대신 요금 할인을 선택하는 것을 말하며 공시지원금을 받지 않았거나, 받았더라도 24개월이 지난 후 동일한 단말기를 사용하고 있는 경우 12개월 또는 24개월 약정 신청 시 가입 가능합니다.
   이 제도는 2015년에 처음으로 도입되었으며 2017년 9월 할인율이 20%에서 25%로 상향되었습니다.
2) 선택약정할인 대상 확인 방법은 방송통신 이용자 정보 포털 '와이즈 유저'에서 확인 가능하고 가입 신청하고 싶은 경우 통신사 판매점 또는 가까운 대리점에 방문하시거나 통신사 홈페이지 및 고객센터에 문의하시면 됩니다.

● 번호이동 (Mobile Number Portability)

번호이동은 기존에 사용하던 통신사에서 다른 통신사로 이동통신 회선을 이전하는 행위를 뜻합니다. 줄임말로 **번이**로 불리기도 합니다. 예로, SKT에서 핸드폰 번호 개통했지만, LG U+로 통신사를 바꿀 때, 통신사만 바뀌고 내 번호는 그대로 가져가는 것을 말합니다.

흔히들 하는 오해가 '번호이동을 하면 번호가 바뀐다' 인데 번호를 변경하지 않고 통신사만 옮긴다고 하면 이해가 되실겁니다. 참고로 번호를 바꾸는 것은 '번호변경'이라 합니다.

● 기기변경 = 기변

기변은 기존에 사용하던 통신회사에 있는 이동통신 회선을 그대로 유지하면서 기존에 사용하던 단말기에서 새로운 기기로 바꾸어 개통하는 행위를 뜻합니다.

쉽게 말해서 사용하던 SKT통신사는 그대로 단말기는 신상품으로 바뀌어 개통하는 겁니다.

현재는 메이저 통신 3사의 경우 신규 고객을 유치하기보다는 기존 고객을 지키는 것이 더욱 이익이란 걸 깨닫게 됨에 따라 번호이동 혜택은 줄이고 기기변경에 따른 혜택을 늘리고 있다고 합니다.

● 신규가입 = 신규

이동통신 업계에서 신규가입(약어로 신규)은 통신사에 신규가입하면서 이동통신 회선을 새롭게 만드는 것을 말합니다. 즉, 휴대폰의 사용 유무와 관계없이 새로운 번호로 구매하는 것을 뜻합니다.

우리나라의 스마트폰 보유는 세계 1위로 10명 중 9명은 스마트폰을 소유하고 있는데 기존의 이동통신 회선을 사용하면서 업무용 등 회선을 1개 더 개통하는 경우를 신규가입이라 할 수 있습니다.

● 셀프개통

1) 통신사에 따로 방문할 필요 없이 핸드폰 번호를 직접 개통하는 방식을 셀프개통이라고 합니다. 최근 자급제폰을 사는 것이 보편화되어서 자급제폰과 알뜰폰 요금제로 쉽게 개통이 가능합니다.
2) 개통방법 : 제휴처 편의점이나 판매점, 온라인에서 유심칩을 구입해 KT, SKT, LG U+, 알뜰폰 요금제 홈페이지에서 유심을 등록하면 당일 개통하실 수 있습니다.

● 유심기변

유심기변은 기존 스마트폰의 유심을 다른 스마트폰에 끼워서 사용하는 것입니다.

이때, 내 유심을 옮기는 다른 스마트폰 기기는 통신사 전산망에 등록이 불가합니다.

왜냐하면, 해당 스마트폰은 개통하고 약정을 걸어놓은 사람의 정보가 이미 통신사 전산망에 등록되어 있기 때문입니다. 쉽게 말하면, 스마트폰의 실소유자와 유심 소유자의 명의가 다른 것입니다.

내 정보를 통신사 전산망에 등록하려면 기존 사람의 약정이 끝나거나 위약금을 물고 해지를 한 공폰일 경우 가능합니다.

유심기변의 문제점은 명의가 내 명의가 아니라는 점인데 만약, 개통한 사람이 스마트폰 판매 후 악의적인 마음을 품고 분실신고 시 스마트폰이 정지될 수도 있습니다.

● 확정기변

확정기변은 기존 스마트폰의 유심을 다른 스마트폰에 끼워서 사용하는 것입니다. 이때, 내 유심을 옮기는 다른 스마트폰 기기를 통신사 전산망에 등록하고 사용합니다.

즉, 스마트폰의 실소유자와 유심 소유자 명의가 동일하게 됩니다. 확정기변을 하기 위해서는 약정이 끝나거나 정상적으로 해지된 스마트폰에다가 유심을 끼워야 합니다.

구분	유심기변	확정기변
명의	유심과 단말기 소유자의 명의가 다름	유심과 단말기 소유자의 명의가 같음
통신사 전산망 여부	기기변경 신고 혹은 등록 불가	기기변경 신고 혹은 등록 가능
분실신고 여부	분실신고 불가	분실신고 가능
보험가입 여부	보험가입 불가	보험가입 가능
안전성	구매자 입장에서 불안함	구매자 입장에서 안전하게 사용가능

● 해외로밍 (Overseas roaming)

해외로밍은 통신사업자끼리 국경을 넘어 서로의 이동통신망에 접속할 수 있는 제도를 말합니다. 흔히 로밍이라 함은 국내에서 쓰던 스마트폰 전화번호 그대로 해외에서도 사용 가능하게 해주는 서비스를 의미하는데, 음성 전화는 물론이고 문자메시지와 각종 데이터 송수신 서비스를 이용할 수 있습니다. 보통은 타 국가에 이동통신 회사의 통신망을 대여해서 이루어집니다. 서비스를 신청하지 않더라도 스마트폰이 알아서 컴퓨팅 애플리케이션 기능을 갱신하고 이메일을 수신해서 로밍이 되는 체계를 모르던 소비자들은 자동으로 로밍된 상태임을 모른 채 데이터 통신 요금이 비싼 국가에서 스마트폰을 켜 두는 바람에 뜻밖의 요금폭탄을 맞는 경우가 많았습니다.

실제로 해외 로밍 관련 피해 민원이 많아 2013년부터 인천공항에서 로밍 피해 예방 캠페인을 펼치기도 했으며, 2018년 이후 통신사들이 경쟁적으로 데이터 로밍 요금제를 개편하면서 요금 부담이 줄어들었습니다.

● IMEI (International Mobile Equipment Identity)

1) IMEI는 국제 휴대전화 식별번호란 뜻으로 제조사가 단말기를 제작할 때 부여하는 15자리 숫자로 된 번호를 말합니다. 이 번호는 단말기 제조사, 모델, 일련번호 등의 정보를 포함하고 있으며 주민등록번호와 같은 역할이라고 보면 됩니다. 듀얼 SIM이 탑재된 단말기의 경우 IMEI가 2개가 있게 됩니다. IMEI가 만들어진 이유는 WCDMA 환경에서 USIM 카드를 단말기에 삽입하는 것이 곧 개통을 의미하는 것이므로, 단말기 분실했을 경우 해당 단말기의 통신을 차단하기 위해 만들어진 번호입니다. 또한, IMEI를 이용하여 휴대폰의 분실, 도난 여부, 선택약정할인을 조회할 수 있습니다.

● PASS 인증

1) PASS 인증은 공인인증서 제도가 폐지되면서 SKT, KT, LG U+ 통신 3사에서 제공하는 휴대전화 본인인증 간편 인증 서비스입니다. 공공기관의 각종 본인확인, 온라인 서류발급 신청, 금융거래, 계약서 전자서명에 이용되고 각종 본인확인 서류를 해당 앱에 저장할 수도 있습니다.

사용자의 개인정보를 한번 등록하면 별다른 인증 없이 편리하게 본인 인증을 진행할 수 있습니다.

2) 일반 문자 인증과는 달리 이름과 휴대폰 번호와 보안 숫자만 입력하면 되기 때문에 문자 인증보다는 조금 간편합니다. 단, 만 14세 미만 어린이는 보호자 동의 하에 이용 가능합니다.

● 테더링 (Tethering)

테더링은 스마트폰의 부가기능으로서 스마트폰 자체가 무선 모뎀(modem, 변복조장치) 역할을 하는 기능을 말합니다.

테더(tether)는 밧줄이라는 뜻이며, 테더링은 연결 밧줄 정도로 해석할 수 있습니다.

좀 더 자세하게 설명하면 스마트폰처럼 인터넷이 가능한 기기를 이용해, 다른 기기에도 인터넷에 접속할 수 있도록 해주는 기술이 테더링입니다.

USB 또는 블루투스(Bluetooth) 장치, Wi-Fi(무선랜) 등을 통해 휴대폰에 노트북·넷북·태블릿PC·데스크톱PC·전자책단말기·PDA 등 IT 기기들을 연결 함으로써 그 기기들에서 무선인터넷을 사용할 수 있는 기능입니다.

● 데이터 핫스팟

1) 핫스팟이란 AP 주변의 통신이 가능한 구역을 말합니다. 그럼 데이터 핫스팟은 스마트폰 설정을 통해 와이파이와 같이 스마트폰을 공유기로 사용할 수 있는 기능을 말합니다.

주로 와이파이가 없거나 연결하기 어려운 환경에서 스마트폰에서 핫스팟을 설정하게 되면 주변의 태블릿, 노트북에서 와이파이 신호로 연결하여 인터넷을 사용할 수 있게 됩니다.

데이터 핫스팟은 비밀번호를 설정하여 나의 기기가 아닌 타인의 기기 연결 제한이 가능한데요. 이는 핫스팟으로 연결해서 사용되는 기기가 많아질수록 나의 데이터 사용량이 크게 늘어나기 때문입니다.

테더링	핫스팟
통신 가능한 기기를 다른 기기와 연결해 인터넷이 가능하도록 함	
개인 사용자에 초점 1:1연결 (블루투스 / USB)한 직접 통신	1:N의 다수 연결. 다수의 요청 기기에 무선 데이터 분배
인터넷 공유 허용 여부를 각 기기마다 매번 선택해야 함	핫스팟과 연결할 기기의 비밀번호를 설정해두면 연결 허용 여부는 필요하지 않음

● 위젯(Widget)

사용자가 스마트폰에서 별도의 설치 및 웹브라우저 접속 없이도 날씨, 달력, 시계, 메모, 일정관리, 공지사항 등 각종 기능을 곧바로 볼 수 있도록 개발사에서 제공하는 한 서비스 도구 모음을 위젯이라 합니다.

스마트폰에서 위젯 기능을 다양하게 배치가 가능하고 사용의 편리성 이외에 최근에는 디자인적 요소도 많이 추가되고 있습니다.

● 동기화

사전적 의미로 2개 이상의 제품을 적절한 방법으로 결합하고 제어해서 위상을 같게 하는 것을 '동기화'라고 말합니다. 최근 들어 스마트폰에서 자주 사용되는 말인데요.

예) 내 컴퓨터와 스마트폰이 있다고 할 때 둘의 사진과 영상자료를 서로 동일하게 만드는 작업을 '동기화'라고 합니다.

이처럼 '동기화'가 필요한 이유는 만약 내 컴퓨터가 고장으로 더 이상 자료 및 사용을 할 수 없을 경우 내 스마트폰과 '동기화'를 했으므로 둘 중 하나가 고장이 나더라도 자료를 스마트폰으로 자료를 찾아볼 수 있는 게 장점입니다. 이러한 과정을 '동기화'라고 합니다.

● 해상도 (Resolution)

해상도는 이미지를 구성할 때 단위 면적에 몇 개의 화소(도트)가 있는지를 말하며, 800x600 해상도라는 것은 단위 면적 당 가로에 800개의 화소가 있고 세로에는 600개의 화소가 있다는 것입니다.

화소가 많으면 많을수록 더 세밀하게 이미지를 표현할 수 있습니다.

아래 이미지를 보면 해상도에 따라 'R'이 어떻게 표현되는지 볼 수 있습니다.

10 x 10보다 100 x 100 해상도에서 글자가 더 또렷하게 보입니다.

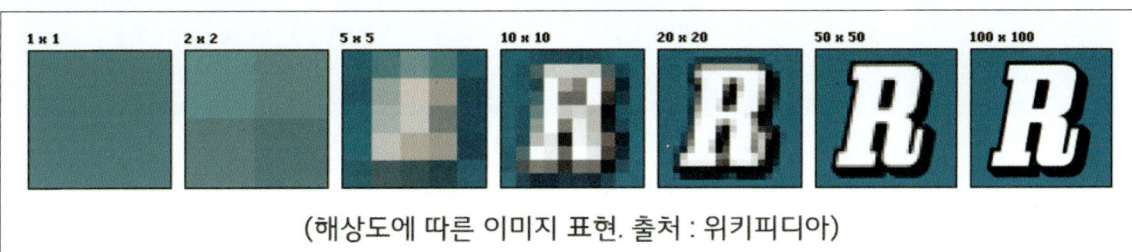

(해상도에 따른 이미지 표현. 출처 : 위키피디아)

● 1G, 2G, 3G, 4G, 5G (Generation)

국제 전기통신 연합인증 통신기술을 말하며, 여기에서 G(Generation)는 이동통신의 세대를 말합니다. 통신기술 세대 1세대부터 5세대까지 나와 있으며 최근에는 6세대까지 실현 가능성이 보이고 있다고 합니다.

이동통신 기술의 변화로 1G까지는 아날로그 방식의 기술이었지만 2G부터는 디지털 방식의 이동통신으로 넘어갑니다. 2021년 6월 30일 자로 대한민국 및 해외에서도 모든 통신사에서 2G 서비스가 종료되었고, 3G부터는 더 빨라진 속도 덕분에 스마트폰으로 PC처럼 인터넷 사용이 가능해졌습니다. 4G 때부터 와이파이, 블루투스 등을 사용하기 시작하고 실시간 스트리밍도 가능해져 아프리카TV, 넷플릭스 등 OTT 산업이 발전하는 단초가 마련된 시기입니다.

5G는 4G보다 20배 정도 빠른 속도로 5G 기술은 이제 단순히 사람들 간의 스마트폰 통신에만 국한되지 않고 원격의료, 자율주행, 화상회의, VR, AR, 3D 홀로그램 등 다양한 분야의 필수적인 통신기술이 되었습니다.

세대	1G	2G	3G	4G	5G
데이터종류	아날로그	디지털			
서비스도입	1984~	1996~	2003~	2011~	2019~
속도	14.4Kbps	144Kbps	14Mbps	LTE	5G MR
단말기	벽돌폰0	픽쳐폰	스마트폰	스마트폰, 태블릿, 노트북	VR, AR, 홀로그램, Iot, 자율주행차
서비스특징	음성통화	음성+문자	음성+문자 영상+인터넷	음성+문자 영상+인터넷	사물인터넷+인공지능 가상현실가능

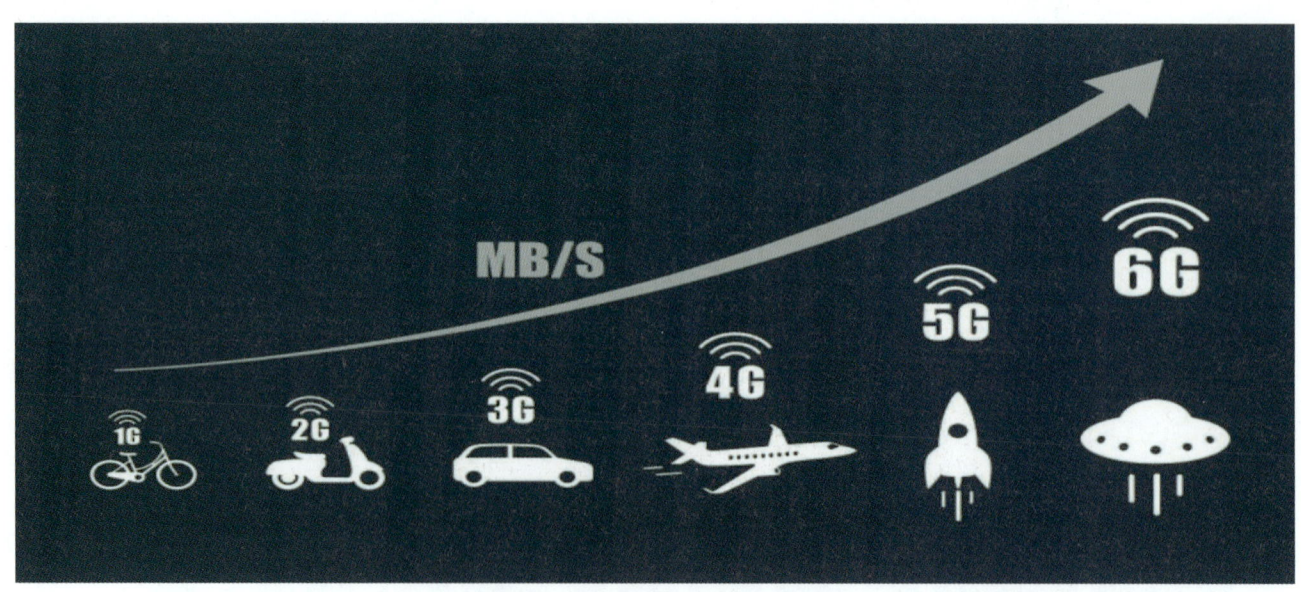

(출처: 게티이미지 코리아)

● 와이파이 (Wi-Fi Wireless Fidelity)

1) 무선 인터넷이 개방된 장소에서, 스마트폰이나 노트북 등을 통하여 초고속 무선인터넷을 이용할 수 있는 설비. 무선접속장치(AP)가 설치된 곳을 중심으로 일정 거리 이내에서 이용할 수 있습니다. WiFi를 이용하려면 WiFi를 지원하는 지역에 있어야 하며, 컴퓨터에는 무선 랜 카드와 무선 랜 카드를 위한 드라이버가 설치되어 있어야 합니다. 집이나 회사에서는 무선 공유기를 사용하면 WiFi를 사용할 수 있습니다.

2) 스마트폰에서 와이파이 연결 방법

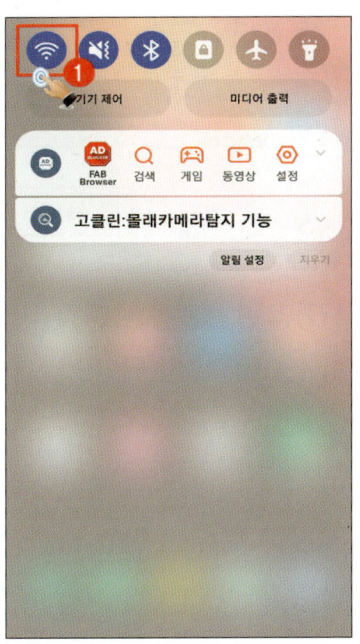  

1 ① 상단 바를 내려 와이파이를 활성화한 상태에서 [2초간] 눌러주세요. **2** ② 화면이 바뀌며 연결가능한 [무선 네트워크]명이 나옵니다. **3** ③ 해당 무선 네트워크 [비밀번호]를 눌러주세요. ④ [연결]을 눌러주시면 Wi-Fi가 연결됩니다.

● 블루투스 (Bluetooth)

1) 블루투스는 휴대폰, 노트북, 이어폰·헤드폰 등의 휴대기기를 서로 연결해 정보를 교환하는 근거리 무선 기술 표준을 뜻합니다.
주로 10미터 안팎의 초단거리에서 저전력 무선 연결이 필요할 때 사용됩니다.
예) 블루투스 헤드셋을 사용하면 거추장스러운 케이블 없이도 주머니 속의 MP3플레이어의 음악을 들을 수 있습니다.

2) 블루투스 연결 방법

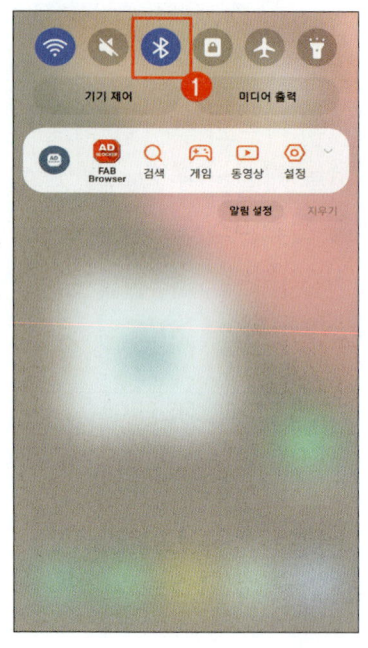  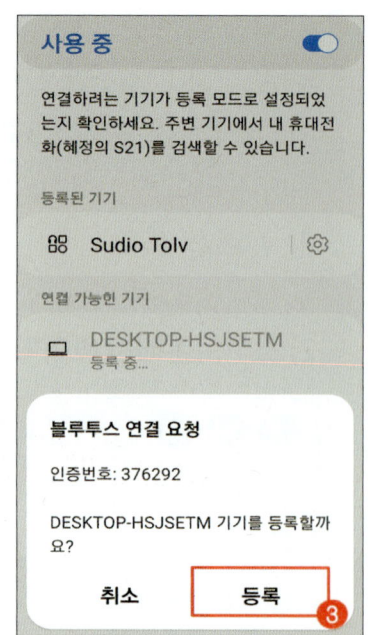

1 ① 상단바를 내려 [블루투스]를 활성화하고 [2초간] 터치해주세요. **2** ② 주변 블루투스 연결 가능한 기기명 검색되면 [선택]해주세요. **3** ③ 블루투스 연결 요청이 뜨면 [등록]을 터치합니다.

● 증강현실 = AR (Augmented Reality)

1) 증강현실은 현재 실제로 존재하는 현실의 사물이나 환경에 3차원의 가장 이미지를 겹쳐 하나의 영상을 만들어 마치 실제로 존재하는 것처럼 보여주는 컴퓨터 그래픽 기술 또는 그러한 기술로 조성된 현실을 말합니다.

전 세계적으로 사회적 현상을 일으킨 게임 포켓몬GO나 젊은 층을 중심으로 인기를 얻고 있는 카메라 앱 SNOW, Snapchat 등 AR 기술을 활용하는 앱이 잇따라 출시되고 있습니다.

2) AR에는 몇 가지 종류가 있는데 대표적인 AR 3가지
① GPS를 이용하는 AR : 자동차 내비게이션의 길 안내나 관광 정보 앱 등에서 활용
② QR코드를 이용하는 AR : QR코드를 이용하여 웹사이트에 접속 상품 소개나 프로모션에서 많이 이용
③ 화상인식을 이용하는 AR : 전용 앱 + 스마트폰 카메라 이미지 인식 + AR 통해 부가적인 정보 추가해 마라톤 생중계 때 하늘에서 헬리콥터로 촬영하는 이미지에 CG로 마라톤 코스를 합성 시 사용

● 모바일클라우드서비스 = MCC (Mobile Cloud Computing)

소비자와 파트너의 모바일 기기에 클라우드 서비스를 제공하고, 모바일 기기들로 클라우드 컴퓨팅 인프라를 구성하여 기기 간 정보와 자원을 공유하는 클라우드 컴퓨팅

모바일 기기의 기종이나 운영체제(OS)에 상관없이 기기 간 정보를 공유하고, 모바일 앱, 스토리지 등의 클라우드 ICT자원을 제약 없이 이용할 수 있습니다. 클라우드 컴퓨팅의 경제성과 모바일의 이동성이 결합되어 비즈니스 시너지를 높일 수 있는 장점이 있습니다.

● 상단 바

스마트폰 화면 상단에 위치하면서 기기의 각종 알림 및 상태 등을 표시하는 바를 말합니다. 주로 상단 바라고 하며 흔히 스마트폰의 상단부에 있는 바를 통칭해 표현하며 '상태 알림줄'이라고도 합니다. 기본모드 및 알림, 시계 등 상태 표시줄 변경도 가능합니다.

● 내비게이션 바

1) 스마트폰 사용 시 가장 많이 쓰이는 홈 화면의 기능 버튼의 하나로 홈 버튼, 뒤로가기 버튼, 최근 실행앱 사용 버튼 등이 있는 부분을 내비게이션 바라고 합니다.
   내비게이션 바는 사용자 편의에 따라 순서 변경 및 스타일도 간단하게 변경 가능합니다.

2) 내비게이션 바 변경방법

  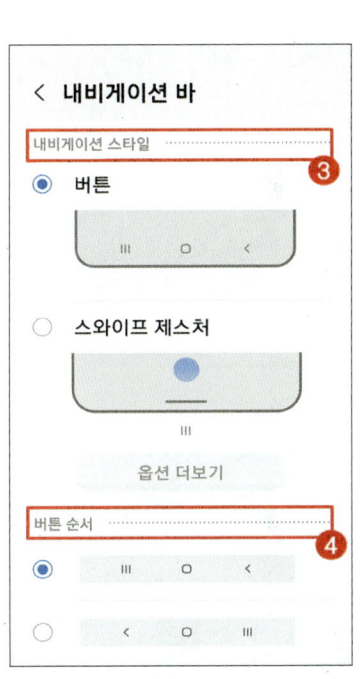

1 ① 설정에 [디스플레이] 터치하세요. **2** ② [내비게이션 바]를 터치하세요. **3** ③ 내비게이션 바에서 첫 번째 [내비게이션 스타일]을 [선택]해 주시고 두 번째 [버튼 순서]도 [선택]해주세요.

● 패턴

스마트폰에는 많은 개인정보와 금융거래 앱 등 분실이나 타인에게 보호받아야 할 정보들이 많이 있는데 만약의 경우에 대비해 스마트폰에는 여러 개의 잠금 방식이 있습니다.
PIN(숫자), 패턴, 비밀번호(영문+숫자), 생체인식(지문+홍채) 그중 하나인 패턴은 보안 강도가 '중'으로 기억하기 쉽고 재미있어 많은 사람들이 사용하고 있습니다.
하지만, 간혹 너무 복잡한 패턴을 설정해 기억을 못 해 스마트폰이 잠겨버릴 때 해결 방법으로
① 내 디바이스 찾기 웹사이트에서 원격으로 화면 잠금을 초기화 가능
② 본인 신분증을 가지고 삼성 서비스 센터 방문으로 해결 가능
③ 개인이 해결하는 방법으로 삼성 잠금 화면을 해제하도록 공장 초기화하기
   (위 방법은 삼성 안드로이드폰 기준입니다.)

● 퀵패널

1) 와이파이, 소리, 진동, 블루투스, 비행기모드, GPS 등의 기능을 빠르게 변경할 수 있도록 하는 기능을 퀵패널이라 하며 최근 알림된 내용과 어플을 확인할 수 있으며, 퀵패널 커스터마이징이 가능해 나만의 퀵패널 꾸미기가 가능합니다.

2) 퀵패널 편집 방법

● ONE UI 6.0 버전 이전 기기

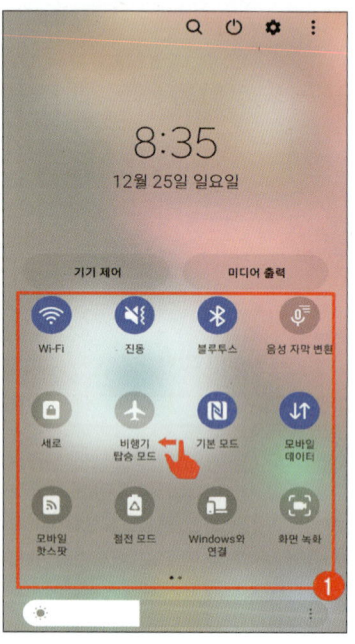
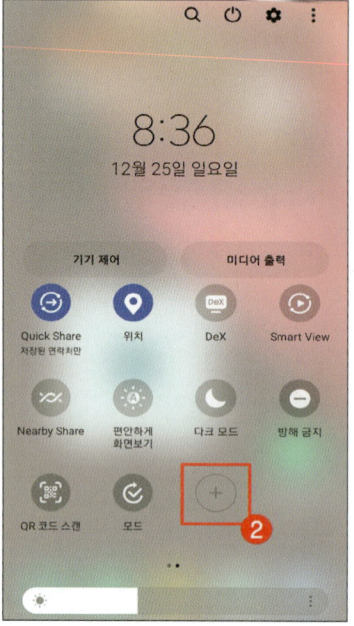

● ONE UI 6.0 버전 이후 기기

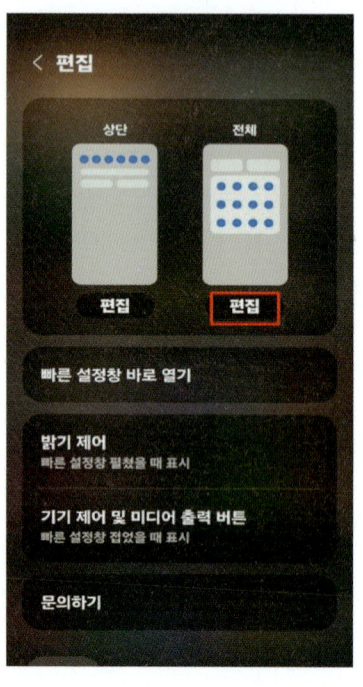
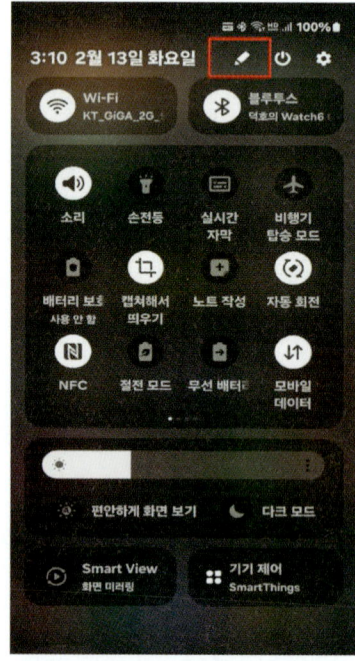
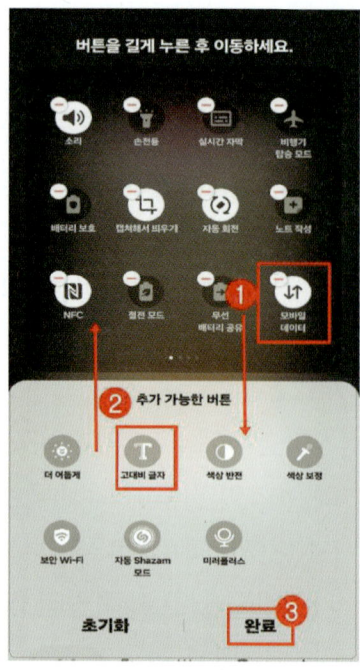

1 상단바 우측 끝을 쓸어 내린다. [Wi-Fi]와 [블루투스]는 상단에 고정배치되어 터치하여 조종하여 사용할 수 있습니다. 전체 퀵패널 편집을 위하여 [편집]을 터치합니다.

2 연필 모양의 편집 아이콘을 터치합니다. **3** ① 사용하지 않는 기능은 아래로 끌어 내리거나 터치하고 ② 사용할 기능은 위로 끌어 올리거나 터치합니다. ③ [완료]를 터치합니다.

3강 스마트폰 이것만 알아도 스마트폰과 친해질 수 있다!

1. 홈 화면 정리하기

■1 홈 화면에서 유사한 앱을 모아서 폴더로 만들기 위해, 앱 2개 중 하나의 앱을 길게 누른 후 다른 앱 위에 겹치게 합니다. ■2 ①[폴더 이름]을 터치하여 앱을 구분할 수 있는 이름, ■3 예로 [은행]을 입력합니다. ② 앱을 추가하려면 [+]를 터치합니다.

■1 ① 예로 [카카오페이]를 터치하고 ② [완료]를 터치하면 카카오페이가 폴더 안에 추가된 것을 볼 수 있습니다. ■2 다음은 [동그라미 색]을 터치합니다. ■3 ① 마음에 드는 [색상]을 터치합니다. 보이는 색 외에 다른 색을 선택하려면 ② [무지개색]을 터치해서 원하는 색으로 설정할 수 있습니다. 폴더에서 앱을 제외하려고 할 때는, 그 앱을 길게 누른 후 폴더 밖으로 이동하면 됩니다.

1️⃣ 참고로 [홈에서 삭제]는 홈에서만 앱 아이콘을 삭제하며, 앱스 화면에는 그대로 앱이 있으며 [설치 삭제]는 앱스 화면에서 앱을 삭제합니다. 필요 없는 앱을 삭제하려면 [앱]을 2초 정도 길게 누릅니다.
2️⃣ ① [삭제]를 터치합니다. ② 여러 개의 앱을 한꺼번에 삭제하고자 할 때는 [∨ 선택]을 터치합니다.
3️⃣ ① 삭제할 [앱]들을 터치하고 ② 상단의 [휴지통]을 터치하면 삭제됩니다.

2. 앱스 화면 정리하기

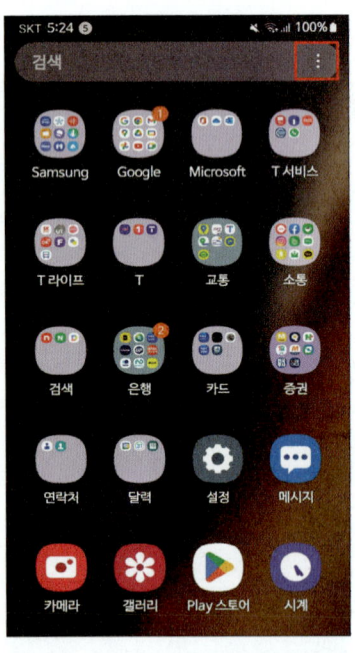 

1️⃣ 상단 앱스 화면에서 오른쪽 [점 세 개]를 터치합니다. 2️⃣ ① [페이지 정리]를 터치하고 [확인]을 터치하면 앱스 화면의 앱 사이에 빈 공간이 없도록 화면의 앱들을 자동으로 정리해줍니다.
② [설정]을 터치하면 홈 화면 설정에서 [홈 화면 구성, 홈 화면 배열, 앱스 화면 배열, 폴더 배열]을 설정할 수 있습니다.

 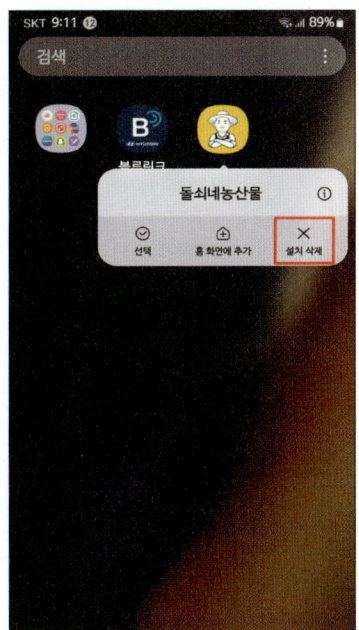

1 다음은 삭제하고 싶은 [앱]을 2초 정도 길게 누릅니다.
2 [설치 삭제 ×]를 터치해서 앱을 삭제합니다.

3. 기본 벨소리 바꾸기

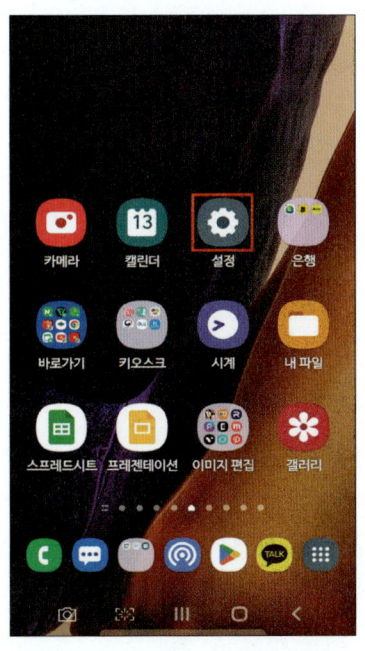  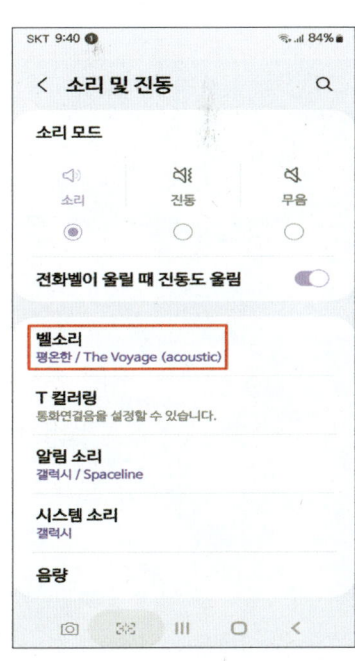

1 홈 화면에서 [설정]을 터치합니다.
2 설정 화면에서 [소리 및 진동]을 터치합니다.
3 소리 및 진동 화면에서 [벨소리]를 터치합니다.

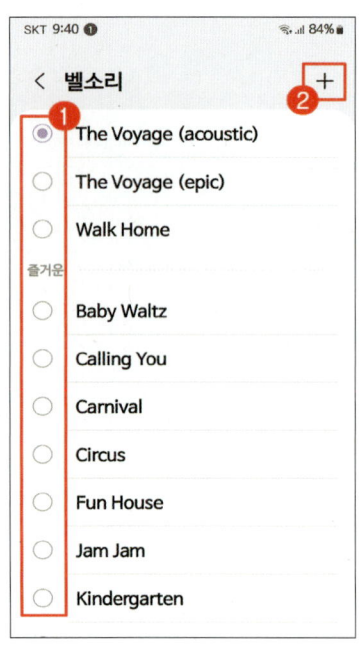  

1 여러 가지 벨소리 목록 중에서 ① [목록]을 터치하면 곡이 선택됩니다. 또 스마트폰에 저장되어 있는 음악을 벨소리로 지정하고 싶을 때는 ② 상단 오른쪽 [+]를 터치합니다. 2 [사운드 선택기]에서 곡을 선택합니다. 3 [완료]를 터치합니다.

4. 글씨 크기 조절하기

1 홈 화면에서 [설정]을 터치합니다.
2 설정 화면에서 [디스플레이]를 터치합니다.
3 [글자 크기와 스타일]을 터치합니다.

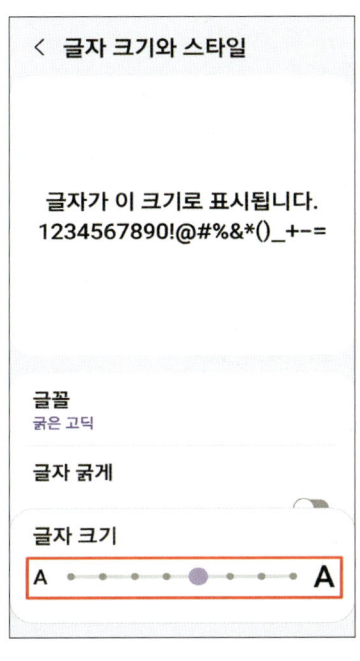 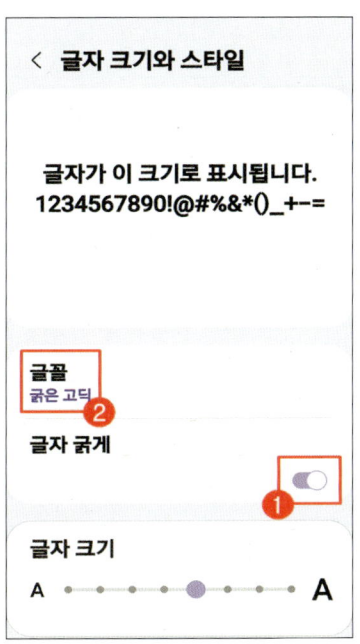 

1 아래쪽 글자 크기에서 [동그라미 점 ●]을 오른쪽으로 드래그하면 글씨 크기가 커집니다.
2 ① 글자 굵게 [버튼]을 터치하면 활성화가 됩니다. ② [글꼴]을 터치합니다.
3 글꼴 화면에서 [굵은 고딕]을 터치하면 글자가 굵은 고딕체로 바뀝니다.

5. 글자 크게 하기

■ 문자 메시지에서 글자 크게 하기

 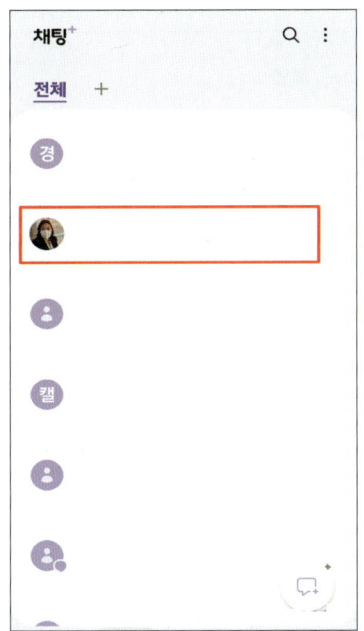 

1 홈 화면에서 [메시지]를 터치합니다.
2 수신된 문자 메시지 하나를 터치합니다.
3 문자 내용을 엄지와 검지로 화살표 방향으로 손가락 사이를 벌려서 글자 크기를 크게 합니다.

■ 카카오톡에서 글자 크게 하기

1. 카카오톡에서도 글자를 크게 할 수 있습니다. 홈 화면에서 [카카오톡]을 터치합니다.
2. 오른쪽 상단에서 [설정]을 터치합니다.
3. 팝업 창에서 [전체 설정]을 터치합니다.

1. 전체 설정 메뉴에서 [화면]을 터치합니다.
2. 화면 옵션 목록에서 [글자크기] 터치합니다. 메뉴 아래 25pt만큼 글꼴을 크게 할 수 있습니다.
3. 글자크기 화면에서 [크기 조절 슬라이드]를 오른쪽이나 왼쪽으로 밀어서 글자 크기를 선택할 수 있습니다. 상단의 글자 미리보기를 보면서 크기를 조절합니다.

■ 네이버 뉴스 글자 크게 하기

  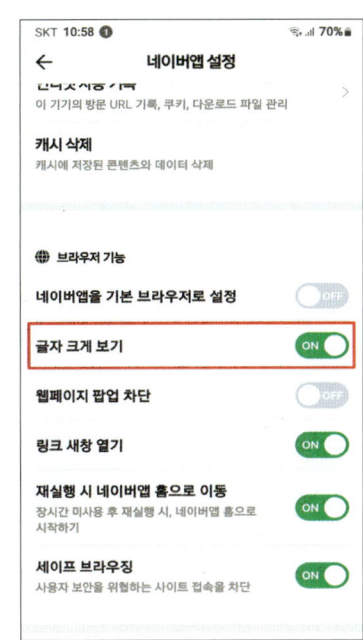

1 네이버 앱을 실행합니다. 상단 왼쪽에 더보기 [≡]를 터치합니다.

2 상단 오른쪽에 [설정]을 터치합니다.

3 스마트폰 화면을 드래그하여 살짝 밀어 올립니다. 브라우저 기능 목록 중 [글자 크게 보기]를 터치하여 글자를 크게 할 수 있습니다. 네이버 뉴스에서는 기사 상단 우측의 [가 가]를 터치해서 글자를 크게 선택할 수 있습니다.

6. 배터리 절약

 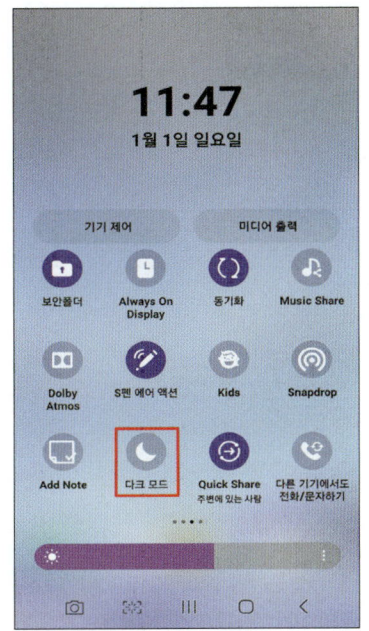 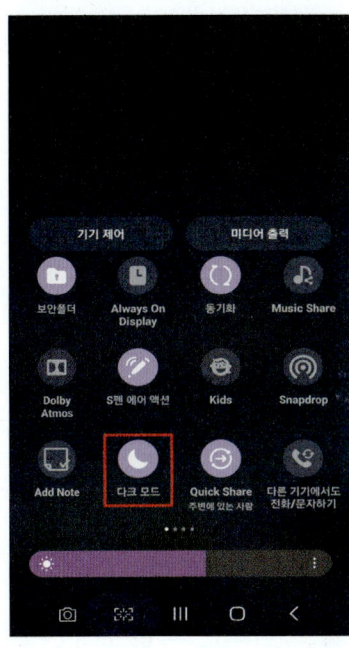

1 스마트폰 화면 상단 상태 표시줄에서 아래로 드래그하여 [빠른 설정 창]을 보이도록 합니다.

2 [다크 모드]를 찾아 터치합니다.

3 터치함과 동시에 스마트폰 화면이 [다크 모드]로 활성화됩니다.

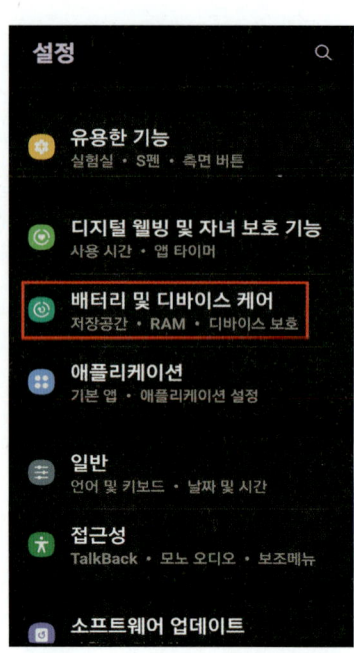 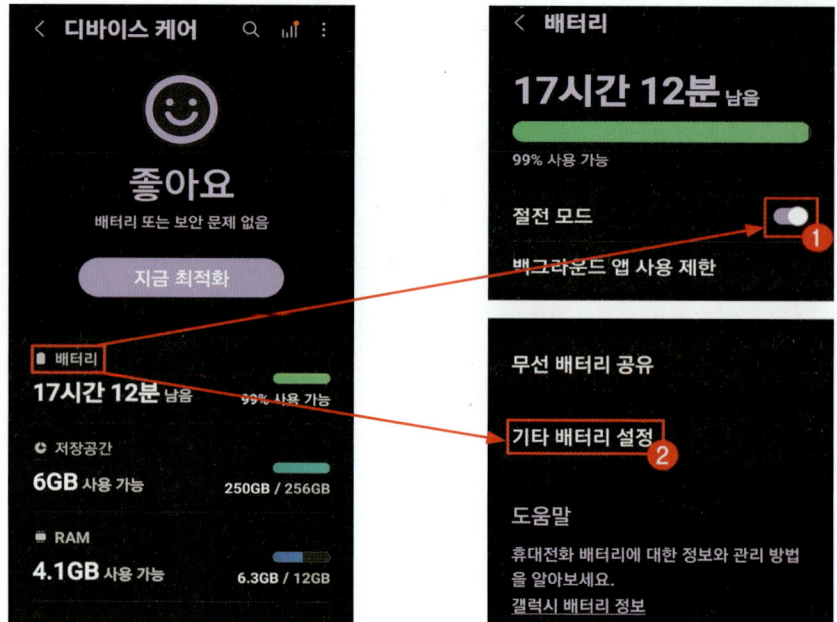

1 배터리 최적화를 활성화하려면 스마트폰 [설정]에서 [배터리 및 디바이스 케어]를 터치합니다.
2 [배터리]를 터치하여 3 ① [절전 모드]를 활성화합니다. ② [기타 배터리 설정]을 터치하여 배터리 최적화와 배터리 잔량 표시를 활성화합니다. 그리고 홈 화면과 앱스 화면의 배경화면을 검정색으로 하면 배터리가 절약됩니다.

7. 저장공간 확보하기
■ 카카오톡 캐시 삭제

  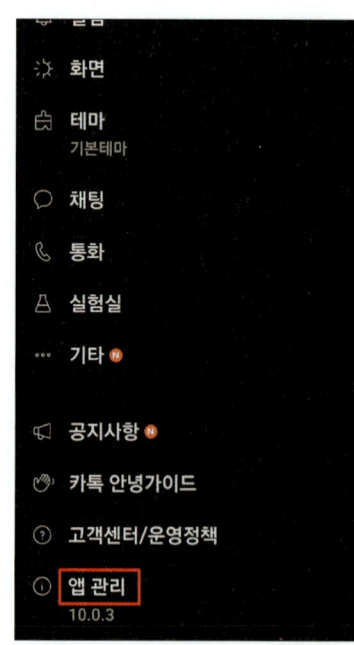

1 스마트폰 화면에서 [카카오톡]을 터치합니다.
2 ① 오른쪽 상단의 [설정]을 터치하고 ② [전체 설정]을 터치합니다.
3 [앱 관리]를 터치합니다.

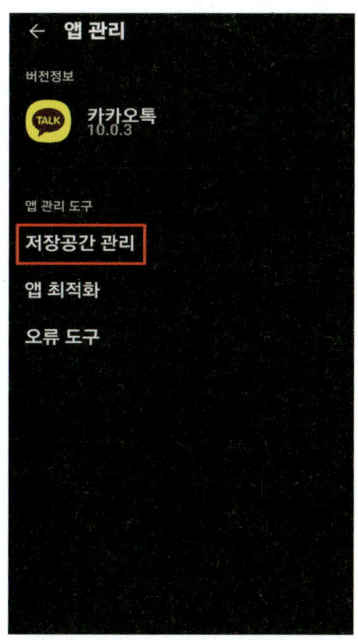
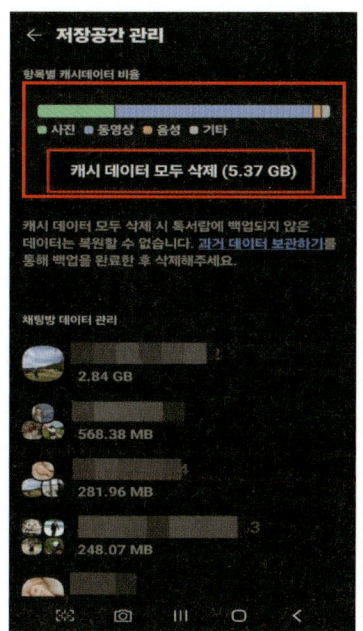
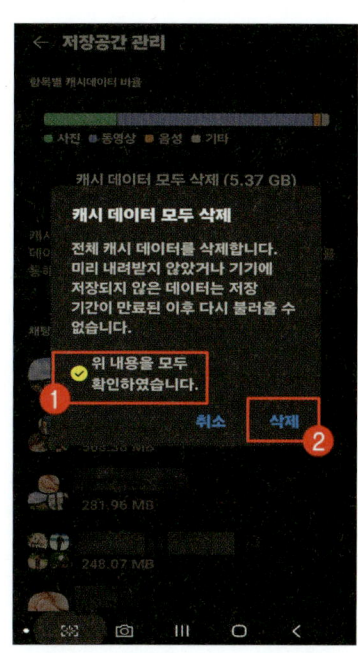

① 앱 관리 화면에서 [저장공간 관리]를 터치합니다. ② 다음은 [캐시 데이터 모두 삭제]를 터치합니다. ③ 캐시에 임시 저장된 데이터를 삭제하기 위해 ① 내용을 확인하고 터치하여 체크를 하고 ② [삭제]를 터치합니다.

■ 디바이스 케어

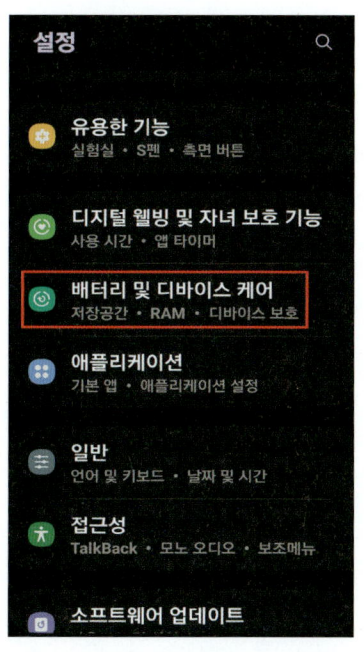

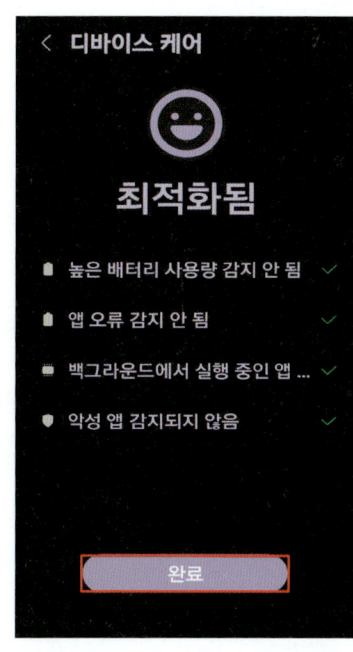

① 스마트폰 설정 화면에서 [배터리 및 디바이스 케어]를 터치합니다.
② 디바이스 케어 화면에서 [지금 최적화]를 터치합니다.
③ 스마트폰 최적화가 활성화된 후 [완료]를 터치합니다.

* 스마트폰 최적화는 임시 파일, 캐시 데이터를 삭제하며, 저장 공간을 늘려주고 사용하지 않는 애플리케이션을 종료시켜 배터리 사용 시간을 늘려줍니다. [위젯]을 활용하여 [디바이스 케어] 아이콘을 홈에 추가하면 편리하게 [디바이스 케어]를 수시로 최적화할 수 있습니다.

■ 애플리케이션에서 캐시 삭제

1. 스마트폰 기본 설정을 실행시킨 후 [애플리케이션]을 터치합니다.
2. 앱 목록의 오른쪽 [↓≡]를 터치합니다.
3. 필터 및 정렬 팝업 창에서 ① [크기]를 터치한 후 ② [확인]을 터치합니다.

  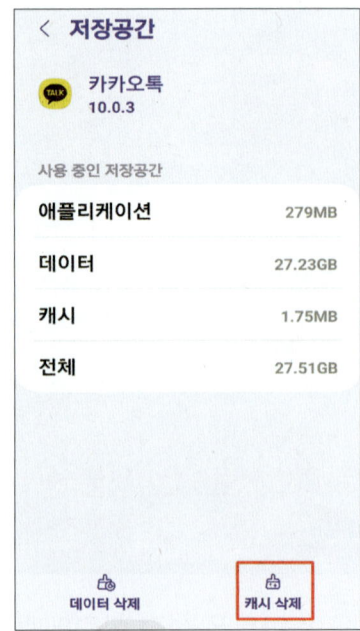

1. 용량이 큰 순서부터 앱 목록이 보입니다. [카카오톡]을 터치합니다.
2. [저장공간]을 터치합니다.
3. [캐시 삭제]를 터치합니다.

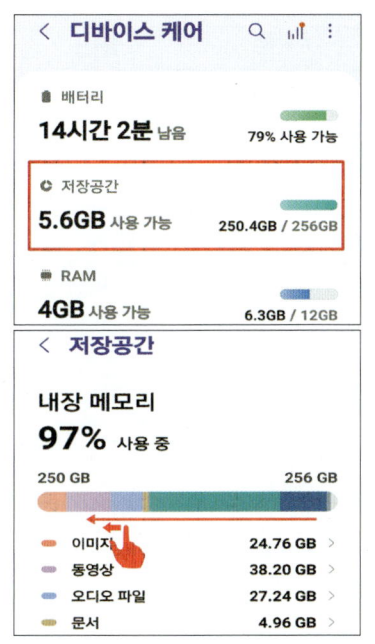
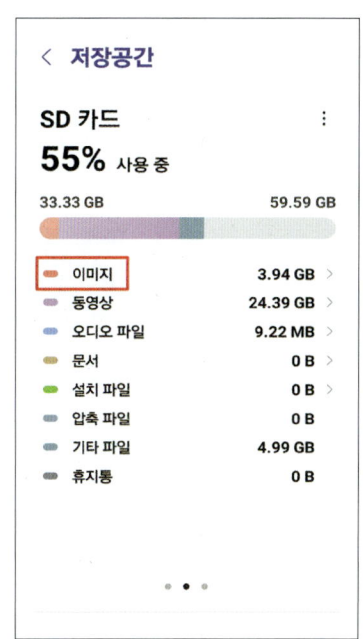

1️⃣ 스마트폰 기본 설정을 실행시킨 후 [배터리 및 디바이스 케어]를 터치합니다.
2️⃣ 디바이스 케어 화면에서 [저장 공간]을 터치합니다. 저장 공간 화면에서 화살표 방향으로 드래그하면 다른 저장 공간(SD 카드)이 보입니다.
3️⃣ [이미지]를 터치합니다.

1️⃣ 삭제할 사진을 길게 눌러 체크를 하고 하단의 [삭제]를 터치합니다.
2️⃣ [휴지통]에서 [갤러리]를 터치합니다.
3️⃣ 오른쪽 상단의 [점 세 개]를 터치합니다.

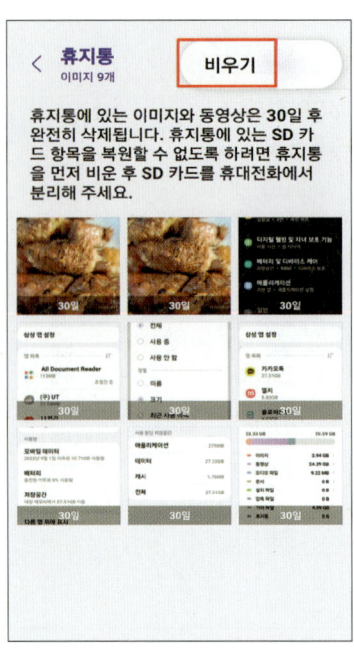  

1️⃣ 휴지통 [비우기]를 터치합니다.
2️⃣ [삭제]를 터치하여 이미지를 완전히 삭제합니다.
3️⃣ 다음은 사용하지 않는 앱에서 [>]를 터치합니다.

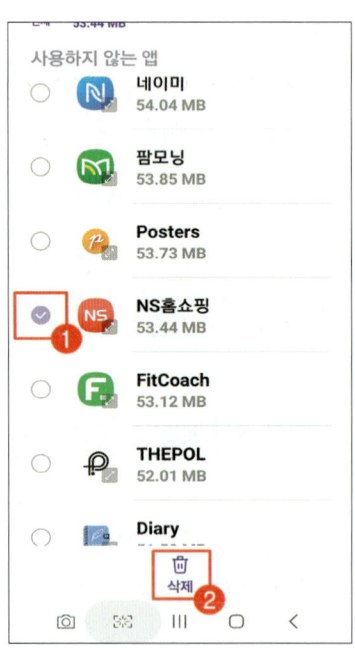 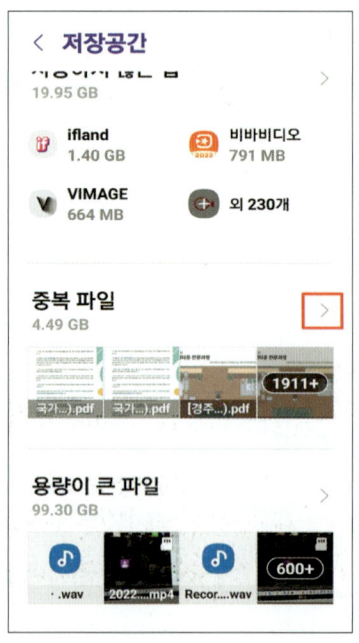 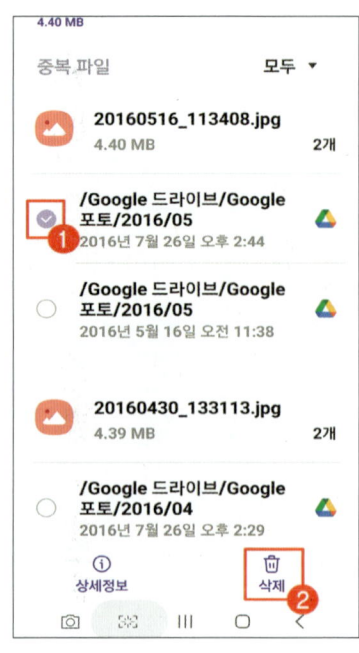

1️⃣ ① 필요 없는 앱 [○]을 터치하여 체크하고 ② [삭제]를 터치합니다.
2️⃣ 다음 화면에서는 중복 파일의 [>] 터치합니다.
3️⃣ 다음 중복 파일 중 ① 삭제할 파일을 선택하고 ② [삭제]를 터치합니다. 용량이 큰 파일도 위와 같은 방법으로 삭제할 수 있습니다.

8. 위젯 기본 활용하기
■ 전화 바로 걸기

  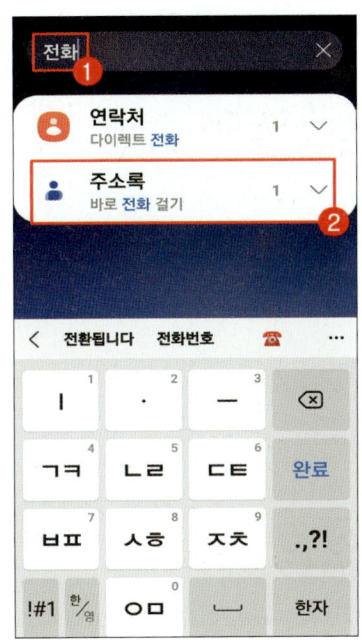

1️⃣ 홈 화면 [빈 곳]을 2초 정도 길게 터치합니다.
2️⃣ 하단의 [위젯]을 터치합니다.
3️⃣ ① 검색 창에 [전화]라고 검색하고 ② 주소록 바로 전화 걸기 [V]를 터치합니다.

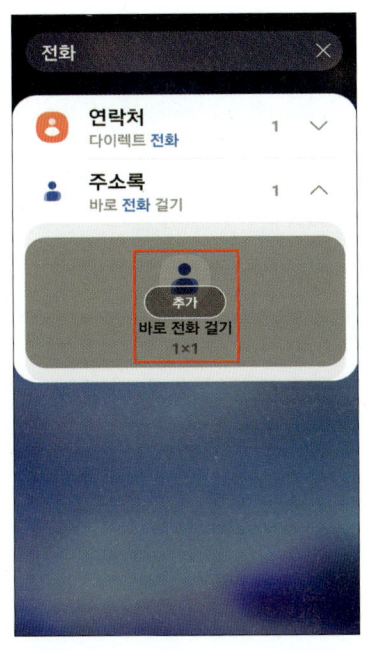  

1️⃣ 다음 화면에서 [바로 전화 걸기 추가]를 터치합니다.
2️⃣ 검색창에 자주 연락을 하시는 분의 전화명을 입력한 후 밑에 나타난 연락처를 터치합니다.
3️⃣ 홈 화면에 [바로 전화 걸기] 위젯이 설치됩니다.

■ 돋보기 활용하기

 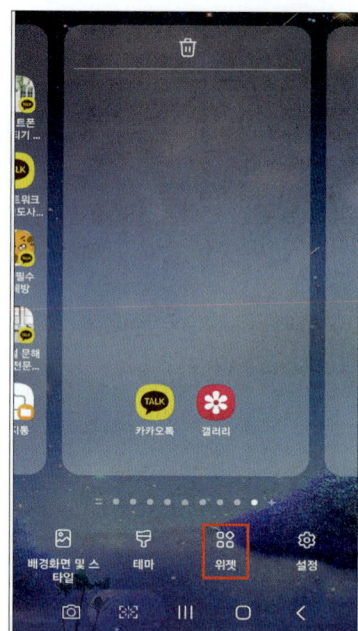 

1. 홈 화면 [빈 곳]을 2초 정도 길게 터치합니다.
2. 하단의 [위젯]을 터치합니다.
3. ① 검색창에 [돋보기]라고 검색하고 ② [돋보기 추가]를 터치합니다. 홈 화면에 [돋보기] 위젯이 설치됩니다.

■ 날씨 위젯 활용하기

  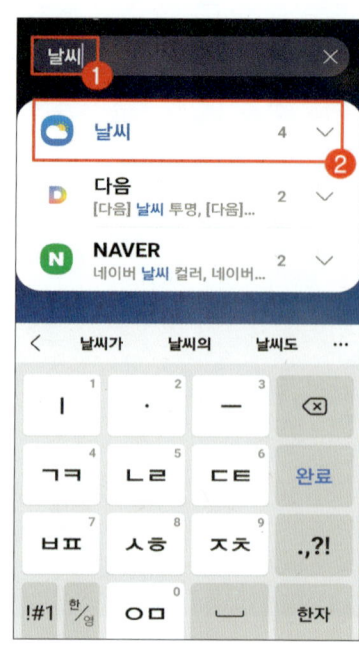

1. 홈 화면 [빈 곳]을 2초 정도 길게 터치합니다.
2. 하단의 [위젯]을 터치합니다.
3. ① 검색창에 [날씨]라고 검색하고 ② [날씨]를 터치합니다.

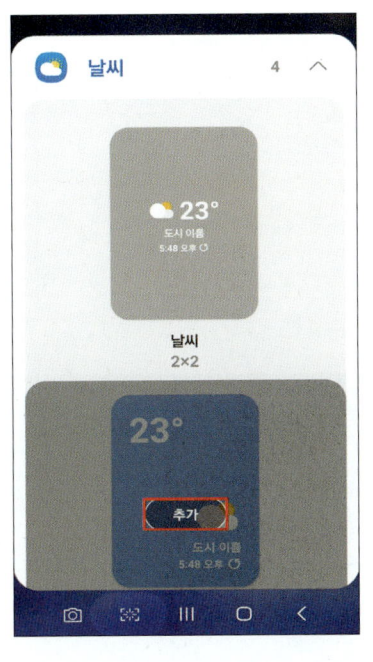 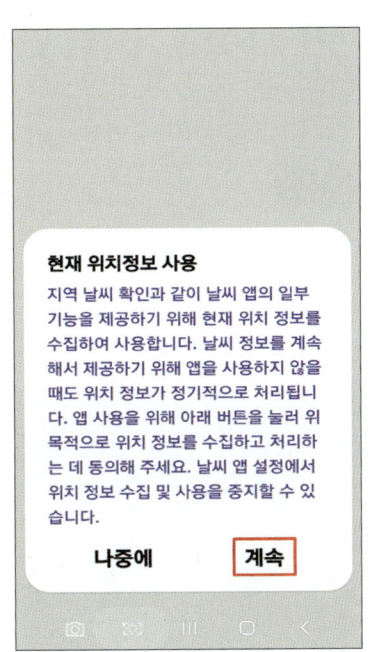  

1️⃣ 날씨 팝업창에서 [추가]를 터치합니다.

2️⃣ 현재 위치 정보 사용에 대한 권한을 확인하고 [계속]을 터치합니다.

3️⃣ 지역 선택을 합니다. 홈 화면에 [날씨] 위젯이 설치됩니다.

* 위와 같은 방법으로 디바이스 케어, 스마트 위젯 등 필요한 위젯을 설치할 수 있습니다.

MEMO

4강 스마트폰이 왜 안 될까요. 이럴 땐 이렇게 해보세요!

1. 전화가 걸리지도 울리지도 않아요

- 재부팅 합니다. (전원을 껐다 켜봅니다.)
- 볼륨 설정을 확인해 봅니다.

 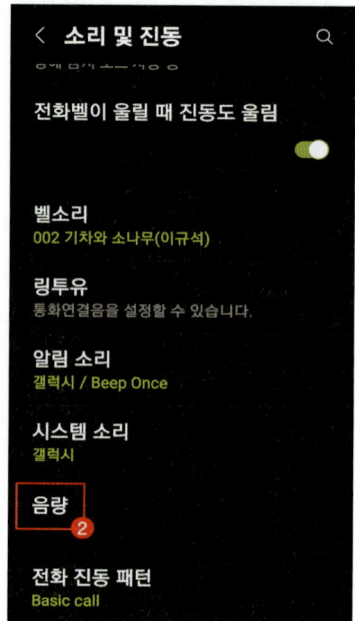 

홈 화면에서 손가락으로 위 상태 표시줄에서 아래로 드래그하면 [설정] > [소리 및 진동] > [벨소리]를 볼 수 있는데 이곳에서 [벨소리]에 음량 버튼이 켜져 있는지 확인합니다.

- **방해 금지 모드를 확인해 봅니다.**

  방해 금지가 활성화되어있다면 전화가 와도 벨이 울리지 않습니다.

  방해 금지(Do Not Disturb) 모드는 스마트폰에 있는 기본 기능으로 알람을 제외한 거의 모든 알림(전화, 메시지, 카톡) 등을 비활성화해주어 사용자가 온전히 집중 상태에 몰입할 수 있게 도와주는 기능입니다.

  방해 금지 모드를 설정하면 수신되는 모든 전화는 바로 부재중으로 넘어가는데요. 예외 허용 설정을 하면 특정한 사람의 전화에 대해서만 받고 싶다면 '즐겨찾는 연락처만'을 체크하고 특정한 사람을 즐겨찾기 해주면 됩니다. 또한 급한 전화라면 두 번 이상 발신할 텐데요. '두 번 이상 걸려 온 전화'를 켜주면 15분 이내에 같은 사람에게서 두 번째 연락이 오면 벨소리가 울리게 됩니다.

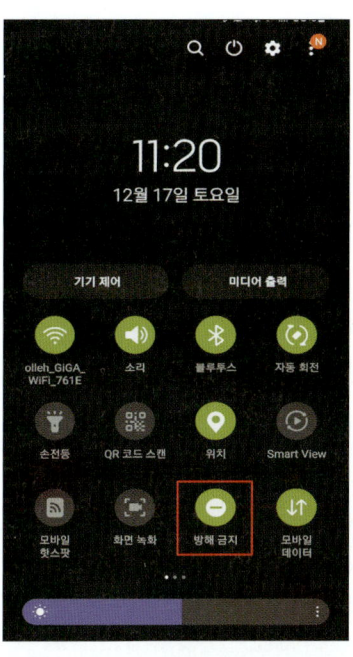 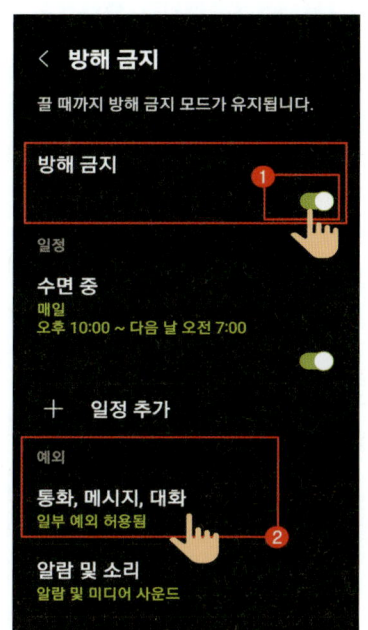 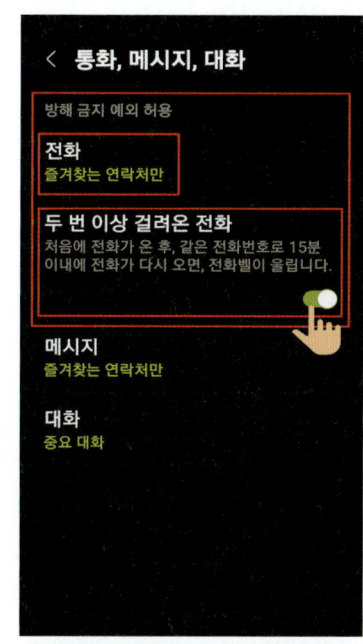

1 홈 화면에서 손가락으로 위 상태 표시줄에서 아래로 두 번 드래그하면 [방해 금지] 모드를 찾을 수 있습니다. [방해 금지]가 [활성화]되어 있습니다. **2** ① [방해 금지] 버튼을 터치해서 비활성화하면 수신이 가능합니다. ② 방해 금지 [예외 허용]을 적용할 수도 있습니다.

- **상대방 전화번호가 수신이 차단되어 있는지 확인해 봅니다.**

  요즘 스팸 전화나 문자가 많이 오다 보니 나도 모르게 지인의 전화를 스팸으로 수신 차단을 했는지 확인합니다.

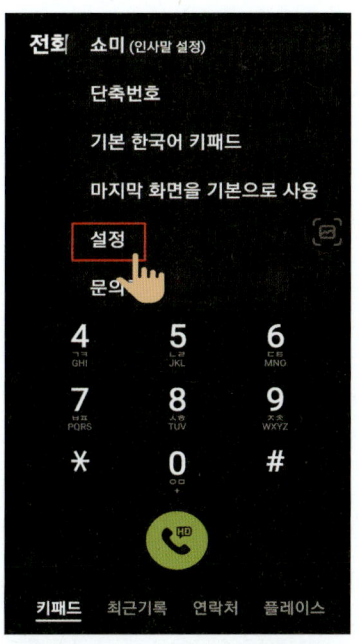 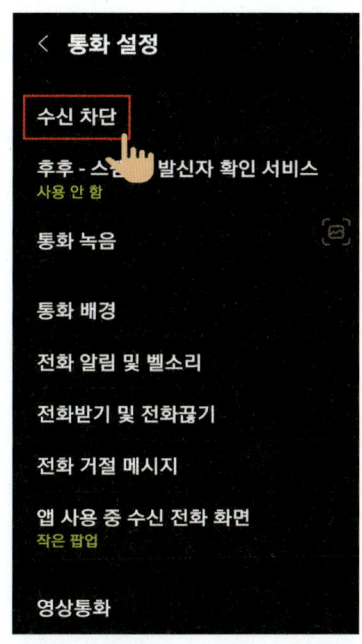 

1 전화번호 다이얼이 있는 곳에 가서 상단에 [점 3개]를 누르고, [설정]을 터치합니다.
2 [수신 차단]을 누릅니다. 그곳에서 지인의 전화번호가 [수신 차단]된 것이 있는지 확인해서 해제합니다.
3 [비행기 모드]인지 확인합니다. [비행기 모드]에서는 전화, 문자, 인터넷, Wi-Fi, 블루투스와 같은 네트워크 기능이 모두 꺼집니다.

2. 인터넷 사용 시 와이파이나 모바일 데이터 확인하기

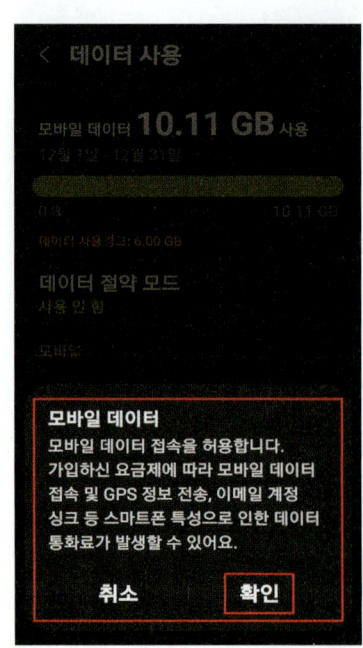

홈 화면에서 손가락으로 위 상태 표시줄에서 아래로 두 번 드래그하면 퀵패널이 열리며, 와이파이와 모바일 데이터를 볼 수 있는데 두 개 모두 활성화합니다. 와이파이가 되는 곳에서는 와이파이로 인터넷을 사용할 수 있고 와이파이가 없는 곳에서는 모바일 데이터로 자동으로 연결됩니다. 와이파이를 사용할 때는 공공장소의 와이파이를 선택한 후 비밀번호를 넣어줍니다.

1 [와이파이] 적용은 ① [부채꼴] 모양의 아이콘이 켜져 있고, 상단에 ②에서 가리키는 부분에 부채꼴 모양이 있으면 현재 와이파이가 적용되어 있다는 표시입니다. 2 [모바일 데이터]가 적용되었다면 상단에 5G 글씨가 쓰여 있는 것을 볼 수 있습니다. 3 [모바일 데이터]를 터치하고 [확인]을 터치합니다.

3. 소리가 안 들려요

전화벨 소리가 안 들리거나 문자나 카톡 알림 소리가 안 들릴 때는 [설정]에서 [소리 및 진동]에서 확인합니다. [진동]이나 [무음] 상태일 경우 소리가 나지 않습니다.

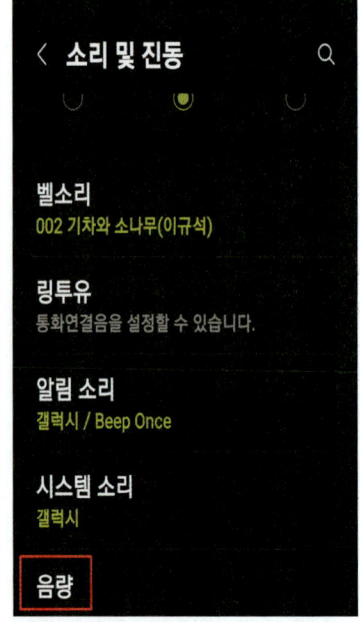
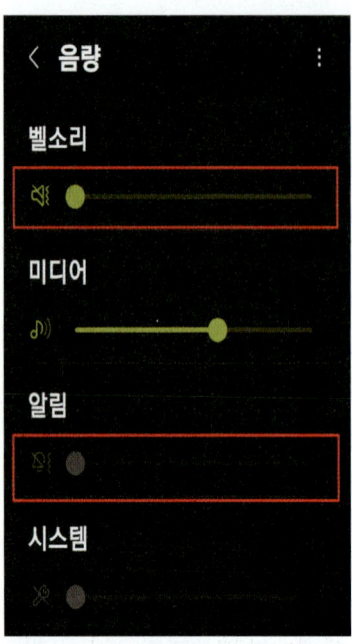

통화 중에 상대방 목소리가 안 들리고 작을 때는 통화 중에 스마트폰 옆 음량 버튼 중 위쪽 버튼을 눌러줍니다.

4. 와이파이 자동으로 연결하기(동일한 장소에서)

▶ 와이파이는 동일한 곳에 있는 동일한 와이파이라면 처음 비밀번호를 연결할 때 [자동으로 다시 연결]을 터치해서 활성화하면, 이후에 같은 장소는 항상 자동으로 연결이 됩니다.

5. 와이파이를 QR코드로 스캔하여 연결하기

와이파이를 연결할 때 비밀번호를 입력하지 않고 QR코드로 쉽고 빠르게 연결할 수 있습니다.
이때 QR코드 스캔은 카메라QR코드, QR코드전용어플, 와이파이용 스캔이어야 합니다. 네이버 QR코드 스캔이나 카카오톡 QR코드스캔으로 사용하시면 와이파이 QR코드스캔을 할 수 없습니다.
스마트폰 QR코드를 생성하기 위해서는 와이파이에 연결이 완료된 사용자의 QR코드가 필요합니다.

 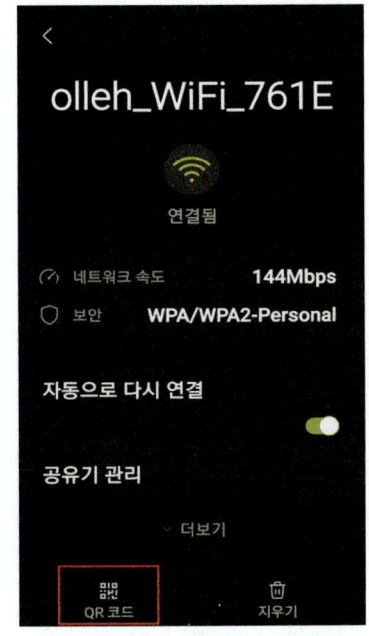 

1 와이파이에 연결된 사용자의 큐알코드를 보이게 하기 위해서 와이파이 로고를 길게 터치해서 [연결됨] 옆의 [설정]을 터치합니다. 2 하단의 [큐알코드]를 터치합니다. 3 [큐알코드]가 크게 보이며, 이것을 카메라에서 사진으로 스캔하여 연결할 수 있으며, [이미지로 저장]하거나 [공유]할 수 있습니다.

6. 스마트폰이 자꾸 뜨거워져요

많은 프로그램이 작동상태에 있거나 프로그램끼리 충돌하는 경우 CPU의 과부하로 스마트폰이 뜨거워지는 경우가 있습니다. 이럴 경우, 스마트폰의 전원을 껐다가 다시 켜거나 [디바이스 케어]에서[최적화]를 합니다.

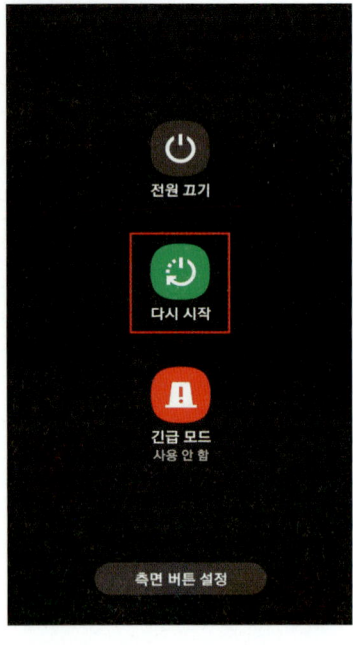  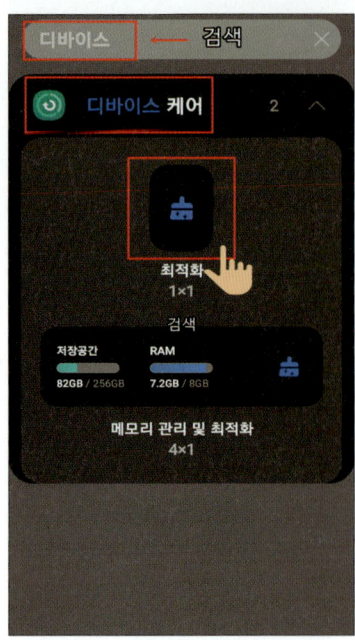

1️⃣ 스마트폰의 [전원] 버튼을 터치해서 [다시 시작]을 터치합니다. 2️⃣ 홈에서 바탕화면을 길게 터치하면 편집화면으로 바뀌는데 하단에 [위젯]을 터치합니다. 3️⃣ 상단에 [디바이스 케어]를 검색하여 아이콘을 길게 터치하여 [홈 화면에 추가]하여 자주 [디바이스 케어]를 실행합니다.

7. 나도 모르는 광고가 자꾸 홈 화면에 떠요

 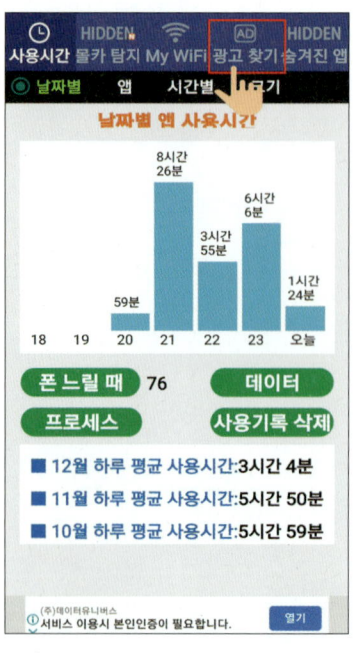 

스마트폰의 설정의 [애플리케이션]에 [원스토어]가 있으면 열기를 하고, 없을경우, 네이버에서 [원스토어]를 검색해서 설치합니다. 1️⃣ 원 스토어에서 [고클린]을 설치한 후 2️⃣ 고클린 권한 허용을 하고 나면 상단에 [광고 찾기] 탭을 확인할 수 있습니다. 이곳을 터치합니다. 시간대별로 스마트폰에서 사용한 어플들을 볼 수 있습니다. 3️⃣ [광고 찾기]에 들어가면 최근에 사용한 앱들이 보이며 사용하지 않은 앱이라면 악성 앱일 가능성이 크므로 삭제하며 광고는 그 광고가 나타난 시간에 사용한 앱에 딸려 들어와 설치된 것이므로 그 앱의 오른쪽의 [DEL]을 터치해서 삭제합니다.

8. 인증 문자가 안 와요

인터넷 사이트에서 회원가입을 하거나 개인정보를 확인할 때 스마트폰 본인인증을 필수적으로 합니다. 인증하는 방법에는 공인인증서, 문자 등 여러 가지 방법이 있지만 그중에서도 인증 문자를 이용하는 방법이 가장 많이 사용되고 있습니다. 스마트폰에서 인증 문자가 오지 않는 가장 많은 경우는 [수신 차단 메시지] 인 경우입니다. [수신 차단]에서 확인하고 해제하면 됩니다.

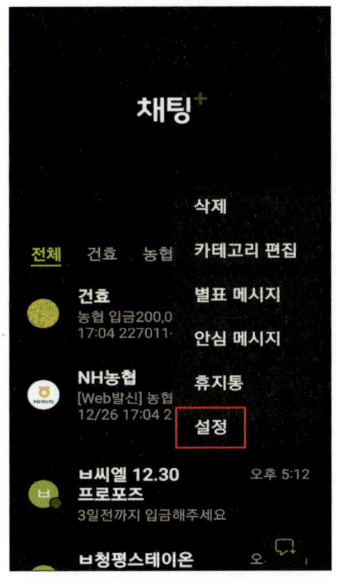 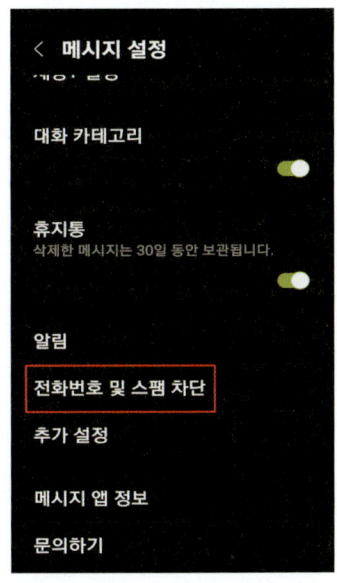 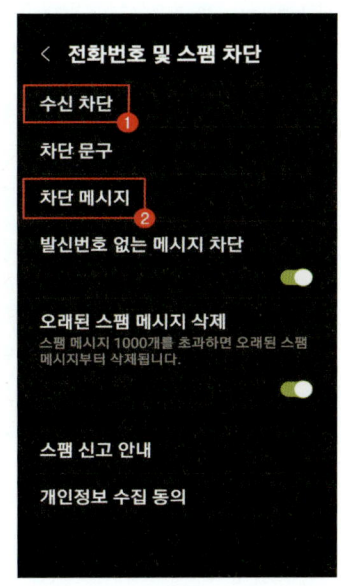

1 스마트폰에 기본적으로 설치되어있는 [메시지] 앱에서 상단이나 하단에 있는 [점 3개]를 터치해서 [설정]을 터치합니다. 2 [전화번호 및 스팸 차단]을 터치합니다. 3 ① [수신 차단]에서 해당되는 번호를 해제합니다. ② [차단 메시지]를 터치해서 이곳에 인증 번호가 있는지 확인합니다.
참고 : [PASS] 인증 앱을 활용하면 간편하게 본인인증을 할 수 있습니다.

9. 인증오류라고 떠요

인터넷 사용 중 사이트를 이용할 때 로그인을 해야 할 때가 있는데 로그인을 하려고 하면 [승인 오류]라고 뜨는 경우가 있습니다. 웹브라우저가 서로 맞지 않아서 그럴 수 있으니 [크롬 브라우저]나 [구글]에서 진행하면 대부분 해결이 됩니다.

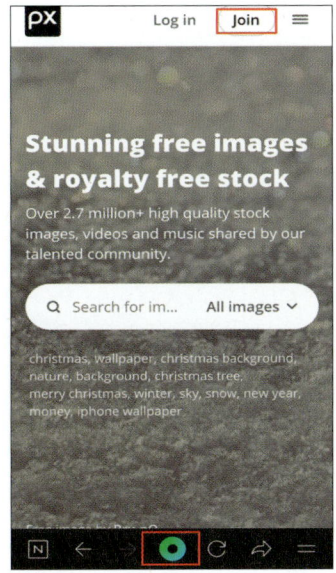 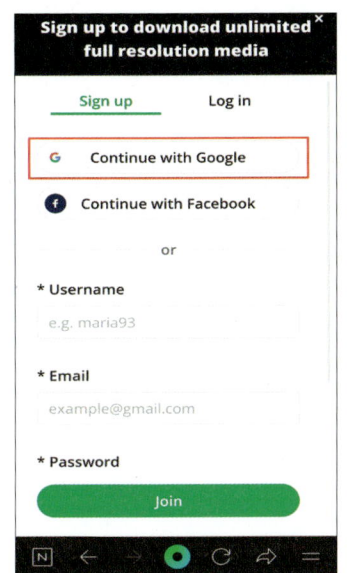 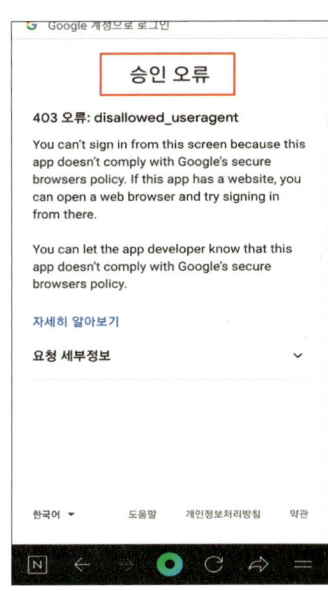

1 예로 [네이버] 앱에서 [픽사베이]를 검색해 보았습니다. 검색된 [픽사베이] 사이트에 접속해서 로그인하려고 선택하고 2 구글로 로그인하려고 하면 3 [승인 오류]라고 뜨는 것을 볼 수 있습니다.

다시 [구글]에서 [픽사베이]를 로그인해 보겠습니다.

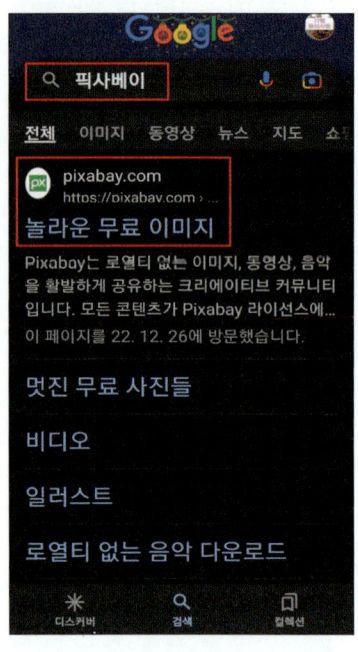 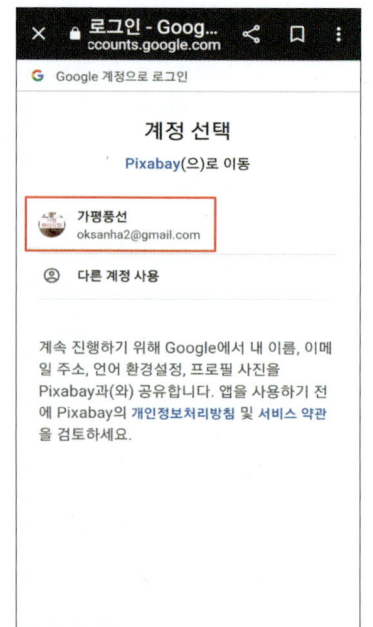 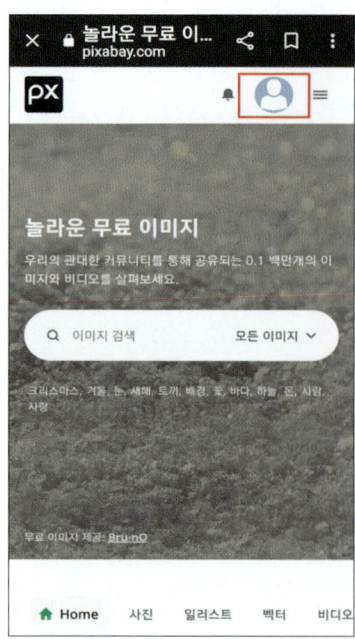

1 [구글] 검색창에 [픽사베이]를 검색해서 [픽사베이] 사이트에 들어갑니다. 2 로그인을 [구글로 선택]하면 바로 연결이 되며 3 로그인됩니다.

M E M O

5강 스마트폰 하나면 나도 사진작가다! 스마트폰 카메라 기본 사용법

1. 스마트폰 파지법
■ 가로 파지법

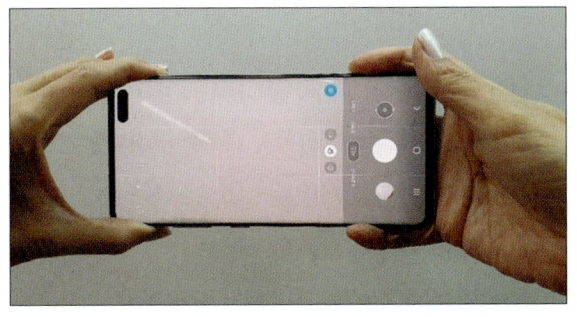 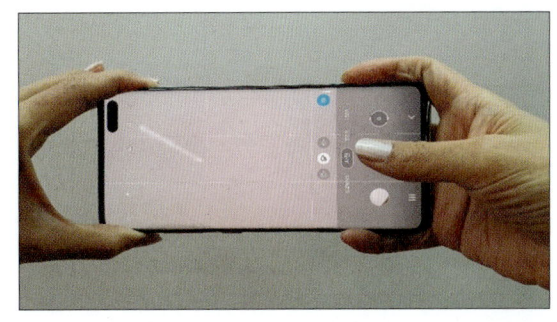

▶ 왼손의 검지와 엄지는 스마트폰의 왼쪽 위와 아래를 잡아주고, 오른손의 검지와 새끼손가락은 스마트폰의 오른쪽 위와 아래를 잡고, 중지와 약지는 스마트폰의 뒷면을 받쳐줍니다.
그리고 오른손 엄지로 셔터를 터치해서 촬영을 하는 방법입니다.

▶ 양손 가로 파지법에서, 왼손을 사용할 수 없을 때 오른손으로만 사용하여 촬영하는 방법입니다.

■ 세로 파지법

▶ 왼손으로 스마트폰 아래를 감싸듯 받쳐주고, 오른손으로 왼손을 감싸며 받쳐줍니다.
오른손 엄지를 사용하여 촬영을 합니다.

2. 영상 촬영하면서 사진도 촬영

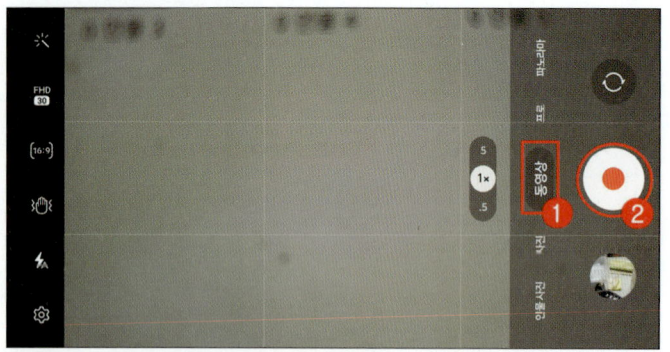

▶ ① 촬영모드 [동영상]을 선택합니다.
② [셔터] 버튼을 터치해서 영상을 촬영합니다.

▶ ① 촬영 시간이 표시됩니다.
② 터치하면 촬영이 일시 중지되고, 다시 터치하면 촬영이 됩니다.
③ 터치하면 영상을 촬영하면서 동시에, 사진을 촬영할 수 있습니다.
④ [정지]를 터치하면 영상 촬영을 종료합니다.

3. 음량 버튼이 셔터 기능

1️⃣ 스마트폰의 측면의 음량 버튼을 셔터로 활용할 수 있습니다. 카메라의 [설정]에서 [촬영 방법]을 선택하여 [음량 버튼 누르기]를 터치합니다.
2️⃣ [사진 및 동영상 촬영]을 터치합니다.
3️⃣ 카메라 사용 중에 측면 버튼을 누르면 사진이나 영상을 촬영할 수 있습니다.

4. 카메라 화면 확대, 축소 간단하게 하기

1 카메라의 [설정]을 터치합니다.
2 ① 위로 드래그하여 ② [촬영 방법]을 터치합니다.
3 [음량 버튼 누르기]를 터치합니다.

1 [화면 확대/축소]를 선택합니다.
2 [음량 버튼]의 상단을 누르면 화면이 확대되고
3 [음량 버튼]의 하단을 누르면 화면이 축소됩니다.

5. 인물 사진 촬영하기 노하우

▶ 인물을 선명하게 하고 주위를 흐리게 하는 [아웃 포커스] 촬영을 하면 인물이 부각되는 사진이 됩니다. 인물 중앙에 초점을 맞추고 피사계 심도를 낮게 하여 촬영하면, 인물은 선명하게 주위는 흐리게 나오는 사진이 됩니다.

▶ 인물의 전신 촬영을 할 때, 머리를 화면의 중앙에 두고 발을 화면 하단에 두고 촬영하면 렌즈 왜곡을 최소화하며 머리는 작게, 다리는 길어 보이는 효과의 사진을 촬영할 수 있습니다.
앵글은 허리 아랫부분에서 위로 향하는 [로우 앵글]로 촬영을 합니다.
인물을 화면의 하단에 맞추고 [로우 앵글]로 풍경을 촬영하면 인물은 비율 좋게, 풍경은 더 웅장 하고 멋진 사진을 촬영할 수 있습니다.

▶ 화면의 가로, 세로 3등분의 수평, 수직선이 만나는 3분의 1지점에 눈을 위치하고, 인물을 중앙보다는 좌우로 배치하고, 인물의 시선 방향에 화면의 여백을 주어 촬영을 하면, 더욱 편안하고 안정적인 사진을 촬영할 수 있습니다.

▶ 인물의 뒤가 앞보다 밝은 역광의 사진을 잘 활용하면, 분위기 있는 선과 형태의 사진을 촬영할 수 있습니다. 일몰 때에 보조광 없이 노출을 보정해서 멋진 [실루엣] 사진을 촬영할 수 있고, 역광에서 전면에 보조광을 함께 이용하여 촬영하면, 섬세한 선과 형태의 사진을 촬영할 수 있습니다.

6. 음식 사진 촬영하기 노하우

▶ 맛있는 식감을 느끼게 하는 색상은 붉은 계열의 따뜻한 색상입니다.
위 좌측 사진은 [자동모드]로 촬영한 사진으로 푸른색의 색감의 사진입니다.
우측 사진은 [수동모드]에서 [WB-화이트 밸런스]에서 K값을 5,000 이상으로 조절하여 촬영한 사진으로 훨씬 식감을 높이는 사진이 됩니다.

▶ 식탁 위가 산만하고 지저분할 경우, 세로 구도로 사진을 촬영하면, 더욱 깔끔하고 세련미 있는 사진을 촬영할 수 있습니다.

▶ 단순한 음식보다는 보조도구를 활용하면 더욱 세련되고 식감을 높이는 사진을 촬영할 수 있습니다.

▶ 음식을 일렬로 배치하는 것보다 대각선 구도로 배치하고, 조명은 측면광을 이용하면 [아웃 포커스] 효과와 음식의 질감과 밝은 느낌을 살리는 사진을 촬영할 수 있습니다.

MEMO

6강 나만의 사진 스튜디오 갤러리 기본 활용하기

1. 사진 드래그해서 선택하기, 사진 폴더 만들기

1 홈 화면에서 [갤러리]를 터치합니다. **2** ① 선택할 사진을 지그시 누른 상태에서 드래그하여 선택할 수 있습니다. ② 잘못 선택한 사진은 [V]을 터치하여 취소할 수 있습니다. **3** ① 하단에 [더보기]를 터치 후 ② [앨범으로 이동]을 터치합니다.

 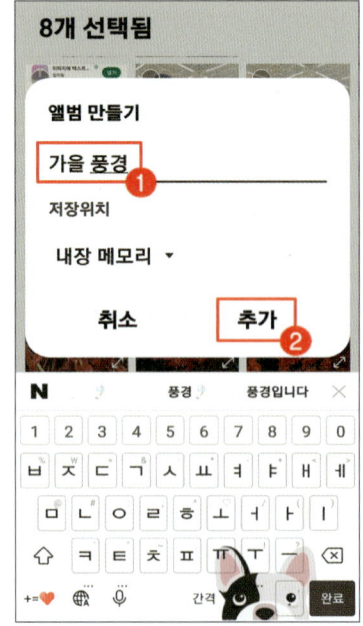 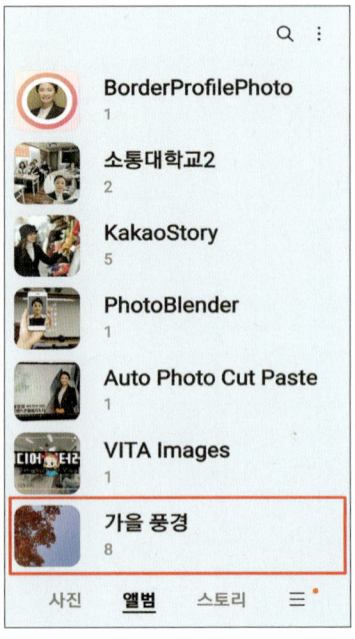

1 [만들기]를 터치하여 진행합니다. **2** ① 예시로 앨범명을 가을 풍경으로 입력 후 ② [추가]를 터치합니다. **3** 앞에서 드래그하여 선택한 사진이 새로운 앨범 [가을 풍경] 폴더로 생성된 화면입니다.

2. 사진 검색하기 기능

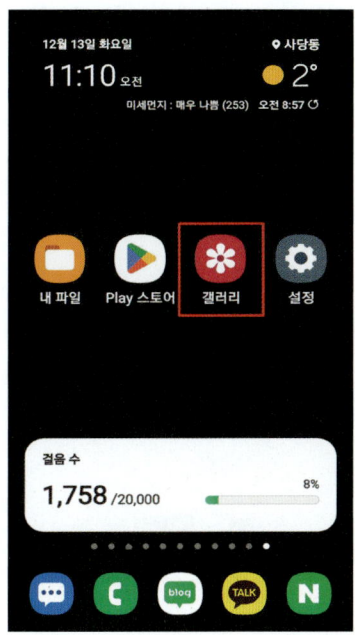  

1️⃣ 홈 화면에서 [갤러리]를 터치합니다.
2️⃣ 사진 화면에서 [검색] 돋보기 아이콘을 터치합니다.
3️⃣ 사용자 갤러리에 있는 사람, 사진 찍은 위치, 유형, 문서, 대상, 풍경 등으로 사진을 검색할 수 있습니다. 더 많은 사람을 보기 위해 [>]를 터치합니다.

1️⃣ 사용자 갤러리에 있는 사람들이 보입니다. 검색하고자 하는 사람을 선택합니다.
2️⃣ 사용자가 선택한 사람이 포함된 사진만 보입니다.
3️⃣ 상단 검색창에 원하는 키워드를 통해 원하는 사진을 검색할 수 있습니다. 예를들어 사진 파일 이름이 [울산광역시]로 저장되어 있거나 이미지 안에 [울산광역시] 글자가 포함되어 있다면 검색이 됩니다.

3. 포토에디터 제대로 활용하기 (스마트폰 UI 버전 5.0 안드로이드 13 버전)

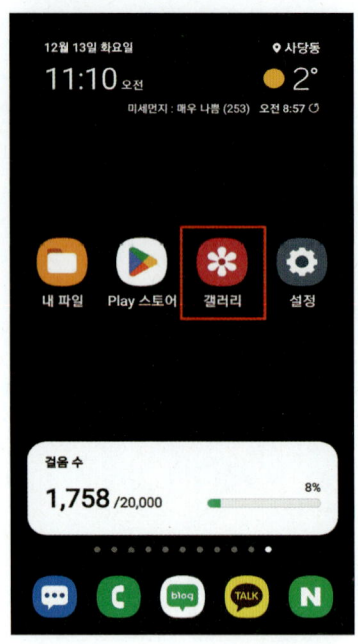

1 홈 화면에 [갤러리]를 터치합니다.
2 편집할 이미지를 선택합니다.
3 [편집] 연필 아이콘을 터치합니다.

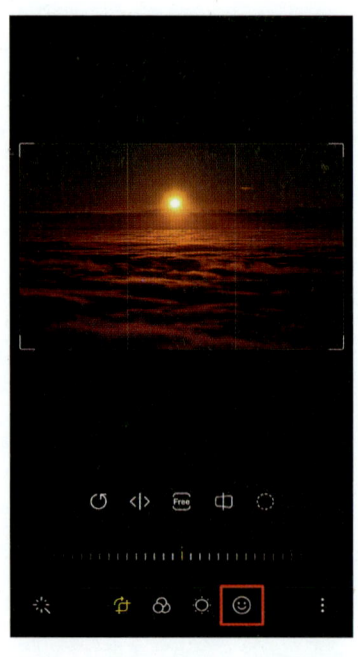

1 하단 카테고리에서 [스마일] 아이콘을 터치합니다.
2 다음 메뉴에서 [스티커]를 터치합니다.
3 ① [갤러리] 아이콘을 터치한 후 ② [+]를 터치하여 앨범으로 이동합니다.

1️⃣ 사용자 앨범에서 사진 위에 스티커로 사용할 사진을 선택합니다.

2️⃣ 사용자가 원하는 대로 이미지를 자를 수도 있고 ① [도형 모양]를 터치하여 원하는 도형으로 사진을 자를 수 있습니다. ② [다음]을 터치합니다.

3️⃣ ① 잘라 온 사진 이미지 테두리의 색상이나 테두리 두께를 조절할 수 있습니다. ② [완료]를 터치합니다.

1️⃣ 이미지 스티커를 원하는 자리에 위치시킨 후 ① [텍스트]를 터치하여 원하는 문구를 입력할 수 있습니다. ② 하단 점 세 개 [더보기]를 터치합니다.

2️⃣ [다른 파일로 저장]을 터치하여 저장하면 원본은 그대로 유지되며 편집된 사진은 별도로 저장됩니다.

4. 사진이나 동영상 다른 사람은 못 보고 나만 보고 싶을 때

 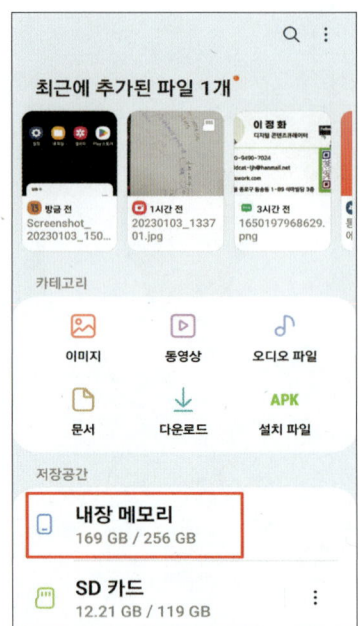 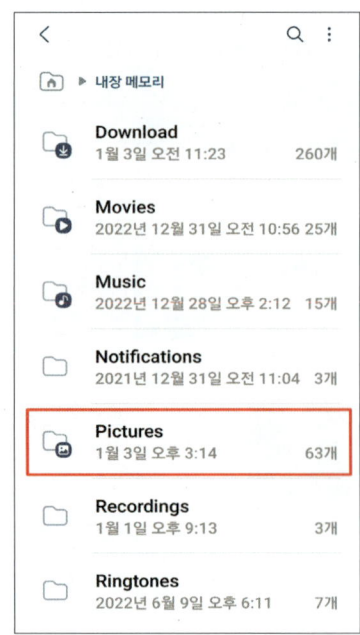

1. 홈 화면에서 [내 파일]을 터치합니다.
2. [내장 메모리]를 터치합니다.
3. 동영상, 음악, 사진 등 다양한 파일이 보입니다. 사용자가 숨기고 싶은 파일을 선택합니다. 예시로 [pictures] 사진을 선택합니다.

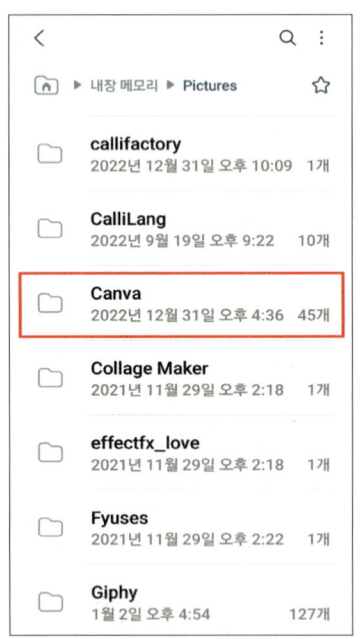  

1. 사진 폴더에서 사용자 앨범별로 보입니다. 숨기고 싶은 앨범 파일을 길게 눌러서 선택합니다.
2. ① 파일이 선택된 화면에서 ② 하단 점 세 개 [더보기]를 터치합니다. ③ 메뉴창에서 [이름 변경]을 터치합니다.
3. ① 선택한 파일 앞에 [온점]을 찍고 ② [이름 변경]을 터치하여 완료합니다.

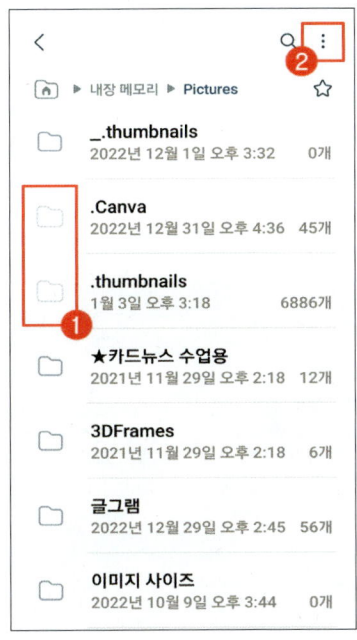  

1 ① 숨겨진 파일은 온점과 점선으로 구분할 수 있습니다. ② 점 세 개 [더보기]를 터치하여 설정으로 이동합니다.

2 [설정]을 터치합니다.

3 내 파일 설정에서 [숨겨진 시스템 파일 표시]를 활성화해 주어야 숨겨진 파일을 구분해서 확인할 수 있습니다.

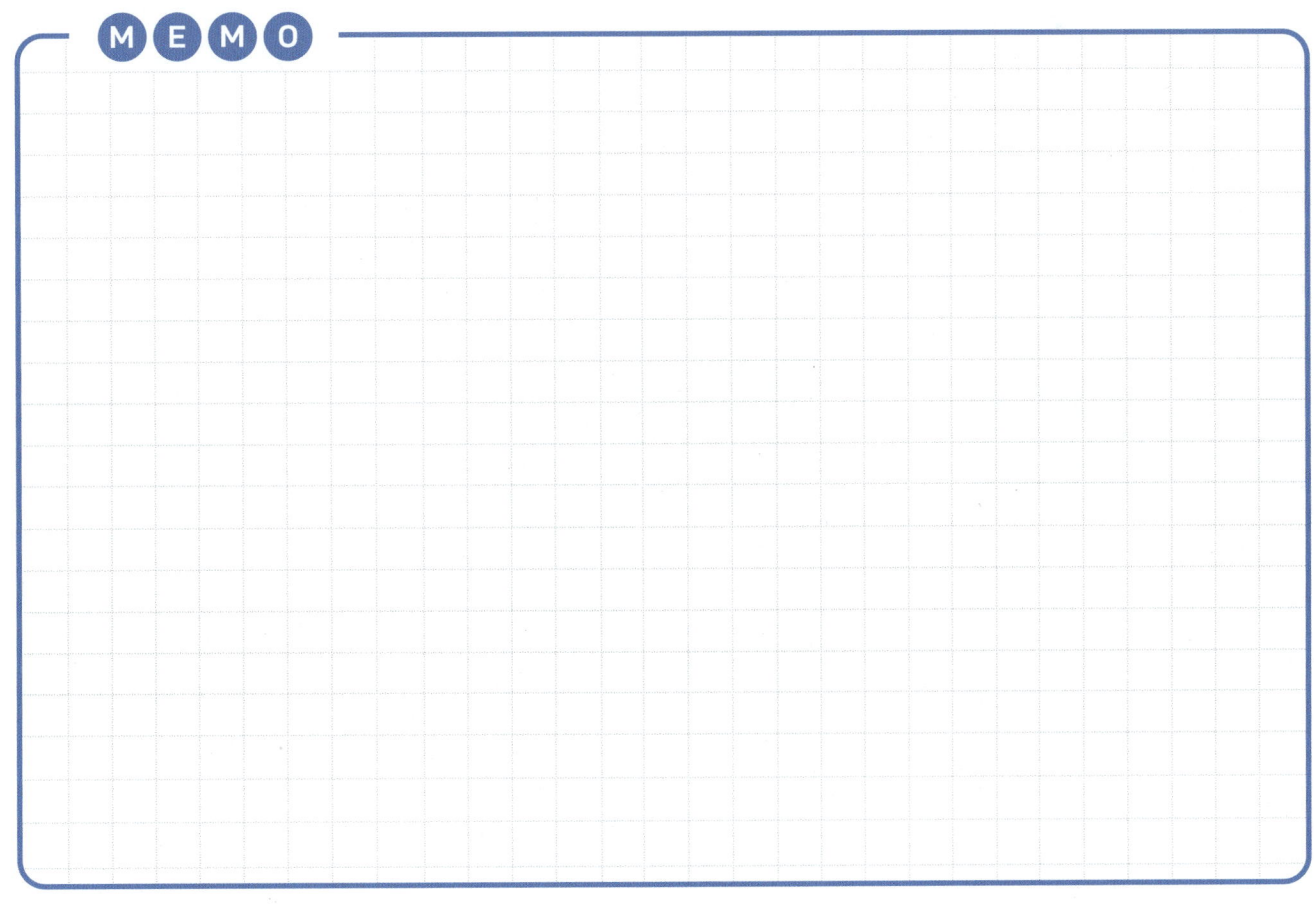

7강 가족 간의 원활한 소통을 위한 카카오톡 기본 활용 노하우

1. 카카오톡 프로필 꾸미기
■ 프로필 사진 / 동영상 (동영상 최대 6초)

1 ① [카카오톡] 앱 실행 후 좌측 하단에 친구[👤] 아이콘을 터치합니다. ② 상단에 [내 이름]을 터치합니다. **2** ① [프로필 편집]을 터치합니다. ② 내 이름 옆에 있는 [카메라] 모양을 터치합니다. ③ [앨범에서 사진/동영상 선택]을 터치합니다. ④ 전체 보기 옆에 목록 펼침 [▼] 단추를 터치합니다. ⑤ 프로필 사진이 들어있는 [앨범]을 선택합니다. **3** ① [사진]을 선택합니다.(사진 선택 후 하단 메뉴에서 필터, 자르기, 회전, 텍스트 입력, 스티커 넣기, 그리기를 이용해 편집할 수 있습니다.) ② [확인]을 터치합니다. ③ [완료]를 터치합니다. ④ 프로필 사진이 변경되었습니다.

■ 이름·상태 표시 메시지·프로필 배경 사진 / 동영상 (동영상 최대 15초)

1 ① 프로필 이름을 변경하기 위해 [프로필 편집]에서 이름 옆에 있는 [연필] 모양을 터치합니다.
② [×]를 눌러 [현재 이름]을 삭제합니다. ③ [변경할 이름]을 입력합니다. ④ [확인]을 누릅니다.
2 ① 상태 메시지를 입력하기 위해 상태 메시지 옆에 있는 [연필] 아이콘을 터치합니다. ② 상태 메시지를 입력합니다. ③ [확인]을 누릅니다. 3 ① 좌측 하단에 [카메라] 모양을 터치합니다.
② [앨범에서 사진/동영상 선택]을 터치합니다. ③ 전체 보기 옆에 목록 단추 [▼]를 누릅니다.
④ 사진이 있는 [앨범]을 선택합니다. ⑤ 배경에 넣을 [세로 사진]을 선택합니다. ⑥ [확인]을 터치합니다. ⑦ [완료]를 터치합니다.

■ 공감 스티커·음악·스티커·배경효과 꾸미기

1 ① [프로필 편집]에서 하단 두 번째 [공감 스티커] 아이콘을 터치합니다. ② 네 종류의 스티커 [스타일]을 선택합니다. ③ 마음에 드는 [스티커]를 선택합니다. ④ 스티커 [배경]색을 터치합니다. ⑤ [색상]을 선택합니다. ⑥ [확인]을 터치합니다. ⑦ [완료]를 터치합니다. **2** ① 하단 세 번째 [♪] 아이콘을 터치합니다. ② 8가지 타이틀 중 원하는 [타이틀]을 선택합니다. ③ 검색창에 [곡명]을 검색합니다.
④ 제목 우측에 동그라미를 [체크]합니다. ⑤ [추가하기]를 터치합니다. ⑥ [완료]를 터치합니다.
⑦ 다시 [완료]를 터치합니다. **3** ① [프로필 편집]에서 하단 네 번째 아이콘 [스티커]를 터치합니다.
② 카테고리 [시즈널]을 선택합니다. ③ [별 토끼]모양을 선택합니다. ④ [곰돌이]모양을 선택합니다.
⑤ 하단 [☺] 아이콘을 터치합니다. ⑥ 눈 내리는 효과[❄] 를 선택합니다.
⑦ 우측 상단에 [완료]를 선택합니다.

공감스티커	공감 스티커는 4개의 디자인, 최대 3개까지 추가 가능, 다양한 이모지와 색상 선택, 내 프로필을 본 친구가 스티커에 공감을 보낼 수 있는 기능으로 공감한 친구의 정보, 개수는 나만 볼 수 있습니다.
음악	프로필 뮤직 무료는 1분만 듣기가 가능하고, 그 이상은 멜론에서 이용권을 구매해야 합니다. 30곡까지 추가할 수 있고, 순서 변경도 가능합니다. 제일 첫 곡이 프로필 화면에 뜹니다.
스티커	스티커는 여러 가지 다양한 스티커로 프로필을 꾸밀 수 있습니다. 위치, 크기, 회전 가능
배경효과	배경 효과는 프로필 배경에 다양한 효과를 줄 수 있습니다.

■ 텍스트, 디데이, 세트 아이템 꾸미기

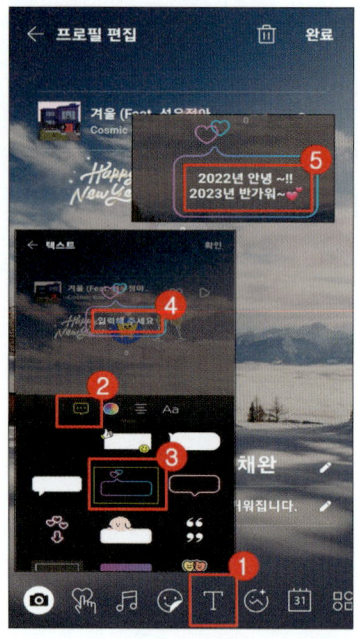  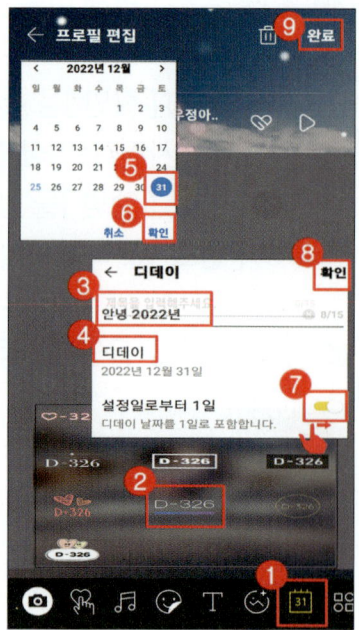

1 ① 프로필 편집에서 하단에 텍스트[T] 아이콘을 터치합니다. ② [💬]아이콘을 터치합니다. ③ [메시지 스티커]모양을 선택합니다. ④ [입력해 주세요]를 터치합니다. ⑤ [메시지 내용]을 입력합니다.
2 ① [🎨]아이콘을 터치합니다. ② [색상]을 선택합니다. ③ [가운데 정렬]을 합니다. ④ [Aa]를 선택합니다. ⑤ [글씨체]를 선택합니다. ⑥ [확인]을 선택합니다. **3** ① 하단에 7번째 [📅]아이콘을 터치합니다. ② 마음에 드는 [스타일]을 선택합니다. ③ '제목을 입력해주세요'에 [디데이 제목]을 입력합니다. ④ 아래쪽에 [디데이]글자를 선택합니다. ⑤ 달력이 나오면 [날짜]를 선택합니다. ⑥ [확인]을 선택합니다. ⑦ 설정일로부터 1일 [토글]을 켭니다. ⑧ 우측상단에 [확인]을 터치합니다. ⑨ 우측 상단에 [완료]를 터치합니다.

▶ ① 프로필 편집에서 하단에 텍스트 [🔳] 아이콘을 터치합니다.
② "세트 아이템 적용 시 기존에 적용한 아이템이 모두 삭제될 수 있습니다. 계속하시겠습니까?" 팝업창이 나오면 [확인]을 터치합니다.
③ 우측 상단에 [완료]를 터치합니다.

※ 세트 아이템은 카카오톡에서 제공하는 템플릿으로 쉽고, 간단하게 프로필을 꾸밀 수 있는데 이 또한 부분적으로 크기, 위치 이동, 삭제가 가능하고, 다른 스티커나 효과를 추가할 수도 있습니다.

2. 카카오톡 음성으로 문자 보내기

 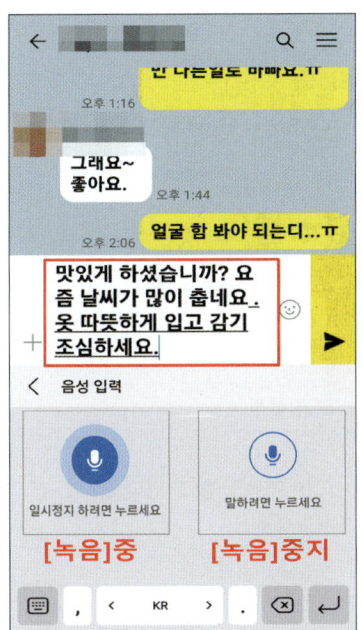 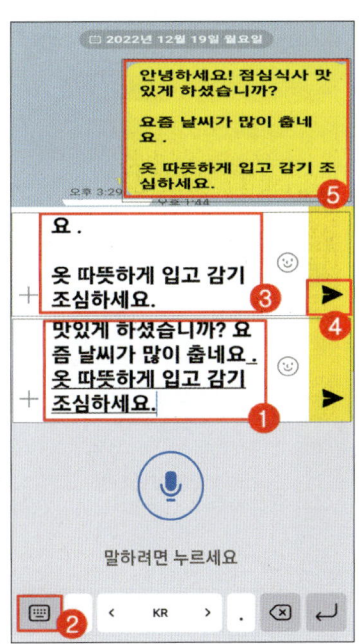

1 ① [카카오]앱 실행 후 하단에 [채팅]을 터치합니다. 메시지 보낼 [채팅 대화]방을 선택합니다. ② 커서가 깜박이는 [메시지 입력창]을 터치합니다. ③ 키보드가 나타나면 키보드 툴바에 [마이크] 모양을 터치합니다. **2** 마이크를 누름과 동시에 마이크가 파란색으로 되면서 녹음이 시작됩니다. "안녕하세요 느낌표 점심식사 맛있게 하셨습니까 물음표 요즘 날씨가 많이 춥네요 마침표 옷 따뜻하게 입고 감기 조심하세요 마침표" 예시문장처럼 메시지 보낼 내용과 함께 문장 부호 [느낌표, 물음표, 마침표]도 말을 하면 띄어쓰기와 함께 문장 부호까지 자동으로 입력이 됩니다. 이때 발음을 천천히 또박또박해주어야 인식률이 좋습니다. 음성 녹음 중에 [일시 정지]했다가 다시 [말하려면 누르세요]를 누르면 이어서 말할 수 있습니다. **3** ① 말하기가 끝난 후 [오타]확인을 합니다. ② 왼쪽 하단 [키보드] 모양을 터치합니다. ③ 오타와 내용 수정, 문장 줄 바꾸기를 할 수 있습니다. ④ 발송하기 [종이비행기] 모양을 터치합니다. ⑤ 카카오톡 음성으로 문자 보내기가 완료되었습니다.

키보드에 마이크가 없는 경우 설정 방법

① 스마트폰 상단 바에서 아래로 스크롤 톱니바퀴 모양 [설정]을 터치합니다.
② 설정 메뉴 중에서 [일반]을 터치합니다.
③ [삼성 키보드 설정]을 터치합니다.
④ [키보드 툴바]를 켜 줍니다.

카카오톡 음성으로 문자 보내기 기능은 글자를 입력하기 어려운 상황, 운전 중일 때, 긴 내용을 말로 표현할 때, 노안으로 키보드 입력이 불편한 시니어분들이 편리하게 사용할 수 있는 기능입니다.

3. 카카오톡 알림 배지 안 보이는 경우

1️⃣ ① 스마트폰 상단 바에서 아래로 드래그 후 [설정]앱을 터치합니다. ② 설정 메뉴에서 [알림]을 터치합니다. 2️⃣ ① 알림 메뉴에서 [고급 설정]을 터치합니다. ② [앱 아이콘 배지]를 터치해서 활성화합니다. 3️⃣ ① [앱 아이콘 배지]를 터치합니다. ② 배지 스타일에서 [숫자]를 선택합니다. ③ 뒤로가기 [<]를 두 번 눌러 [알림]화면으로 이동합니다.

 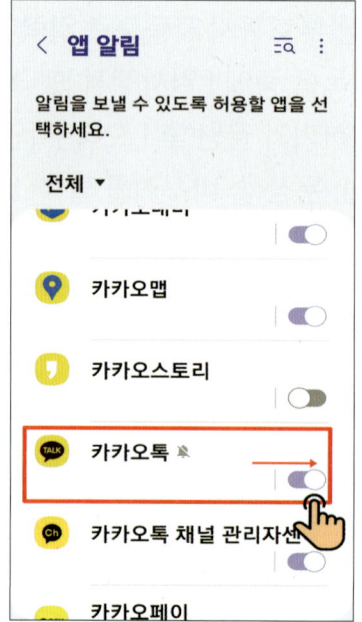 

1️⃣ 알림 메뉴에서 [앱 알림]을 터치합니다. 2️⃣ 앱 알림에서 [카카오톡]을 선택합니다. 3️⃣ ① 알림 방식에서 [배지 허용됨]을 선택합니다. ② [홈버튼]을 누르고 [카톡]앱을 확인하면 우측 상단에 알림 배지가 있습니다.

카카오톡에서 메시지가 오게 되면 카카오톡 앱 아이콘 배지의 우측 상단에 작은 숫자로 표시됩니다. 나에게 수신된 읽지 않은 메시지의 숫자를 알려주는 기능입니다.

4. 카카오톡 저장 공간 관리하기

스마트폰의 저장 공간 확보는 매우 중요합니다. 스마트폰의 용량이 가득 차게 되면 발열이 나거나 정상적으로 작동하지 못할 수 있고, 메모리 수명에도 좋지 않습니다. 대부분 스마트폰의 저장 공간을 확보하기 위해 앱을 삭제하거나 사진과 동영상 파일들을 삭제하는 데 우리가 매일 사용하는 '카카오톡'앱이 의외로 저장 공간을 많이 차지하고 있습니다. '카카오톡' 앱에서 주고받은 사진, 동영상 파일은 물론 친구 목록, 채팅방 목록 및 각종 설정 정보 등과 같이 서비스 이용에 필요한 여러 정보들이 스마트폰의 저장 공간을 차지하기 때문입니다.

■ 불필요한 채팅방 나가기

자주 소통하지 않거나 불필요한 채팅방은 [나가기]해서 정리합니다.
① '카카오톡' 앱 실행 후 하단에 채팅 [💬]목록 아이콘을 터치합니다. ② 채팅 목록에서 '나가기'할 [채팅방 프로필]을 길게 누릅니다. ③ [나가기]를 터치합니다. ④ '나가기'를 하면 대화 내용이 모두 삭제되고 채팅 목록에서도 삭제됩니다. 팝업창이 뜨면 [나가기]를 터치합니다.

■ 자주 사용하는 채팅방마다 '전체 파일 삭제'하기
(중요한 파일들은 미리 다운로드 후 진행하세요.)

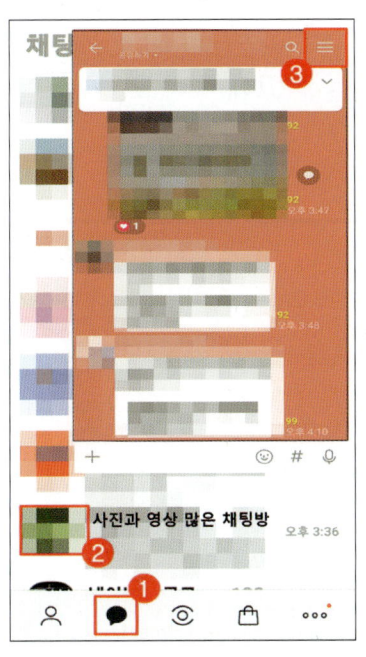

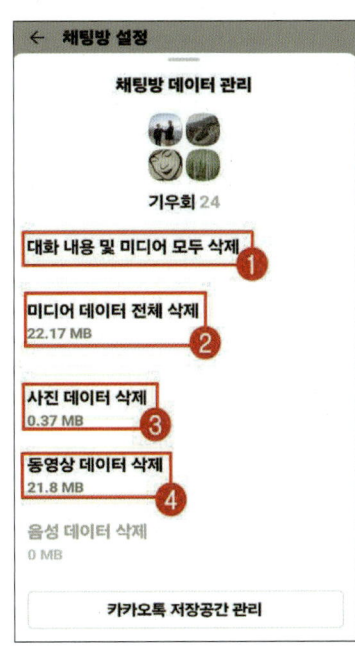

1 ① [카카오톡]앱 실행 후 하단에 채팅 [💬]아이콘을 터치합니다. ② 사진이나 동영상 파일이 많이 송, 수신되는 채팅방을 선택합니다. ③ 우측 상단에 더보기 [≡]를 터치합니다. **2** 우측 하단의 설정 [⚙]을 터치합니다. **3** 화면을 위로 드래그하여 [채팅방 데이터 관리]를 터치합니다.
4 ① 대화내용및 미디어를 모두 삭제하려면 터치합니다. ② 사진과 동영상등의 미디어를 삭제하려면 터치합니다. ③ 사진만 삭제하려면 터치합니다. ④ 동영상만 터치하려면 터치합니다.

■ 카카오톡 '톡서랍'을 이용한 사진 및 동영상 삭제하기

1 ① [카카오톡] 앱 실행 후 우측 하단 점 세 개 [더보기]를 터치합니다. ② [톡서랍]을 터치합니다. [친구]에서 [나와의 채팅]을 선택해서 화면 상단에서도 [톡서랍] 로고를 터치해서 사용할 수 있습니다. **2** ① 내 톡 데이터에 있는 [사진/동영상]을 터치합니다. ② '사진, 동영상' 탭에서 삭제할 사진과 영상을 선택합니다. ③ 우측 하단에 삭제 [휴지통] 아이콘을 터치합니다.
3 ① 팝업창이 뜨면 [삭제]를 터치합니다. ② 메시지가 삭제되었습니다.

※ [카카오톡 앱 캐시 데이터 지우는 방법]에 대해서는 **44페이지**를 참고해 주세요.

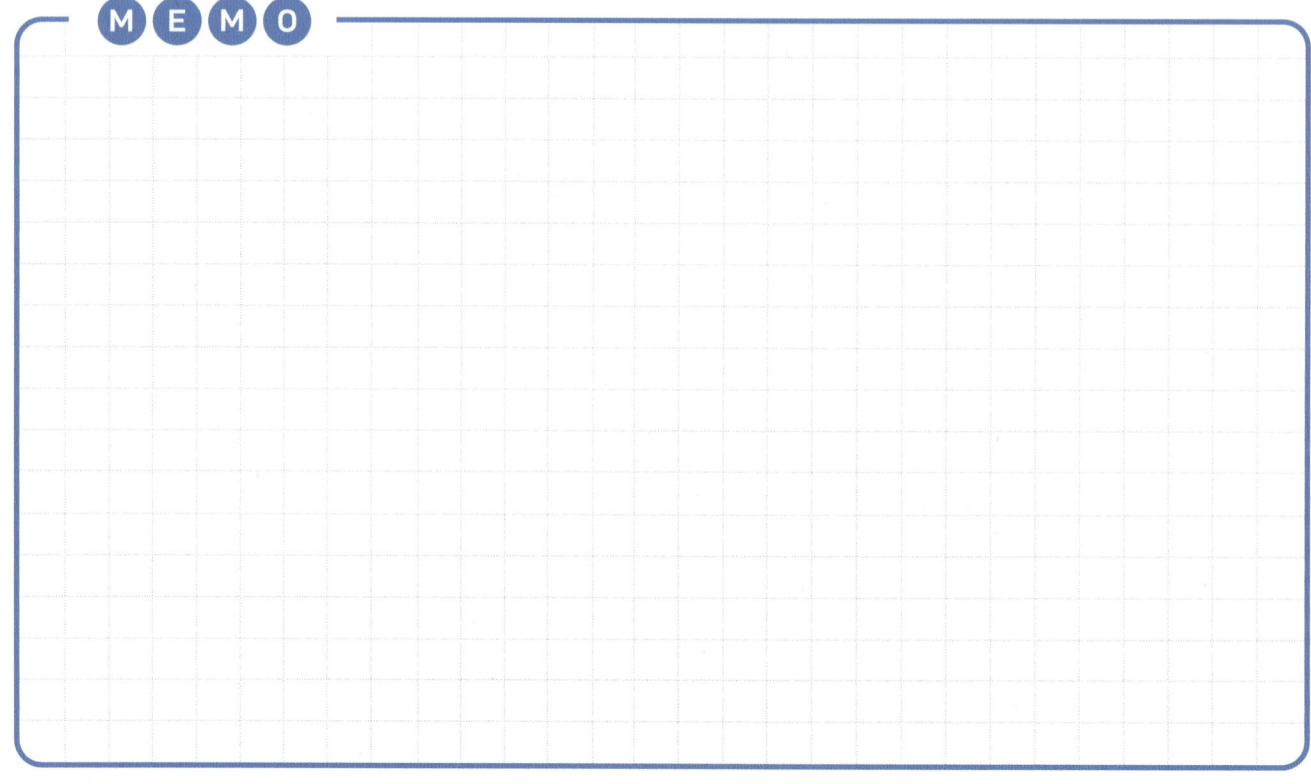

5. 사진 묶어보내기

'카카오톡'에서 보내기도 편하고, 받기도 편한 '사진 묶어보내기' 기능은 말풍선 하나에 최대 30장(PC버전 100장)의 이미지를 첨부할 수 있습니다. 묶어서 보내기 설정을 한 번만 해 놓으면 계속 유지됩니다. 받는 사람은 사진을 터치해서 1장씩 선택해서 다운로드할 수도 있고, '묶음 사진 전체 저장'을 한번에 할 수도 있습니다.

 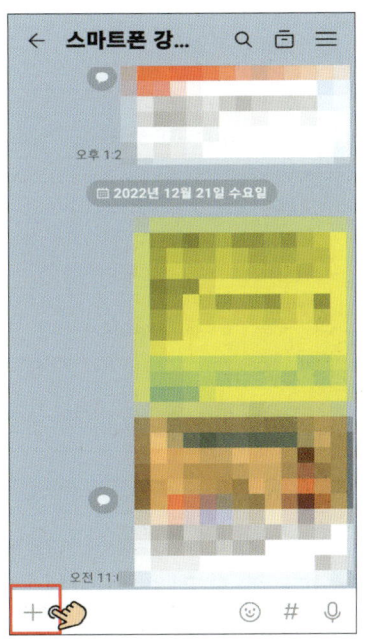 

① ① [카카오톡]앱을 실행하여 하단에 채팅 [💬]을 터치합니다. ② 사진을 보낼 [채팅방]을 선택합니다. ② 좌측 하단에 [+]를 터치합니다. ③ ① [앨범]을 터치합니다. ② [전체]를 터치합니다.

 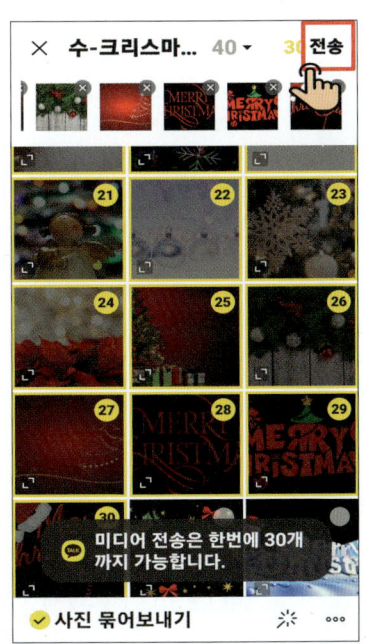 

① [사진 묶어보내기] 앞에 동그라미를 터치하면 체크가 됩니다. ② 사진을 선택(스마트폰에서 최대 30장)하면 사진 위에 노란 동그라미와 사진 개수가 표시됩니다. 우측 상단에 [전송]을 터치합니다. ③ 사진 30장이 한 번에 전송되었습니다. ※ 동영상 파일은 묶어보내기가 되지 않습니다.

6. 벨소리 설정하기

■ 카카오톡 전체 알림음 설정

1️⃣ ① 카카오톡 앱을 실행 후 우측 상단의 설정 [⚙]을 터치합니다. ② [전체 설정]을 터치합니다.
2️⃣ ① 설정 메뉴에서 [알림]을 터치합니다. ② 알림 메뉴에서 [알림음]을 터치합니다.
3️⃣ ① 원하는 [알림음]을 선택합니다. ② [확인]을 터치합니다.

■ 카카오톡 채팅방마다 알림 소리 다르게 하기

 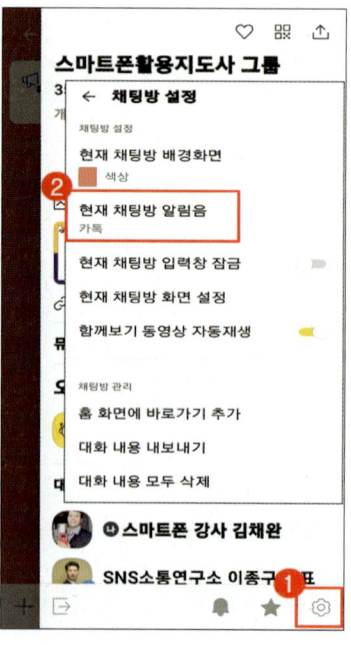 

1️⃣ ① 카카오톡 앱을 실행 후 하단에서 채팅 [💬]을 터치합니다. ② 알림 소리를 지정할 [채팅방]을 선택합니다. ③ 우측 상단 더보기 [≡]를 터치합니다. 2️⃣ ① 우측 하단에 설정 [⚙] 터치합니다.
② [현재 채팅방 알림음]을 터치합니다. 3️⃣ ① 사용할 [알림음]을 선택합니다. ② 우측 하단에 [확인]을 터치합니다.

7. '카카오톡'에서 받은 파일 찾기

■ 사진, 동영상 파일 '갤러리' 앱 에서 쉽게 찾기 (저장 경로 확인하기)

  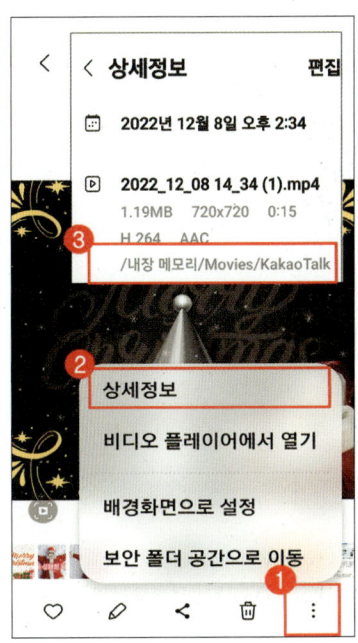

1 ① [갤러리]앱을 터치합니다. ② [앨범]을 터치합니다. ③ [모두 보기]를 터치합니다
④ [Kakao Talk]폴더를 터치합니다. ⑤ 저장경로 확인을 위해 [사진] 한 장을 선택합니다.
2 ① 우측 하단에 점 세 개 [더보기]를 터치합니다. ② [상세정보]를 터치합니다. ③ 사진의 저장
경로 [내장 메모리/Pictures/KakaoTalk]을 확인할 수 있습니다. **3** ① [동영상]파일을 선택 후
우측하단에 점 세 개 [더보기]를 터치합니다. ② [상세정보]를 터치합니다. ③ 동영상의 저장경로
[내장메모리/Movies/KakaoTalk]을 확인할 수 있습니다.

■ 오디오, 문서 파일 '내 파일' 앱에서 찾기

 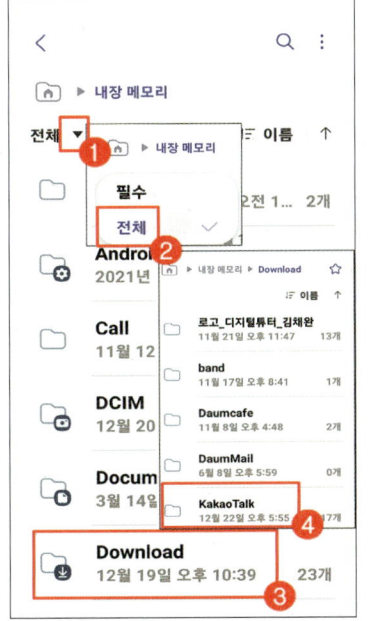 

1 ① [내 파일]앱을 엽니다. ② [내장 메모리]를 선택합니다. **2** ① 내장 메모리 목록 단추 [▼]를
엽니다. ② [전체]를 선택합니다. ③ [Download]를 터치합니다. ④ [KakaoTalk]을 터치합니다.
3 한글, PDF 파일 등의 문서와 오디오 파일이 있습니다. PDF 파일을 꾹 누르고 하단에 [더보기] >
[상세정보]에서 저장 경로를 확인할 수 있습니다.

8. 카카오톡 친구 찾아서 자료 전달하기
■ 보이는 화면에 없는 경우 정보 링크 공유하기

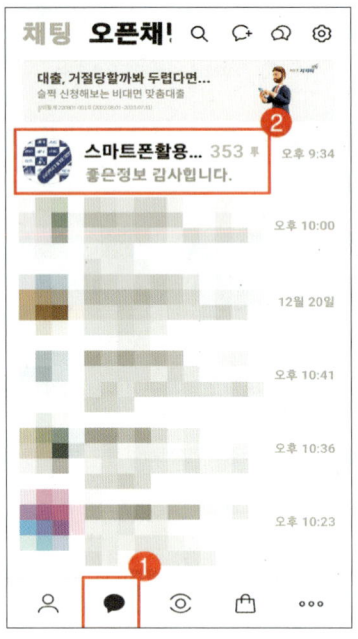  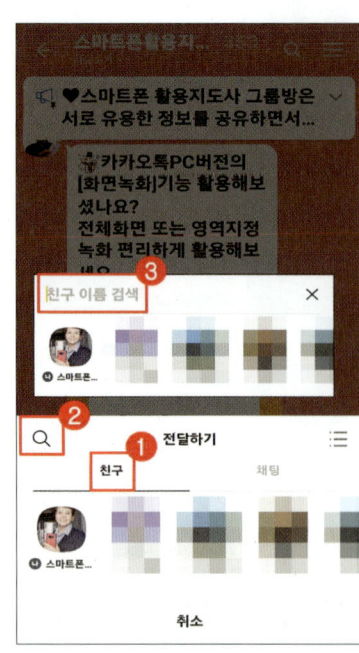

1 ① 카카오톡 앱을 실행 후 채팅 [💬]을 터치합니다. ② 자료가 있는 [채팅방]을 선택합니다.
2 링크를 공유하기 위해 정보 글 옆에 [말풍선]을 터치합니다. **3** ① [친구]를 선택합니다.
② [친구]목록 상단의 검색창 [돋보기]를 터치합니다. ③ [친구 이름 검색]을 터치합니다.

1 ① 검색창에 공유할 [친구 이름]을 입력합니다. ② 검색된 친구 [프로필]을 터치합니다.
③ [메시지]를 입력합니다. ④ [보내기]를 터치합니다. **2** 메시지가 전달되었다는 팝업창이 뜨면 [채팅방 이동]을 터치합니다. **3** 정보 공유 링크와 함께 메시지 전달까지 된 것을 확인할 수 있습니다.

■ 카카오톡 친구 초성으로 검색하고 자료(PDF, HWP, MP3) 보내기

1 ① 카카오톡 앱 실행 후 하단에 친구 [👤]아이콘을 터치합니다. ② [친구]에서 상단의 검색 [🔍]을 터치합니다. 상단에 [친구, 채팅, 채널, 뷰 검색]을 터치합니다. **2** ① 검색창에 찾을 친구의 [초성]을 입력합니다. (예: 김채완 > ㄱㅊㅇ / 채팅방의 경우 스마트폰활용지도사그룹 > ㅅㅁㅌㅍㅎㅇㅈㄷㅅㄱㄹ) ② [친구]탭을 선택합니다. (채팅방은 '채팅'탭을 선택) ③ 아래쪽에 'ㅎㅇㅈ' 초성이 들어간 친구 목록이 나타나면 자료 보낼 [채팅방]을 선택합니다. ④ 친구의 프로필이 나타나면 [1:1채팅]을 터치합니다. **3** ① 좌측 하단에 [+]를 터치합니다. ② 좌우로 드래그해서 [파일]을 터치합니다.

 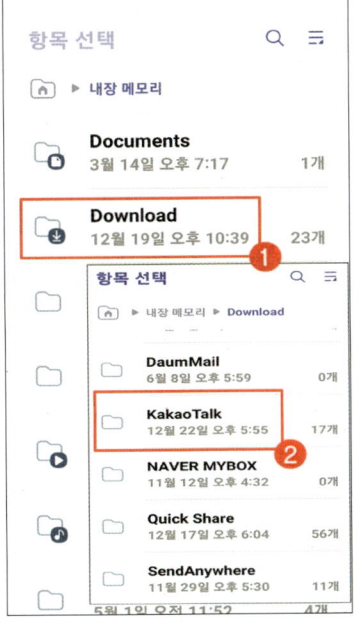 

1 ① [내 파일]을 터치합니다. ② [내장 메모리]를 터치합니다. **2** ① [Download]를 터치합니다. ② [KakaoTalk]을 터치합니다. **3** ① 전송할 [PDF 파일]을 선택합니다. ② [완료]를 터치합니다. ③ 파일 전송이 완료되었습니다.

※ 사진과 동영상파일은 [5. 사진 묶어보내기 참고하시면 됩니다.]

9. 카카오톡 보다 더 빠른 사진 동영상 내 PC로 옮기는 '퀵쉐어' 앱 활용하기

Quick Share는 갤럭시 기기에 저장된 콘텐츠를 무선 통신 기술을 이용하여 주변의 삼성 갤럭시 기기(갤럭시 폰, 갤럭시 탭, 갤럭시 북)를 사용하는 상대방에게 쉽고 빠르게 전송할 수 있는 파일 공유 기능입니다. 타사 제품이나 타 기기는 링크 공유(1일 5GB 제한)를 통해 전송할 수 있습니다. 스마트폰이나 태블릿에서는 퀵패널 창에서 퀵쉐어 앱을 찾아 활성화하고, 노트북에서는 퀵쉐어 프로그램을 실행하면 됩니다.

> Quick Share를 지원하는 모바일 기기: One UI 2.1이상의 안드로이드 10(Q OS)가 적용된 갤럭시 기기부터 지원, One UI 2.0 이하 기기와는 Send To Device(기기로 보내기)와 호환이 되어 파일 송수신 가능 Quick Share를 지원하는 PC 모델 : Galaxy Book Pro 360 / Galaxy Book Pro / Galaxy Book Go / Galaxy Book(21년 출시 제품) / Galaxy Book Ion /Galaxy Book Ion 2 /Galaxy Book Flex / Galaxy Book Flex alpha / Galaxy Book Flex 2 / Galaxy Book Flex 2 alpha / Galaxy Book S(20년출시) / Samsung Notebook Odyssey(2020년 출시)/ Samsung Notebook Plus / Samsung Notebook Plus2/ ALL-IN-ONE PC(21년 출시)

■ 퀵쉐어 스마트폰 기본 설정하기

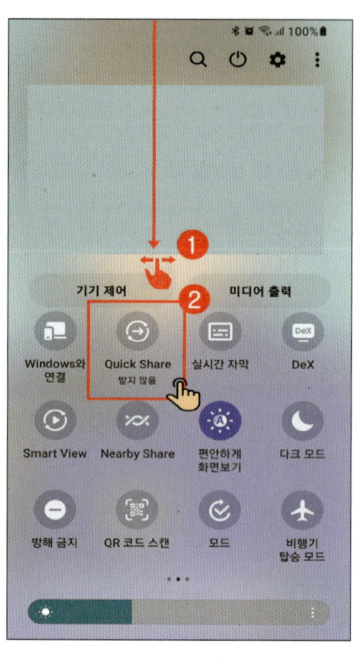
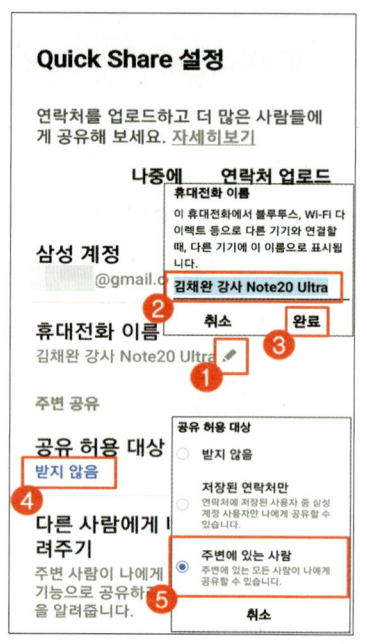

1 ① 홈 화면 상단을 아래로 길게 스와이프해 퀵패널 창이 나오면 좌, 우로 페이지 이동 후 [Quick Share] 앱을 찾습니다. ② 기본 설정 [받지 않음]으로 비활성화되어 있는 [Quick Share]앱을 꾹 누릅니다.
2 ① 퀵쉐어 설정에서 '휴대전화 이름' 옆에 [연필 모양] 아이콘을 터치합니다. ② [찾기 쉬운 이름]을 입력합니다. ③ [완료]를 터치합니다. ④ '공유 허용 대상'에 [받지 않음]을 터치합니다. ⑤ [주변에 있는 사람]을 선택합니다. **3** ① '다른 사람에게 내 방향 알려주기'를 켭니다. ② '만료된 파일 자동 삭제'는 [사용 안 함]을 선택합니다.

> [공유 허용 대상]
> 받지 않음 : 퀵쉐어 기능 사용하지 않습니다.
> 저장된 연락처만 : 삼성 계정에 로그인이 되어 있어야 하고, 연락처가 저장이 되어 있어야만 사용할 수 있습니다.
> 주변에 있는 사람 : 주변에 있는 모든 사람이 나에게 공유할 수 있습니다. (추천)

※ 다시 상단 바를 아래로 스와이프하면 퀵패널 창에 퀵쉐어 앱이 파랗게 활성화되어 있습니다.

■ 퀵쉐어 PC에 설치하고 삼성 계정 로그인하기 (2021년 삼성 올 인원 PC 기준)

갤럭시 탭이나 갤럭시 노트북은 기본적으로 설치가 되어 있지만, 설치되어 있지 않을 경우에 설치 경로는 다음과 같습니다.

①		컴퓨터 바탕화면 좌측 하단에 [윈도우]키를 클릭합니다.
②		[Microsoft Store]를 클릭합니다.
③		Microsoft Store에서 [앱]을 선택하고 검색창에 [Quick Share]를 입력합니다.
④		검색 결과 하단에 'Quick Share' 앱이 뜨면 우측에 [다운로드]를 클릭합니다. 다운로드가 완료되면 [열기]를 클릭합니다.
⑤	**주변 사람들과 파일 공유하기** 주변에 있는 Galaxy 휴대전화/ 태블릿, 컴퓨터에 사진, 문서 등을 바로 공유할 수 있습니다. 공유할 때 "더 많은 연락처를 보려면 삼성 계정에 로그인하세요"가 나오면 [로그인]을 클릭합니다. (건너뛰기를 해도 되지만 로그인을 하는 것이 여러 가지로 편리합니다.)	
⑥	삼성 계정으로 로그인에서 이메일 또는 휴대 전화에 [gmail 계정]을 입력 후 [다음]을 클릭합니다. 비밀번호 입력에 [삼성 계정 비밀번호]를 입력 후 [다음]을 클릭합니다. ※ 혹시 삼성 계정이 없다면 '계정 만들기'를 하시고 비밀번호를 모르는 경우는 '비밀번호 찾기'를 하시면 됩니다.	

■ 퀵쉐어 PC 설정하기

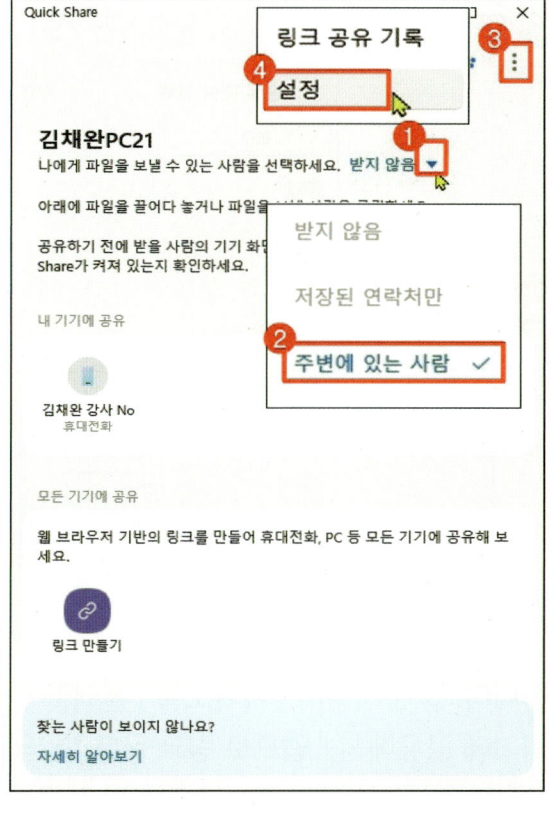

▶ Quick Share가 실행된 후
① "나에게 파일을 보낼 수 있는 사람을 선택하세요."에 목록 펼치기 [▼]를 클릭합니다.
② [주변에 있는 사람]을 선택합니다.
③ 우측상단에 옵션 더보기 [점 세 개]를 클릭합니다.
④ [설정]을 클릭합니다.

설정 상세 메뉴는 다음과 같습니다.
- 삼성 계정: 삼성 계정 로그인 / 로그아웃을 할 수 있습니다.
- 컴퓨터 이름: [편집]을 눌러 이름을 변경할 수 있습니다.
- 다운로드 경로: [폴더 변경]을 눌러 저장 경로를 변경할 수 있습니다. 기본 저장 경로는 내 PC / Downloads / Quick Share입니다.
- 테마: 어둡게 / 밝게 / 시스템 설정 사용
- 시작 시 백그라운드에서 자동 실행
- HDR10 +와 고화질 동영상을 일반화질로 변환
기본적으로 [사용 안 함]으로 설정되어 있습니다.

■ 스마트폰에서 PC로 파일 전송하기

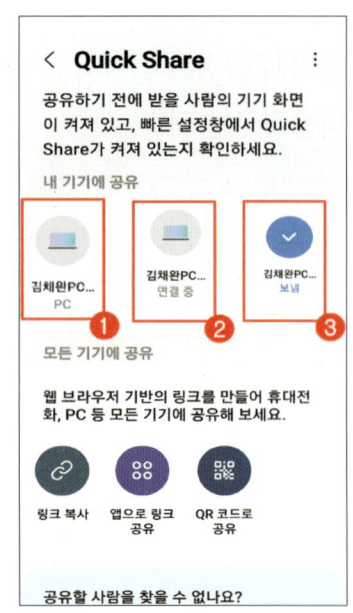

1 먼저 파일을 전송받을 PC의 화면이 켜져 있는지 확인 후 ① 스마트폰에서 [갤러리]앱을 엽니다. ② 하단 메뉴에서 [앨범]을 선택합니다. ③ 전송할 사진이 있는 [폴더]를 선택합니다. **2** ① 전송할 [사진]을 선택합니다.(전체 선택은 좌측 상단 [전체]를 체크해줍니다.) ② 하단에 [공유]를 터치합니다. ③ 여러 공유 앱이 뜨면 [Quick Share]앱을 선택합니다. **3** ① 내 기기에 공유에서 [내 기기]를 선택합니다. ② 스마트폰 화면에 [연결 중]이 뜹니다. ③ 전송이 완료되면 스마트폰 화면에 [보냄]이 뜹니다. 참고로 최초 사용 시에 스마트폰과 PC를 블루투스로 연결하는 메시지가 뜨며, 스마트폰에 표시된 PIN 번호를 PC에 입력하면 연결이 됩니다.

> 📁 › 내 PC › 로컬 디스크 (C:) › 사용자 › 82104 › 다운로드 › Quick Share ← 내 PC > 다운로드 > 퀵쉐어 폴더에 저장됩니다.

※ 내 PC와 스마트폰에 [삼성계정 로그인]이 되어 있으면 수락 여부 없이 바로 전송이 되어 편리합니다.

■ 모든 기기에 공유하기 / 앱으로 링크 공유 폴더 공유하기 (파일 용량 제한 5GB, 다운로드 유효기간 2일)

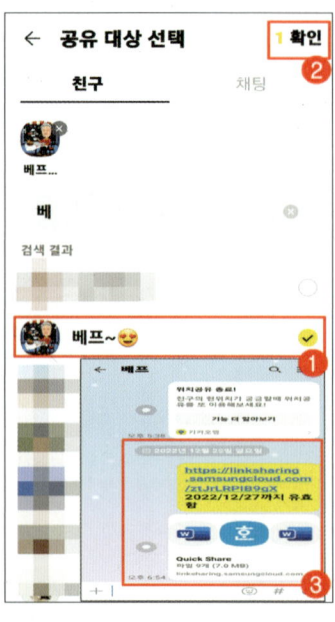

1 ① [내 파일]앱을 엽니다. ② 내 파일에서 [문서]를 선택합니다. ③ 문서에서 [카카오톡] 폴더를 선택합니다. ④ 공유에서 [퀵쉐어]를 선택합니다. **2** ① 모든 기기에 공유에서 [앱으로 링크 공유]를 터치합니다. ② [카카오톡]앱을 선택합니다. **3** ① 파일 전송할 [친구]를 선택합니다. ② 친구가 체크되면 우측 상단에 [확인]을 터치합니다. ③ 파일 전송이 완료되었습니다.

PC에서 다운로드하고 압축 풀기	스마트폰에서 다운로드하고 압축 풀기
① PC에서 [카카오톡]을 엽니다.	① 스마트폰에서 [카카오톡]을 엽니다.
② 링크가 있는[채팅방]을 엽니다.	② 링크가 있는 [채팅방]을 엽니다.
③ 공유된 [링크]를 클릭합니다.	③ 공유된 [링크]를 터치합니다.
④ 퀵쉐어 클라우드가 열리면 [다운로드]를 클릭합니다.	④ 퀵쉐어 클라우드가 열리면 [다운로드]를 터치합니다.
⑤ 개별 파일 다운로드 / ZIP 파일로 다운로드 중에 [ZIP 파일로 다운로드]를 클릭합니다.	⑤ 압축 중 > 다운로드 중 > 다운로드가 완료되었습니다. ※ 파일을 다운로드하면 다운로드 폴더에 저장됩니다.
⑥ 저장 경로 / 파일 이름을 확인 후 [저장]을 클릭합니다.	⑥ 홈버튼을 누르고, [내 파일] 앱을 엽니다.
	⑦ 내 파일에서 [다운로드]를 터치합니다.
⑦ 저장된 [퀵쉐어 ZIP 파일]을 선택하고 [우 마우스]를 클릭합니다.	⑧ 다운로드에서 오늘 날짜의 [퀵쉐어]폴더를 선택합니다.
	⑨ 연결프로그램에서 [한 번만 / 내 파일]을 터치합니다.
⑧ [여기에 압축 풀기]를 클릭합니다.	⑩ [압축 풀기]를 터치합니다.
⑨ 압축 풀기 완료에서 [닫기]를 클릭합니다.	⑪ 파일 압축 풀기에서 [압축 풀기]를 터치합니다.
⑩ 전송된 파일 9개가 있습니다.	⑫ 압축 풀기가 완료되었습니다.
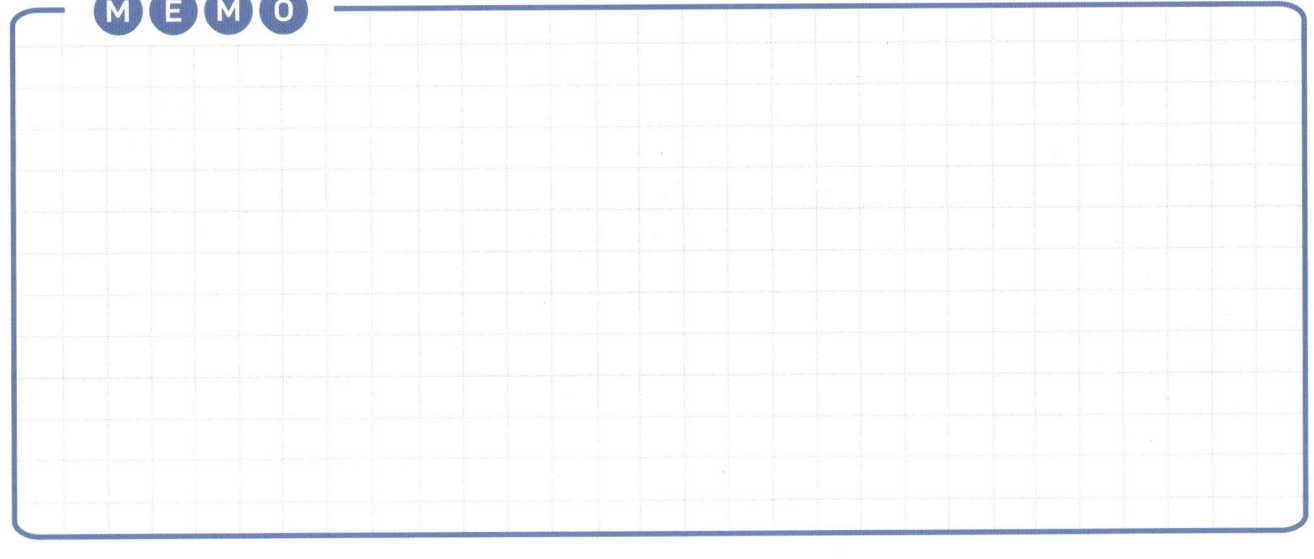 ▶ 내장 메모리 ▶ Download ▶ QuickShare_2212252123 입니다.	스마트폰 저장 경로는 [내 파일 > 내장 메모리 > 다운로드 > 퀵쉐어]입니다.

M E M O

8강 유튜브 제대로 활용하면 인생이 즐거워집니다

1. 시크릿 모드 사용하기

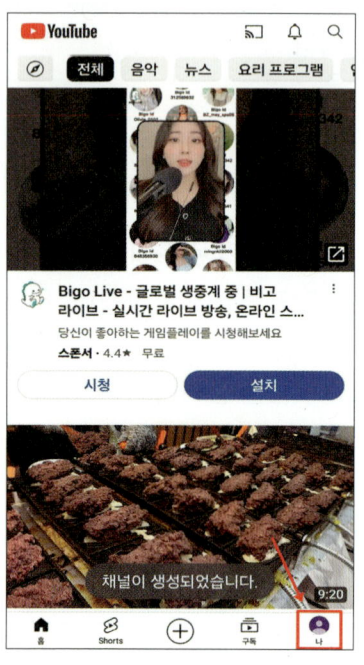 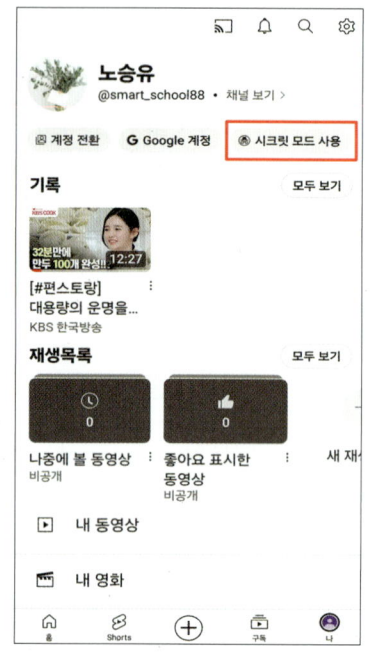 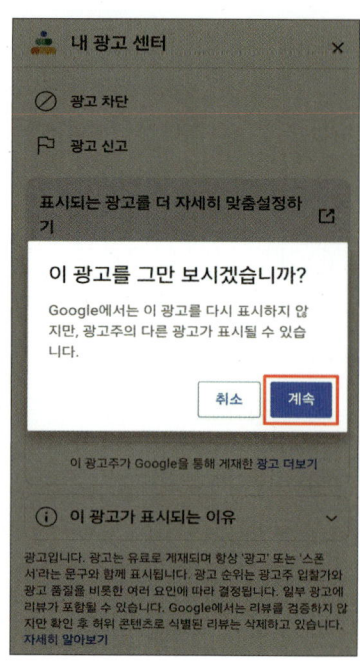

1 시크릿 모드는 검색 기록과 시청 기록이 남지 않는 기능입니다. 시크릿 모드 사용을 위해 우측 하단의 [계정]을 터치합니다. **2** [시크릿 모드 사용]을 터치합니다. **3** [확인]을 터치하면 시크릿 모드로 전환됩니다.

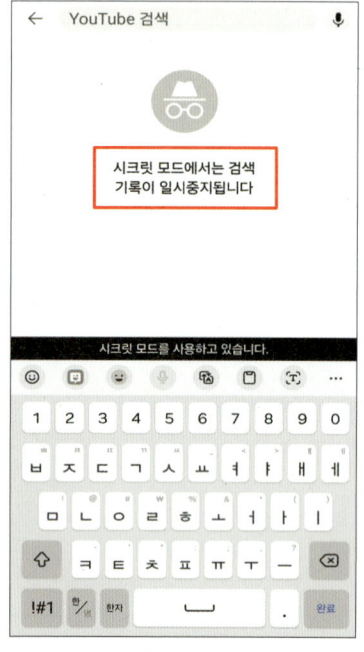 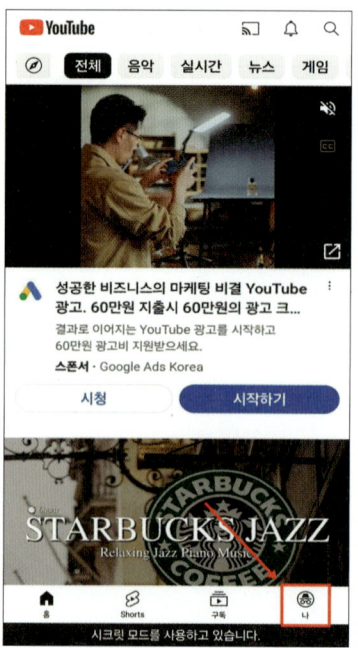 

1 [검색] 기록들이 일시중지 됩니다. **2** 다시 계정으로 로그인 하기 위해 하단의 [계정]을 터치합니다. **3** [시크릿 모드 사용 중지]를 터치합니다.

2. 유튜브 알림이 너무 많이 올 때 한 번에 정리하기

스마트폰 상단 알림 표시줄에 유튜브 영상 알림이 필요 이상으로 많이 뜨는 경우 구독한 채널과 유튜브 알고리즘에 의해 맞춤 동영상 알림이 뜨는 경우가 많습니다.

 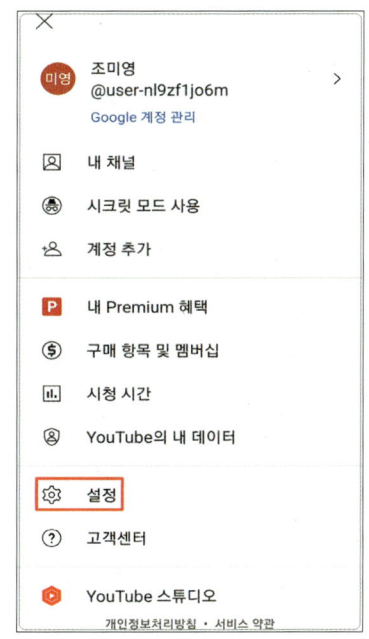 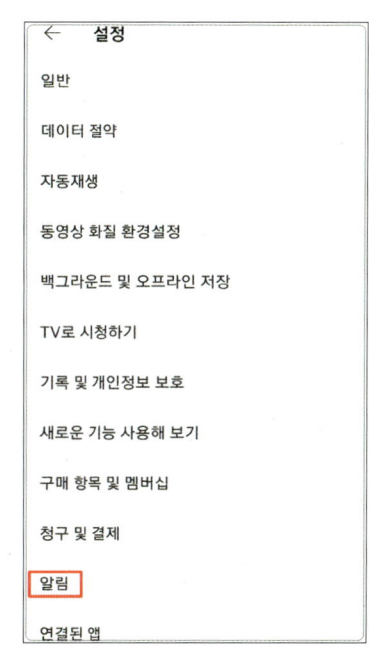

❶ 유튜브 알림을 해제를 위해 우측 하단의 [계정]을 터치합니다.
❷ 하단의 [설정]을 터치합니다.
❸ 하단의 [알림]을 터치합니다.

 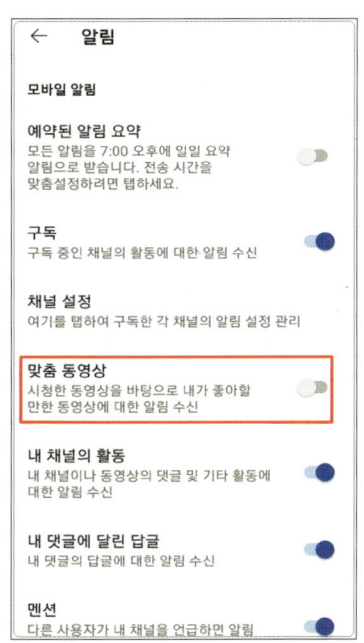

❶ [맞춤 동영상] 시청한 동영상으로 내가 좋아할 만한 동영상에 대한 알림 수신을 해제하기 위해 터치합니다. ❷ [맞춤 동영상] 알림을 비활성화된 것을 확인할 수 있습니다.

  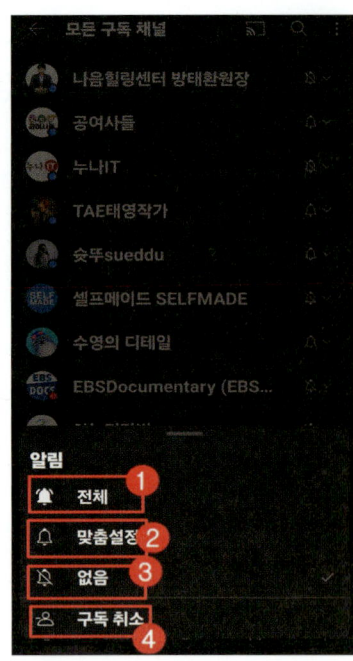

① 유튜브 화면에서 ① [구독] 버튼을 터치한 후 우측 상단에 ② [전체] 버튼을 터치합니다.

② 내가 구독중인 채널리스트가 보여지며, 조정하고자하는 채널의 [종 모양]을 터치합니다.

③ ① 해당 채널의 전체영상의 알림을 받으려고 할때 ② 맞춤설정한 영상만 알림을 받으려고 할때
③ 해당 채널의 알림을 받지않으려고 할때 ④ 해당 채널의 구독을 취소하고자 할때 터치합니다.

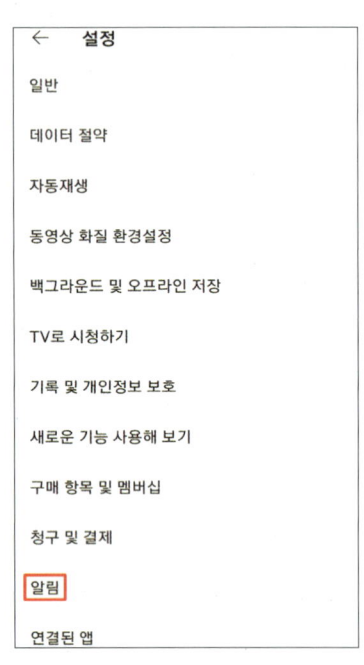 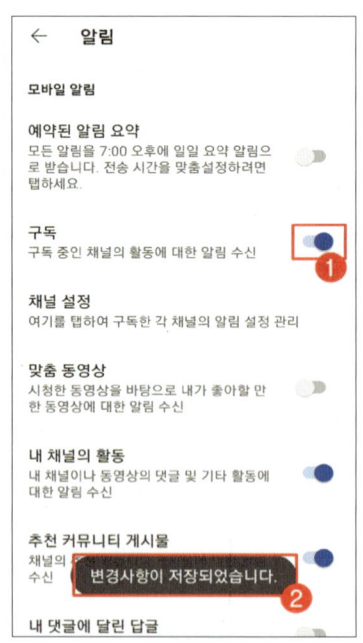

① 유튜브 설정 화면에서 [알림] 터치해 ② ① 구독 중인 채널의 ② [알림 수신]을 전체 해제할 수 있습니다. [채널 설정]에서 채널별로 알림을 설정할 수도 있습니다.

3. 유튜브 YouTube 시간 관리 도구 [시청 시간 조정하기]

 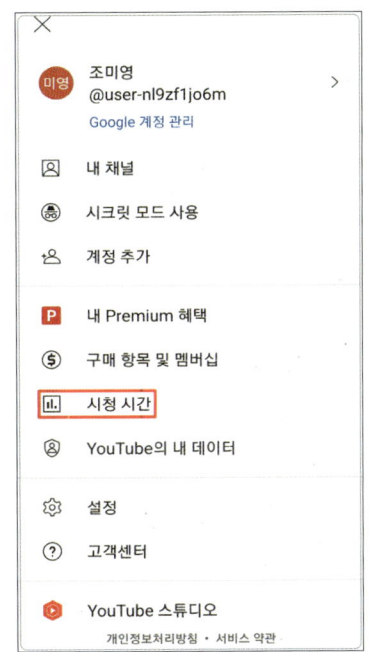 

① 유튜브 시청 시간 조정을 위해 우측 하단의 [계정]을 터치합니다.
② 화면을 위로 스크롤하여 [시청 시간]을 터치합니다. ③ ①[일일 평균], ②[오늘], ③[지난 7일]
의 유튜브 시청 시간을 알 수 있습니다.

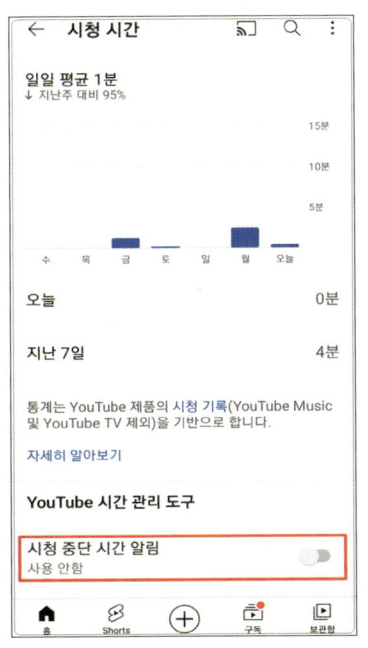 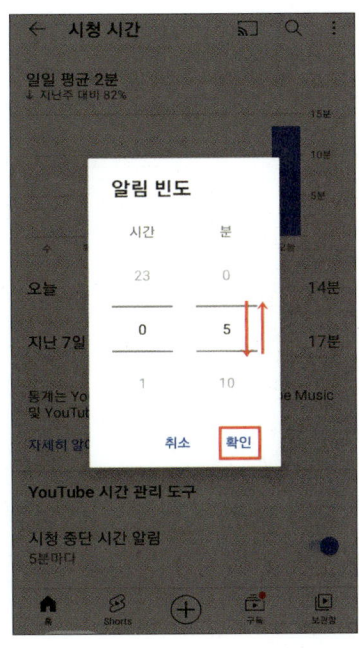 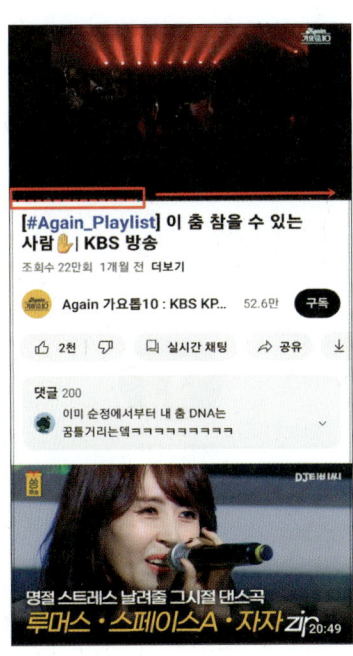

① [시청 중단 시간 알림]을 활성화시킵니다.
② [알림 빈도]를 아래위로 스크롤 하여 1시간 단위, 5분 단위로 설정하고 [확인]을 터치합니다.
③ [시청 중단 시간 알림] 영상 하단에 설정한 시간 단위로 표시됩니다.

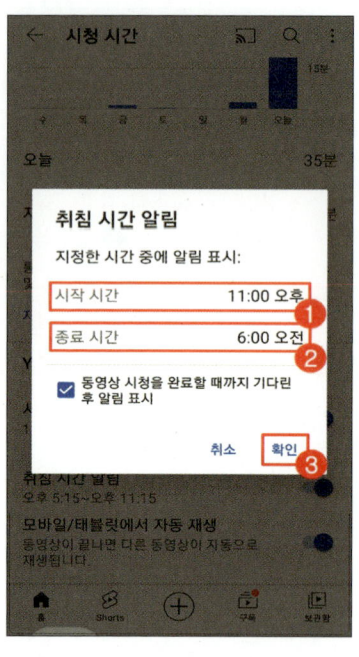 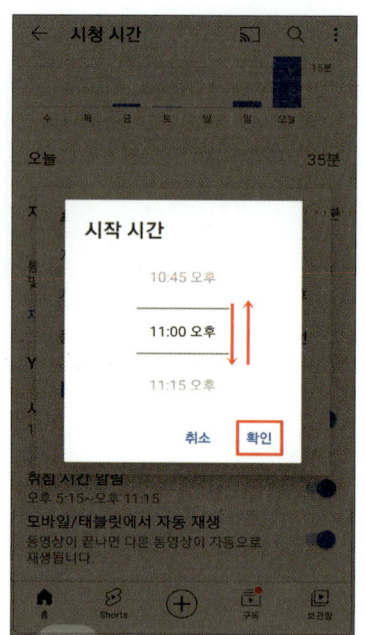 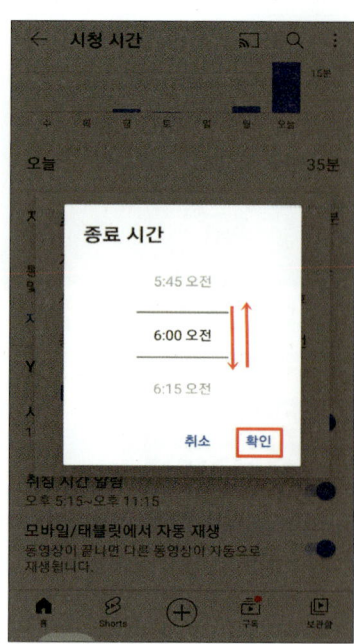

1️⃣ [취침 시간 알림]을 설정할 수 있습니다. ① [시작 시간]과 ② [종료 시간]을 설정하고 ③ [확인]을 터치합니다. 동영상 시청을 완료할 때까지 기다린 후 알림 유, 무도 설정 가능합니다.

2️⃣ 시작 시간은 15분 단위로 설정 가능하며, 위아래로 스크롤 하여 선택 후 [확인]을 터치합니다.

3️⃣ 종료 시간도 같은 방법으로 설정하고 [확인]을 터치합니다.

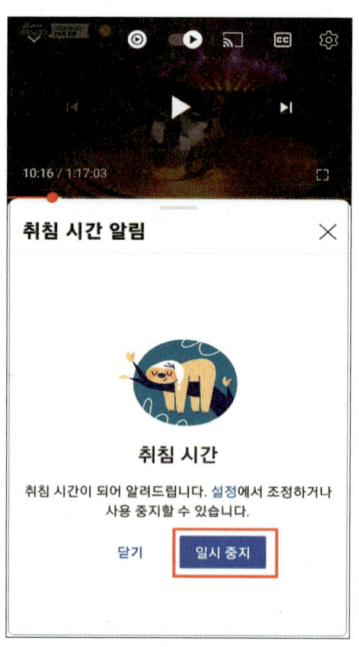 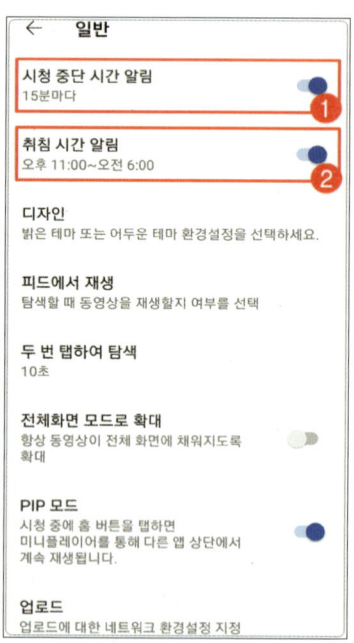

1️⃣ 설정한 취침 시간이 되면 취침 시간 알림 팝업창이 보여집니다. [일시 중지]를 터치하면 설정에서 조정하거나 사용 중지할 수 있습니다. 2️⃣ ① [시청 중단 시간 알림] ② [취침 시간 알림]을 비활성화할 수 있습니다.

4. 유튜브 YouTube 화면 밝기 설정

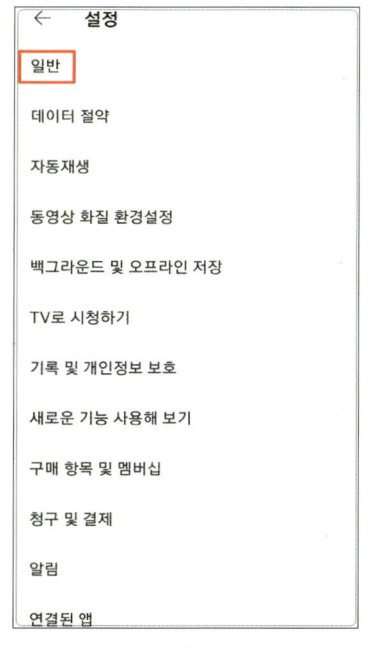  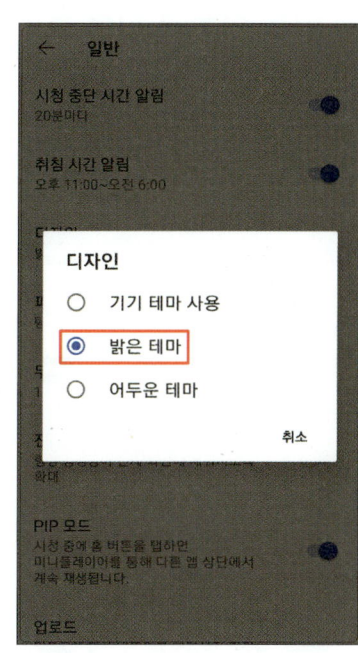

1 화면의 밝기 테마를 설정할 수 있습니다. [설정]에서 [일반]을 터치합니다.
2 [디자인]을 터치하고 밝은 테마 또는 어두운 테마 환경설정을 선택합니다.
3 [밝은 테마] 사용은 시청화면이 전체적으로 시야가 밝고 시원한 테마로 설정되나 장시간 시청 시 눈의 피로를 줄 수 있습니다.

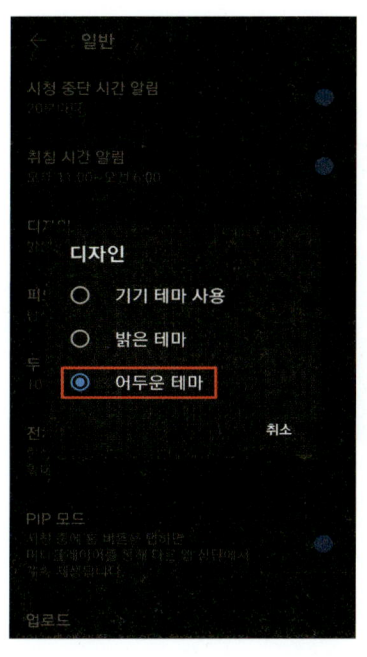 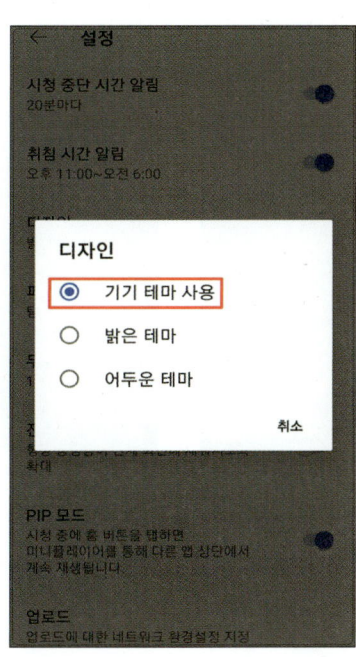 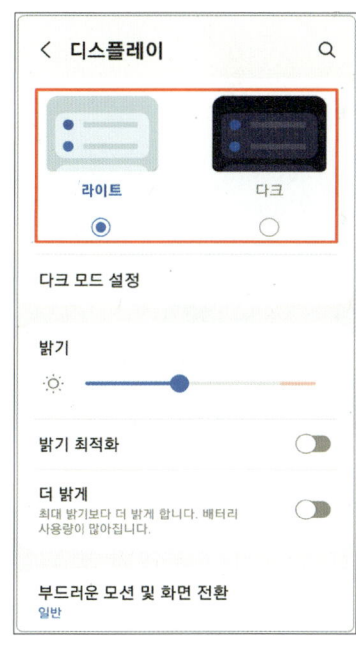

1 [어두운 테마] 사용은 스마트폰 화면 반사를 줄여서 눈의 피로를 줄여줍니다.
2 [기기 테마 사용]은 3 스마트폰 기본 설정에서 [디스플레이]를 라이트나 다크화면을 설정해뒀을 경우 그 설정에 따라 자동으로 세팅해줍니다.

5. 유튜브 YouTube 화면 크게 보기

■ 버튼 터치로 화면 크기 설정

 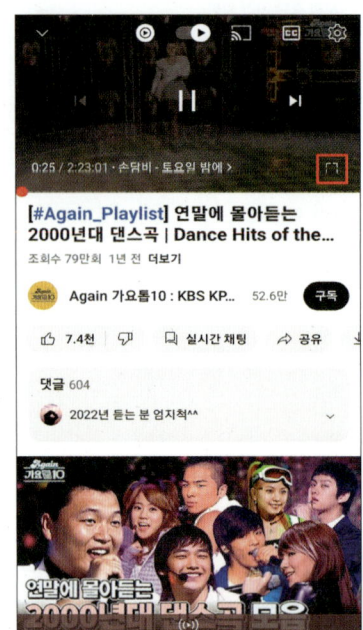

1️⃣ 유튜브 영상 시청하면서 화면을 [터치]합니다. 2️⃣ 시청 중인 영상 우측 하단에 [네모 박스]를 터치하면 유튜브 영상을 스마트폰 전체 화면으로 시청할 수 있습니다.

1️⃣ 유튜브 화면 크기조정으로 스마트폰 전체화면으로 시청하다가 시청 중인 영상을 [터치]하면 작은 화면으로 다시 설정할 수 있습니다. 2️⃣ 시청 중인 영상 우측 하단에 [네모 박스]를 터치하면 유튜브 영상을 작은 화면으로 복구된 것을 확인할 수 있습니다.

■ 스마트폰 가로, 세로 회전 버튼 설정

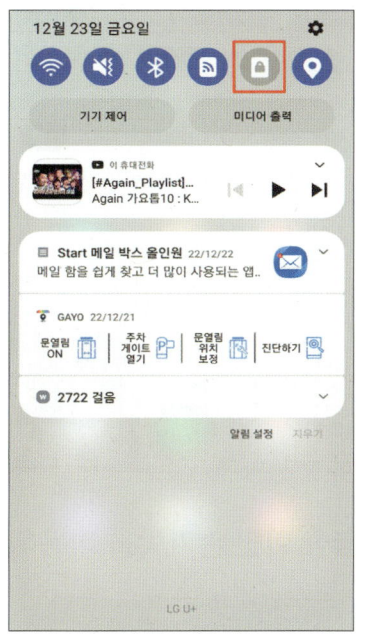  

1️⃣ 홈 화면에서 위에서 아래로 한번 쓸어내리면 기기 제어 및 미디어 출력 상단 바가 보여집니다. 상단 바 오른쪽 [세로 자동 회전 버튼]을 터치하면 휴대전화의 방향이 바뀔 때마다 화면도 자동으로 돌아갑니다. 2️⃣ 자동 회전 버튼을 활성화시키면 [가로세로 회전 모드]로 변경됩니다. 3️⃣ 스마트폰을 세로로 놓으면 세로 영상으로 작게 보여지고, 가로로 놓으면 가로 영상으로 스마트폰 전체 화면에 채워집니다. 유튜브뿐만 아니라 기본 설정을 변경했기 때문에 네이버 뉴스 또는 다른 미디어들도 가로모드로 화면을 크게 볼 수 있습니다.

■ 유튜브 영상 화면 쓸어올리기, 내리기

1️⃣ 유튜브 시청 영상을 보면서 영상 화면 손가락을 이용해 [아래에서 위로] 쓸어 올려줍니다.
2️⃣ 영상이 가로 화면으로 전환되어 큰 화면으로 시청하실 수 있습니다.

1 반대로 작은 영상으로 되돌리기 위해서는 유튜브 시청 영상을 보면서 영상 화면 손가락을 이용해 [위에서 아래로] 쓸어 내려줍니다.

2 영상이 세로 화면으로 전환되어 작은 화면으로 시청하실 수 있습니다.

MEMO

9강 스마트폰 전화 기능 제대로 활용하고 계신가요?

1. 손주들과 영상 전화 걸기
상대방(손주)과 전화할 때 영상으로 얼굴을 보며 통화할 수 있는 기능

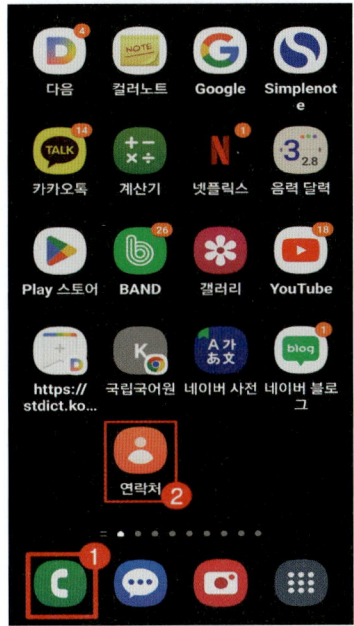 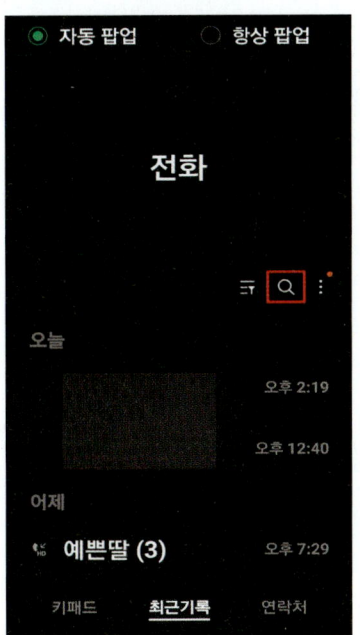 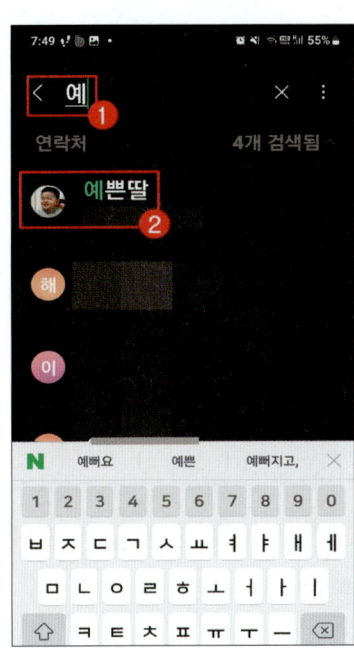

❶ 홈 화면에서 ① [전화기]나 ② [연락처]를 터치합니다. ❷ [돋보기(검색)]를 터치합니다.
❸ 돋보기에서 통화하고 싶은 사람의 이름을 입력합니다. ① 예를 들어 이름 첫 글자 [예]를 쓰면 ② 전체 이름 [예쁜딸]과 전화번호가 뜹니다. 처음부터 이름 전체 [예쁜딸]를 입력해도 됩니다.
이름을 터치합니다.

❶ 이름 아래 [카메라]를 터치합니다. ❷ 버튼을 누르고 전화 받기를 기다리는 동안 나의 모습이 큰 영상으로 보이고 [손주 사진]은 작은 영상으로 위에 보입니다. ❸ 상대가 전화를 받으면 [전화를 건 나]는 위에 작은 영상으로 보이고 [전화를 받은 손주]는 큰 영상으로 보입니다.

1 영상의 화면을 바꾸고 싶으면 화면의 작은 영상 [나의 사진]을 터치합니다. **2** [손자의 영상]이 작아지고 나의 영상이 커집니다. **3** ①은 통화한 시간을 나타내며 통화 요금은 가입하신 요금제에 따라 달라집니다. 통화 종료는 화면을 한 번 터치하면 아래 영상통화와 관련된 메뉴가 보입니다. ②를 터치하면 통화가 종료됩니다.

2. 손주들과 영상 전화 받기

  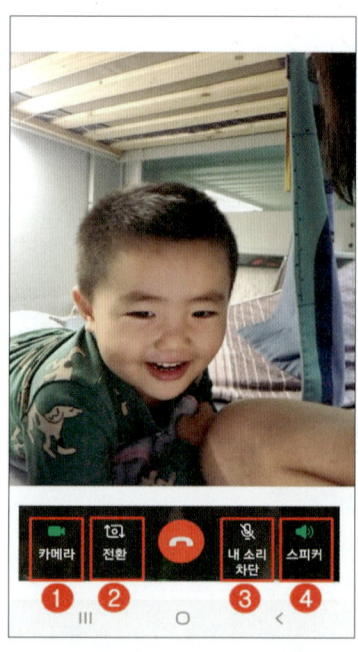

1 전화가 오면 파란색 전화기 모양을 오른쪽으로 [드래그]합니다. **2** 영상통화를 합니다. 화면 전환하는 방법은 걸기와 동일합니다. **3** 영상통화를 끝내려면 화면을 터치합니다. 터치하면 아래 알림창 화면이 뜹니다. ① 카메라 ② [전환]은 카메라를 전면과 후면으로 바꾸는 기능 ③ [내 소리 차단] 상대방에게 내 소리가 들리지 않게 할 때 사용 ④ 스피커입니다. [초록색]은 사용하고 있다는 표시이고 [하얀색]은 사용하지 않고 있다는 표시입니다. 통화 종료는 가운데 빨간 전화기 버튼을 누르면 됩니다.

3. 손주들과 음성으로 문자 보내기 (인터넷이 안 되는 경우에도 가능)

- 스마트폰에서 문자 입력이 느리신 분이 활용하면 좋은 기능입니다.

 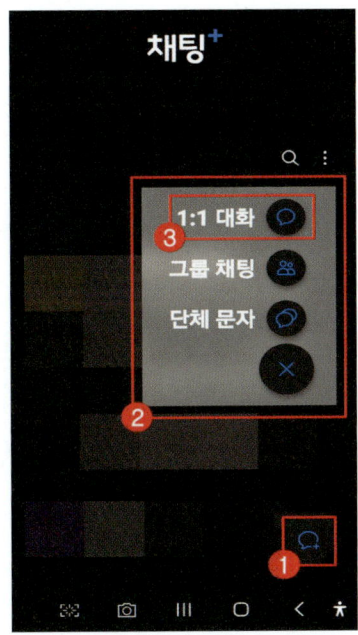 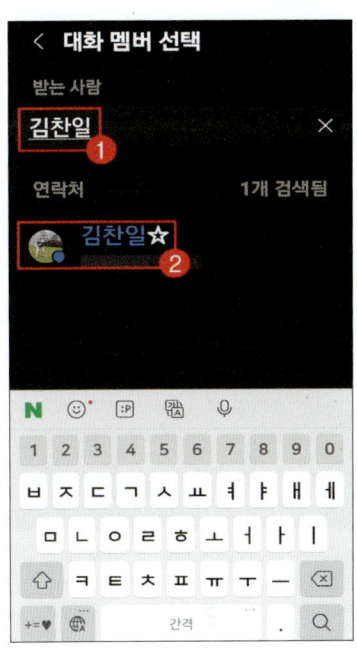

1️⃣ [메시지]를 터치합니다. 2️⃣ ① [말풍선]을 터치하면 ② 1:1, 그룹 채팅, 단체 문자로 보낼 건지 묻는 알림창이 뜹니다. ③ [1:1 대화]로 문자를 보내보겠습니다. 3️⃣ ① [받는 사람] 이름을 입력합니다. ② 예로 아래 입력한 이름 [김찬일]이 뜨면 터치합니다.

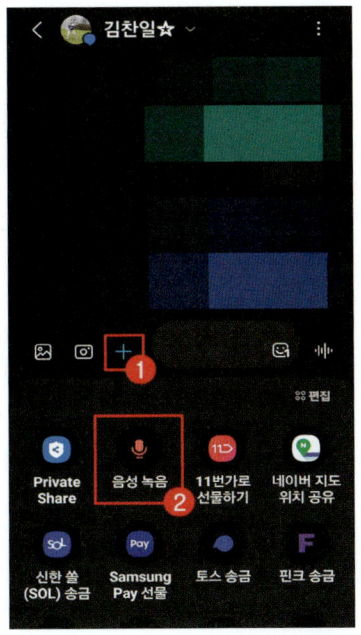 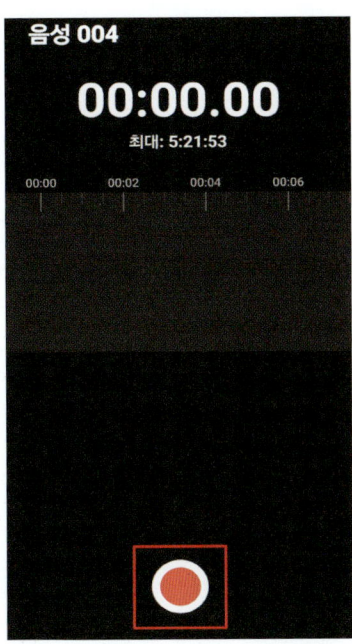 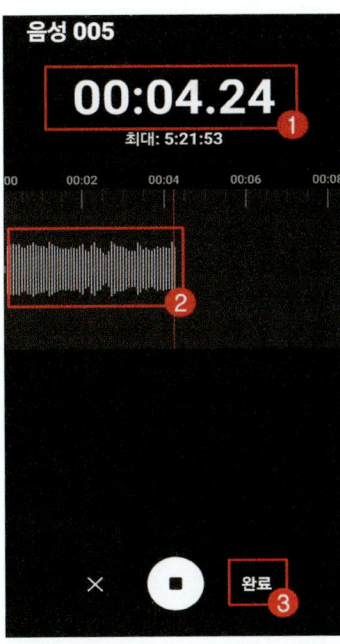

1️⃣ ① [+]을 터치하면 하단에 메뉴가 보입니다. ② [음성녹음]을 터치합니다. 2️⃣ 음성녹음 버튼이 뜹니다. [음성녹음 버튼]을 터치합니다. 3️⃣ ① [음성녹음 시간]이 표시되고 ② [녹음 중 표시]가 나타납니다. 녹음을 종료하려면 ③ [완료] 버튼을 터치합니다.

▶ ① [녹음된 음성] 파일이 하얀색으로 표시가 됩니다. 하얀색은 아직 보내지 않은 음성 메시지입니다. ② [보내기 아이콘]을 터치하면 날짜와 요일 그리고 ③ [링크가 전송됨]이 표시됩니다. 녹음된 음성 파일이 [하얀색에서 파란색]으로 바뀝니다. 파란색은 메시지를 보냈다는 표시입니다. [▶]플레이 버튼을 누르면 녹음된 내용을 확인할 수 있습니다.

4. 단축번호 지정하기

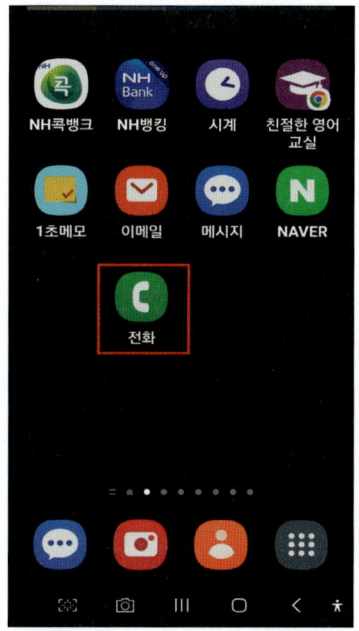  

1️⃣ 홈 화면에서 [전화]를 터치합니다. 2️⃣ 키패드, 최근기록, 연락처 중에서 ① [키패드]를 선택하고 ② [더보기]를 터치합니다. 3️⃣ 더보기를 터치하면 ① [알림창]이 뜹니다. 알림창에서 ② [단축번호]를 터치합니다.

 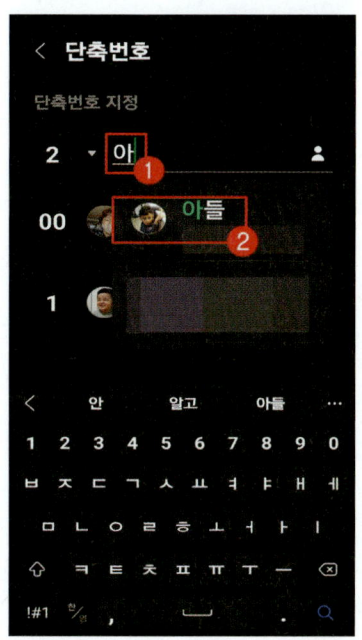 

1️⃣ ① [지정할 단축번호]가 입력되어 있습니다. ② [입력창]을 터치하고 저장할 사람의 이름을 입력합니다. 2️⃣ '아들'을 지정해 보겠습니다. 이름의 초성 ① [아]만 입력해도 이름이 나오며 ② [이름]을 터치합니다. 3️⃣ 지정한 단축번호 '2'에 ① [아들]이 저장됐습니다. ② [3]이 자동으로 입력되어 있으니 [입력창]에 지정하고 싶은 사람의 이름을 입력하면 단축번호 [3]에 저장됩니다. ③ [-]를 누르면 단축번호가 삭제됩니다.

5. 전화 거절 메시지
: 전화를 받을 수 없을 때 전화가 오면 상대방에게 전화 거절 이유 및 내용을 메시지로 보내는 기능

  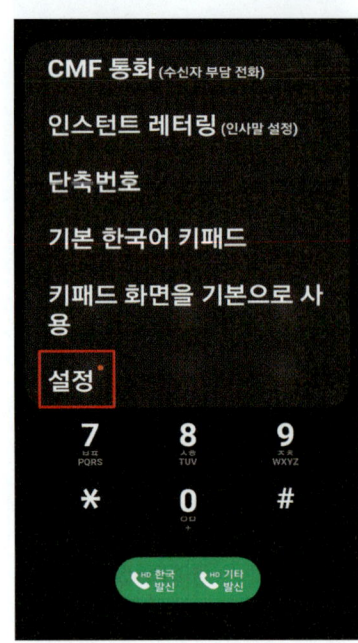

1️⃣ 홈 화면에서 [전화]를 터치합니다. 2️⃣ ① [키패드]를 선택하고 ② [더보기]를 터치합니다.
3️⃣ 더보기를 터치하면 [알림창]이 뜹니다. 알림창에서 [설정]을 터치합니다.

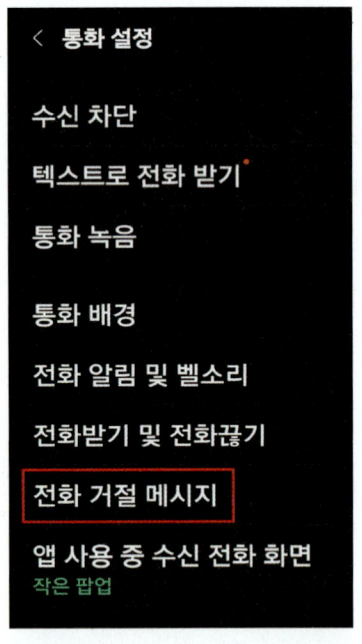  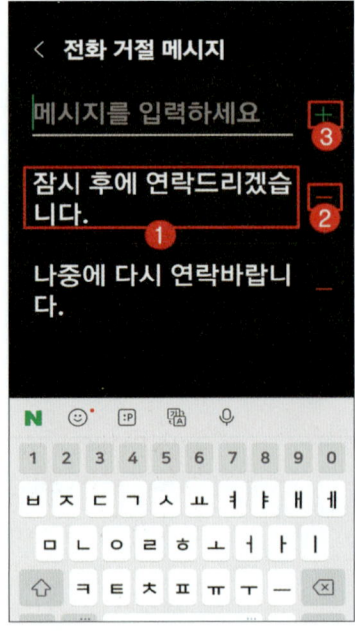

1️⃣ 알림창이 뜹니다. 알림창에서 [전화 거절 메시지]를 터치합니다. 2️⃣ ① 메시지 입력창이 나오면 거절 메시지 ② 예를 들어 [잠시 후에 연락드리겠습니다]를 입력하고 ③ [+]를 터치합니다.
3️⃣ ① '잠시 후에 연락드리겠습니다'가 저장되고 [+]가 ② [-]로 바뀝니다. 메시지를 삭제하고 싶으면 ② [-]를 터치하면 됩니다. 메시지 입력창에 필요한 메시지를 작성하고 ③ [+]를 터치하면 거절 메시지를 계속 저장할 수 있습니다. 전화 거절 메시지 사용은 전화를 받을 수 없는 상황일 때 스마트폰 화면의 전화 거절 메시지를 터치해서 문구를 선택하면 바로 상대방에게 그 메시지가 전달됩니다.

6. 통화 자동 녹음: 전화 내용을 자동으로 녹음하려고 할 때 사용하는 기능

  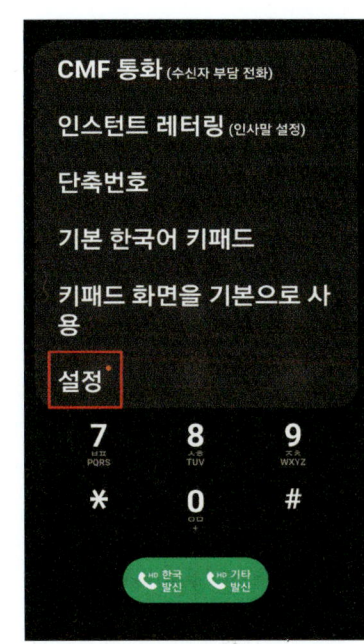

① 홈 화면에서 [전화]를 터치합니다. ② ① [키패드]를 선택하고 ② [더보기]를 터치합니다.
③ 더보기를 터치하면 [알림창]이 뜹니다. 알림창에서 [설정]을 터치합니다.

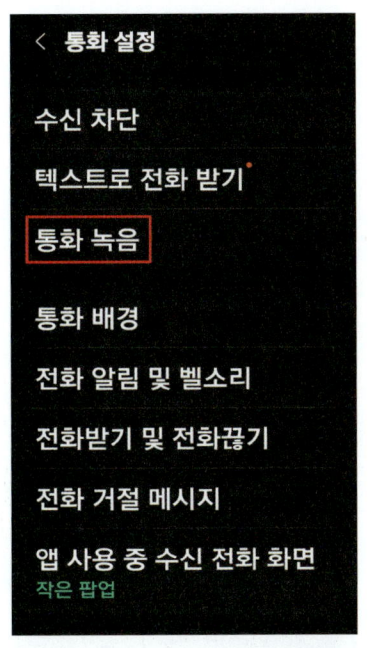 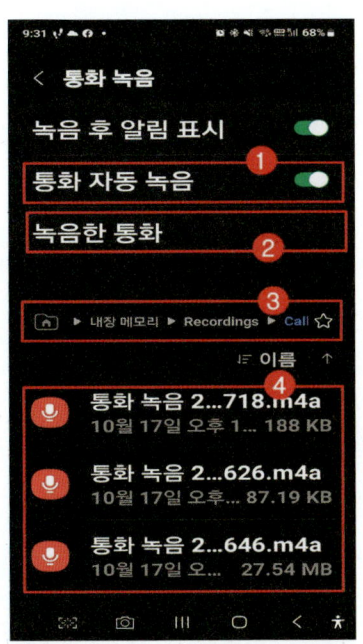 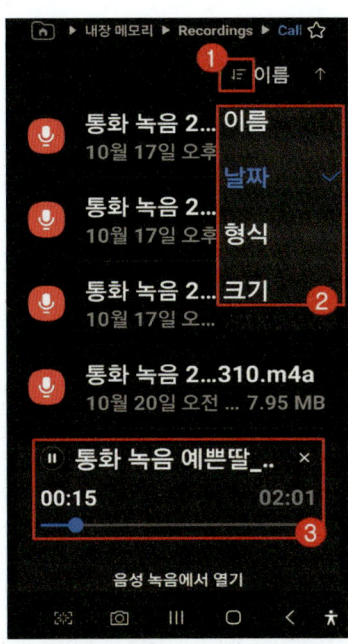

① 알림창에서 [통화 녹음]을 터치합니다. ② ① [통화 자동 녹음]을 활성화해야 모든 전화가 자동 녹음됩니다. ② [녹음한 통화]를 터치하면 ③ 녹음이 저장된 위치가 보이고 녹음이 ④ [저장된 목록]도 보입니다. ③ ①을 터치하여 ② [이름, 날짜, 형식, 크기] 등으로 저장 형식을 바꿀 수 있습니다.
날짜에 체크 표시를 했더니 날짜 순서로 저장돼 있습니다. ③ 통화 녹음을 터치하면 녹음 내용을 확인할 수 있습니다. [통화 자동 녹음]은 모든 전화를 자동 녹음이 되어 저장공간을 차지하므로 평상시에는 비활성화를 합니다.

7. 수신 차단: 원하지 않는 전화나 스팸 전화 차단하는 법

 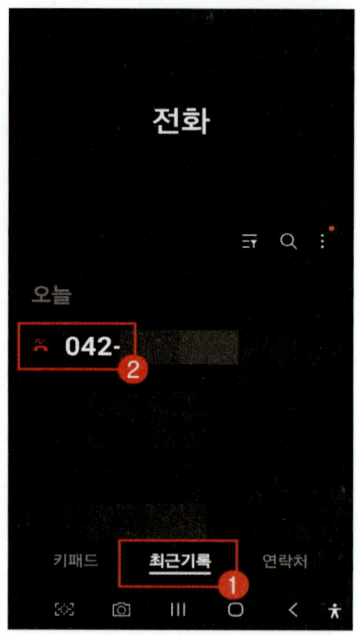 

1️⃣ 홈 화면에서 [전화]를 터치합니다. 2️⃣ ① [최근기록]을 선택하고 ② [수신 차단할 번호]를 터치합니다.
3️⃣ 차단 번호를 터치하면 ① [알림창]이 뜹니다. 알림창 아이콘 중에서 ② [상세정보]를 터치합니다.

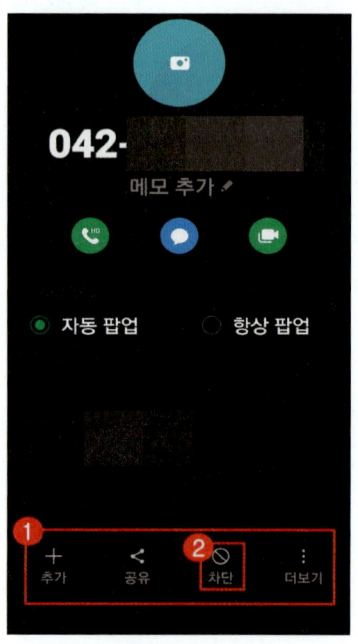 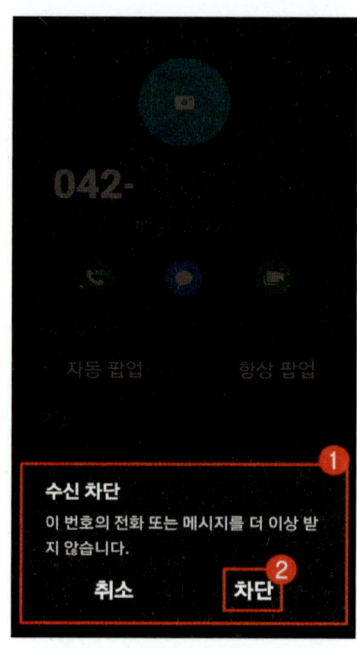 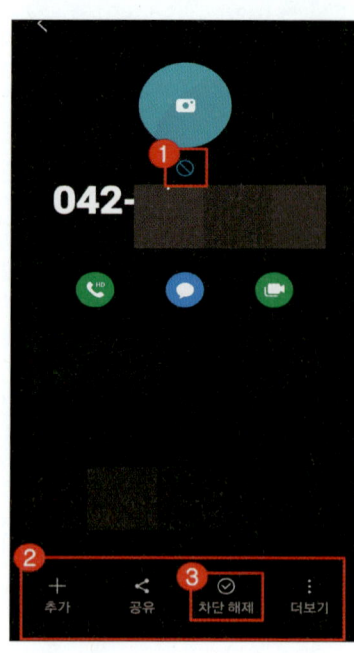

1️⃣ 상세정보를 터치하면 ① 알림창이 뜹니다. 그중에서 ② [차단]을 터치합니다.
2️⃣ ① 수신 차단 메시지 아래 ② [차단]을 터치합니다. 3️⃣ 전화번호 위에 ① [차단된 기호]가 생기고 아래쪽에 ② 알림창이 뜹니다. 친구 전화번호를 실수로 차단했을 때는 ③ [차단 해제]를 터치하면 차단이 해제되고 다시 통화 할 수 있습니다. 전화 [설정]에서 [수신 차단]을 선택해서 번호를 직접 입력하거나 [최근 기록]에서 일괄적으로 여러 번호를 한 번에 수신 차단 할 수도 있습니다.

8. 전화 올 때 소리 안 나게 (무음 처리)
: 조용해야 하는 상황에서 갑자기 전화벨이 울릴 때 대처하는 방법

 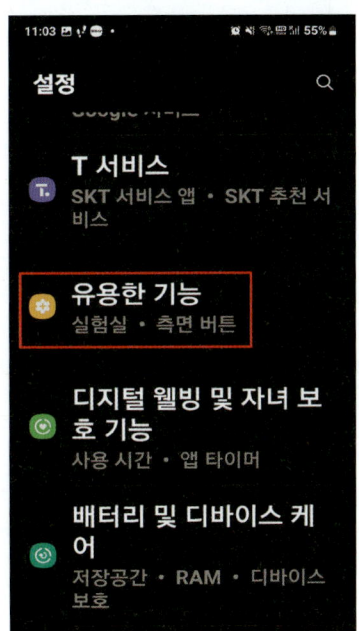 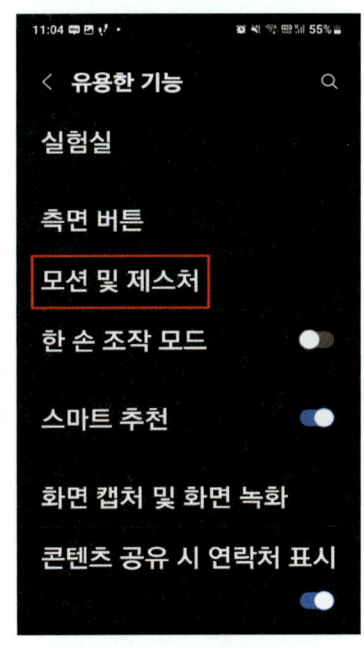

1 홈 화면에서 [설정]을 터치합니다.
2 [유용한 기능]을 터치합니다.
3 [모션 및 제스처]를 터치합니다.

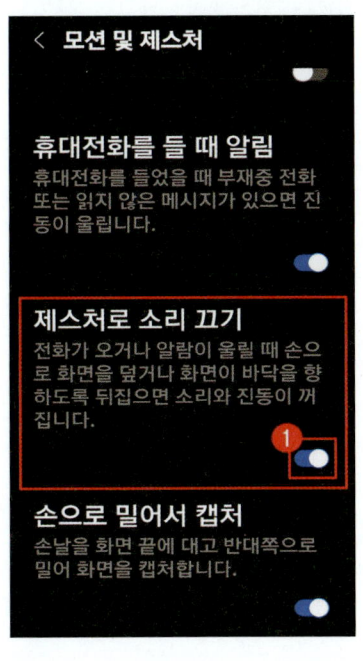 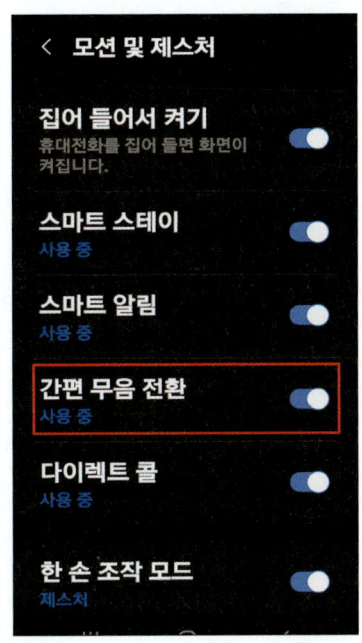 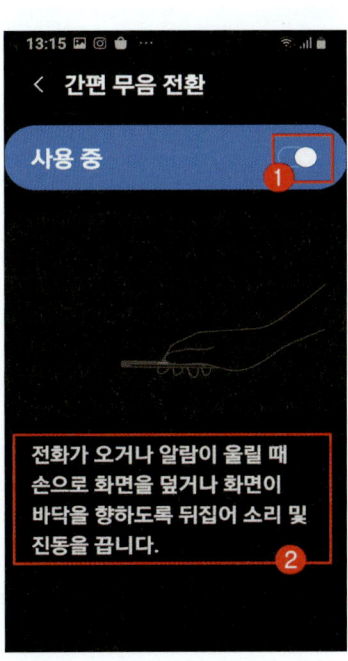

1 [제스처로 소리 끄기]를 ① [활성화]하면 조용한 장소에서 갑자기 울리는 전화 소리를 멈추게 할 수 있습니다. 2 명칭이 달라서 [제스처로 소리 끄기]거나 [간편 무음 전환]입니다. 활성화합니다.
3 ① [사용 중]을 터치하면 됩니다. ② 손으로 화면을 덮거나 화면이 바닥으로 향하도록 하면 무음 (소리가 나지 않음) 상태가 됩니다.

9. 저장된 번호 검색하는 방법

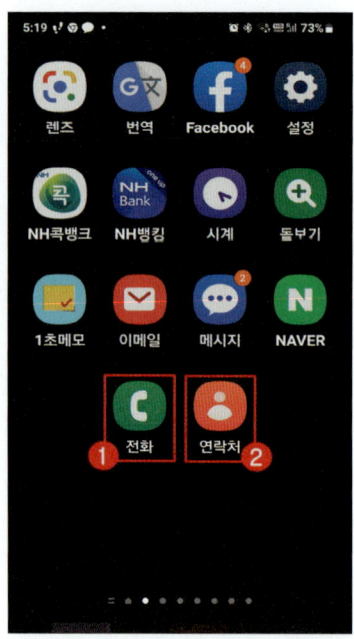
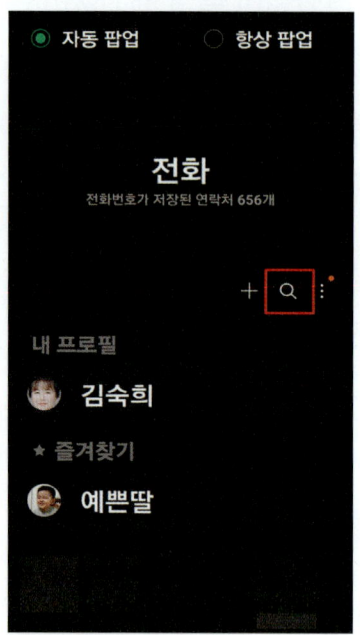
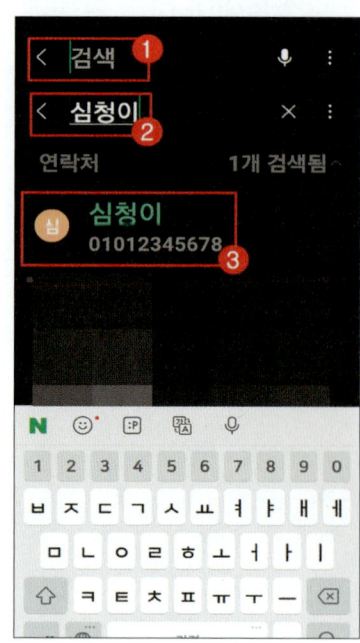

1 저장된 번호를 검색하는 방법은 여러 가지가 있습니다. 여기에서는 ① [전화] ② [연락처]로 검색하는 법을 알아보려고 합니다. 먼저 ① [전화]를 터치합니다. 2 [돋보기]를 터치합니다.

3 ① [검색] 터치합니다. ② [이름]을 입력합니다. 입력한 이름의 ③ [심청이] 전화번호가 뜹니다.

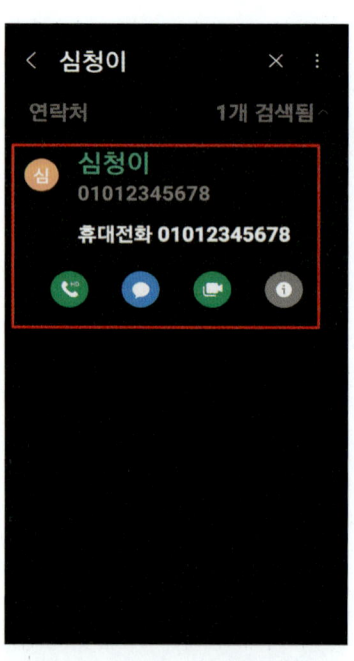
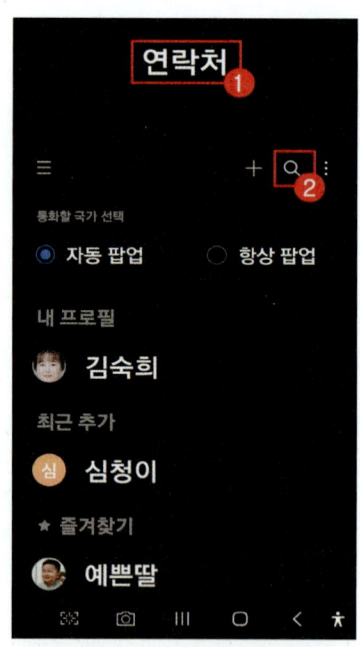

1 심청이를 터치하면 [전화, 메시지, 영상통화, 상세 정보] 등의 아이콘이 뜨고 사용하려고 하는 아이콘을 터치해 사용할 수 있습니다.

2 ① [연락처]로 저장된 번호를 ② [돋보기]에서 검색할 수도 있습니다.

3 검색에서 ① [심청이]를 입력 하면 ② [심청이]의 전화번호가 뜹니다. 초성 ③ [ㅅㅊㅇ]만 입력해도 저장된 ④ [심청이] 번호를 찾을 수 있습니다.

10. 벨소리 변경하기

 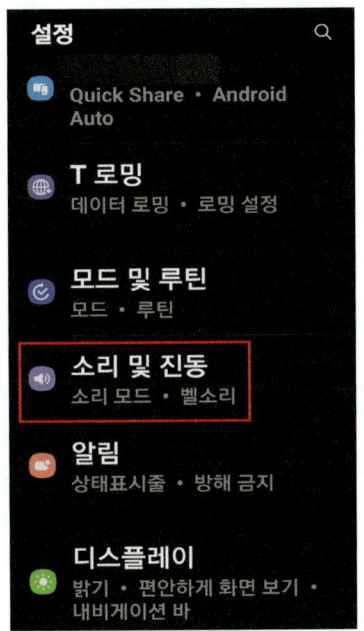 

1️⃣ 홈 화면에서 [설정]을 터치합니다. 2️⃣ [소리 및 진동]을 터치합니다.
3️⃣ ① 소리, 진동, 무음을 선택할 수 있고 컬러링과 알림 소리도 변경할 수 있습니다. ② [벨소리]를 터치합니다.

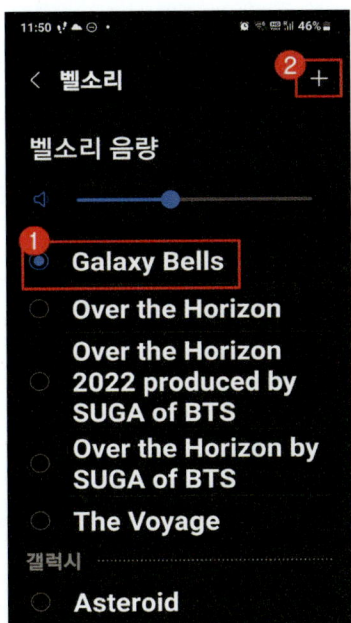 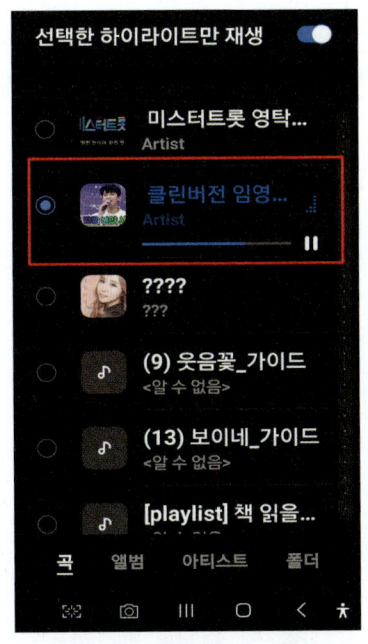 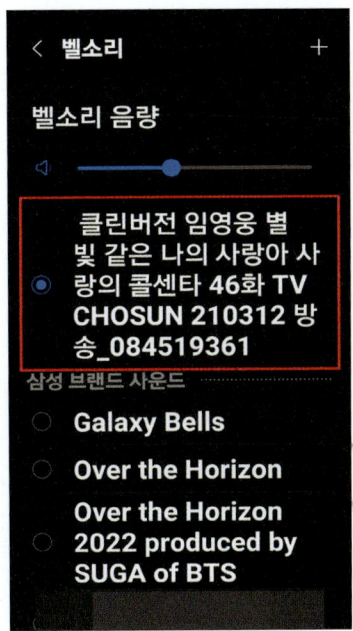

1️⃣ ① [Galaxy Bells]로 벨소리가 선택된 것을 확인할 수 있습니다. 아래로 내리면 다양한 벨소리가 있습니다. 선택해 들어보고 좋아하는 소리로 지정하면 됩니다. 이 외에 좋아하는 음악으로 벨소리를 바꾸고 싶으면 ② [+]를 터치합니다. 2️⃣ 기기의 음악 폴더의 [임영웅]의 노래를 선택했습니다.
3️⃣ 벨소리가 [Galaxy Bells]에서 [임영웅의 별빛 같은 나의 사랑아]로 바뀌었습니다.

10강 스마트폰 문자 기능 얼마나 알고 계신가요?

1. 문자, 사진, 오디오, 파일 공유 방법

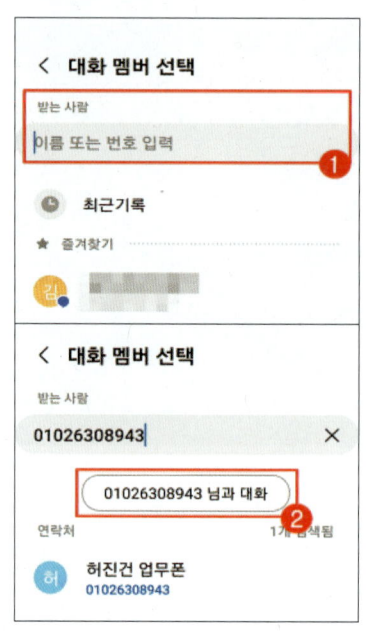

1️⃣ ① [메시지]를 터치합니다. ② 오른쪽 아래의 [말풍선 아이콘]을 터치하고 ③ [1:1 대화]를 터치합니다. 2️⃣ ① [받는 사람]에서 [이름 또는 번호 입력]으로 메시지를 받을 사람을 검색합니다.
② [~님과 대화] 또는 [+]를 터치하여 [대화 멤버]를 선택합니다. 3️⃣ ① [대화창] 왼쪽의 [이미지 아이콘]을 터치합니다. ② [갤러리] 아이콘을 터치합니다. ③ [사진], [앨범] 별로 사진을 선택할 수 있습니다.

1️⃣ ① [사진]을 선택합니다. [10개]까지 가능합니다. ② [완료]를 터치합니다. 2️⃣ ① 선택한 사진이 첨부된 것을 볼 수 있습니다. ② [보내기] 아이콘을 터치해야 [사진 보내기]가 완료됩니다.
3️⃣ ① 대화창 왼쪽의 [+] 아이콘을 터치합니다. ② [이미지], [동영상], [오디오]를 메시지에 첨부하여 보낼 수 있습니다.

2. 검색 아이콘으로 받은 사진 보여준다.

1 ① [메시지]에서 [검색 아이콘]을 터치합니다. ② 단어, 숫자로 [검색]할 수 있습니다. ③ [사진과 동영상] 부분을 터치하면 사진, 동영상만 볼 수 있습니다. ④ [링크], [기타] 파일로 검색됩니다. 2 ① [사진]을 [롱터치]하면 ② [전달] 또는 [공유] 가능합니다. ③ [사진]을 터치합니다. 3 터치한 [사진]이 있는 [메시지]로 이동합니다.

3. 광고 및 대출 문자 안 받기

■ 수신 차단

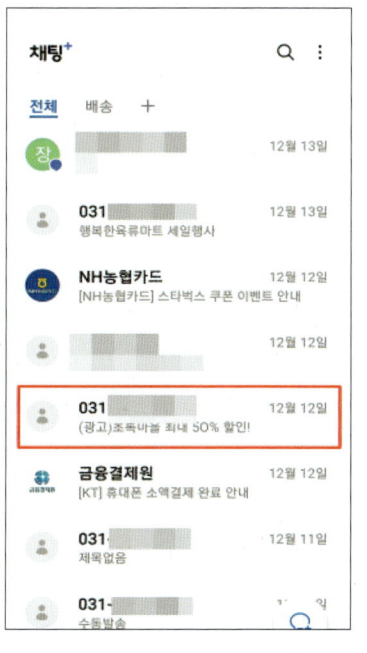  

1 [수신 차단]할 메시지를 [롱터치]합니다. 2 ① [삭제]할 메시지가 선택되고 ② 하단의 [삭제] 아이콘을 터치합니다. 3 ① [번호도 함께 차단] 부분을 반드시 체크해야 전화와 메시지를 더 이상 받지 않습니다. ② [휴지통으로 이동]을 터치합니다.

■ **입력한 번호로 시작할 때**

 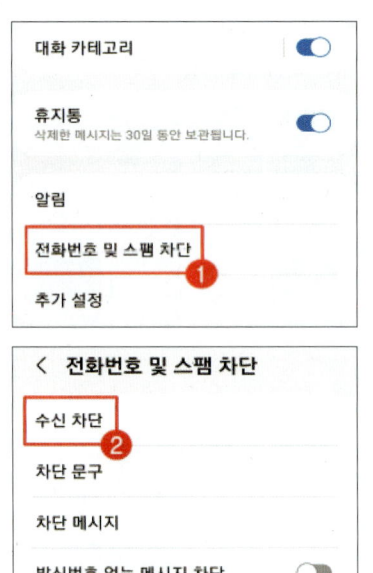 

1️⃣ ① 메시지에서 [: 더보기]를 터치하고 ② [설정]을 터치합니다.
2️⃣ ① [전화번호 및 스팸 차단]을 터치하고 [수신 차단]을 터치합니다.
3️⃣ [입력한 번호와 일치할 때]를 터치합니다.

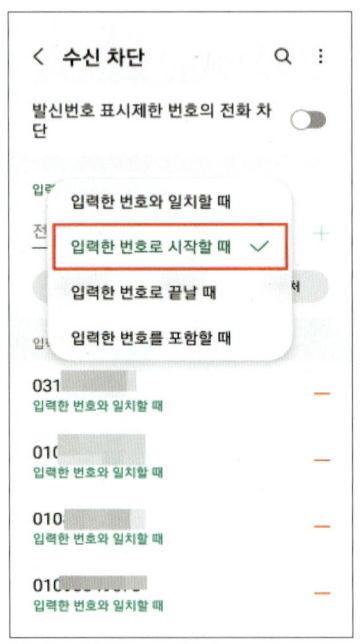  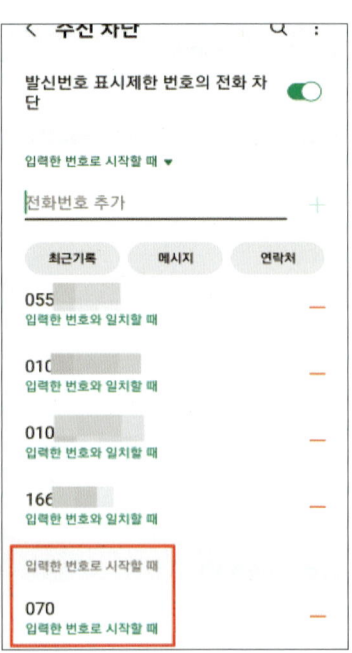

1️⃣ [입력한 번호로 시작할 때]를 터치해서 2️⃣ ① [번호]를 입력합니다. ② [+]를 터치해서 번호를 추가합니다. [070]으로 시작하는 번호는 차단한다는 뜻입니다. 3️⃣ 스크롤 해서 위로 올리면 [입력한 번호로 시작할 때] 부분에 [070] 번호가 추가된 것을 확인할 수 있습니다. [입력한 번호와 일치, 끝날 때, 포함할 때] 등으로 조건을 변경하여 [수신 차단]할 수 있습니다.

■ 차단 문구 설정하기

  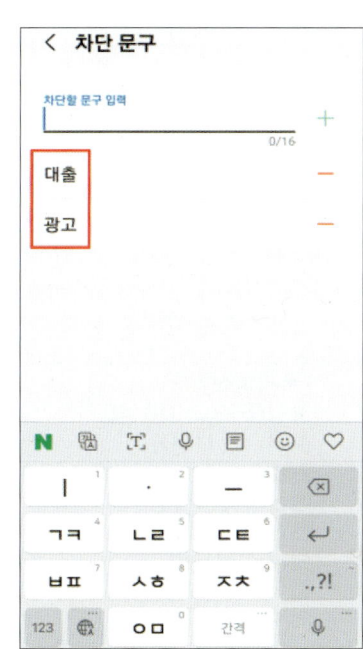

1 [전화번호 및 스팸 차단]의 [차단 문구]를 터치합니다. **2** ① [차단할 문구 입력]에 [대출] 단어를 입력하고 ② [+]를 터치합니다. ③ [대출] 단어가 포함된 메시지는 모두 차단되며, 스팸으로 분류된다는 알림이 나오면 [확인]을 터치합니다. **3** 입력한 단어가 추가된 것을 확인할 수 있습니다. 삭제도 할 수 있습니다.

4. 인증 번호 안 올 때

  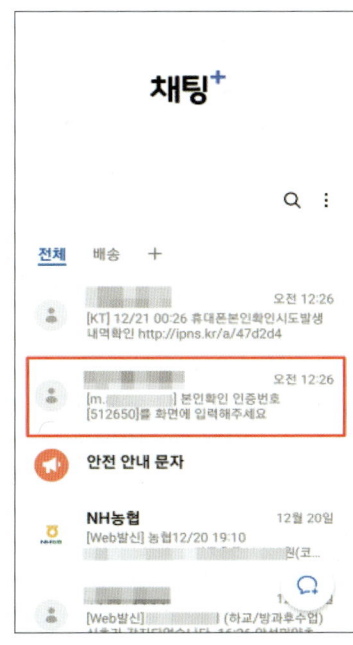

1 ① [메시지 설정]의 ② [전화번호 및 스팸 차단]을 터치합니다. ③ [차단 메시지]에 [인증 번호]가 있는 메시지가 있습니다. **2** ① [차단된 인증 번호] 메시지를 [롱터치]합니다. ② 메시지가 선택되면 ③ 하단의 [복원]을 눌러 [차단 메시지]에서 복원시킵니다. **3** 메시지 목록에 복원된 [인증 번호 메시지]가 있는 것을 확인할 수 있습니다.

5. 보이스피싱 방지

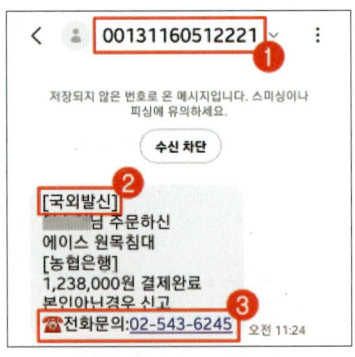
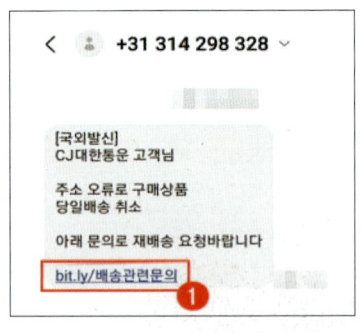

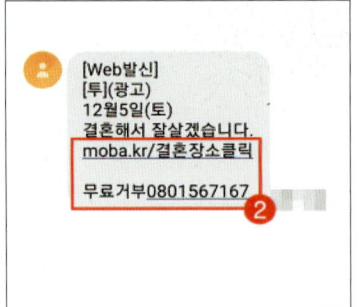
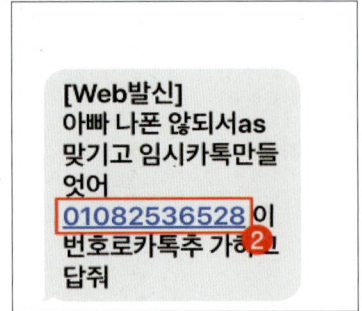

1 ① [문자 메시지 번호]와 ② [국외 발신]인지 확인한 후 ③ [전화 문의]가 있을 때 [절대로 전화하면 안 됩니다.] ④ [농협]이라고 하지만 [국제 발신]이기 때문에 ⑤ 절대로 전화하면 안 됩니다.
2 ① [배송 관련 문의 링크]나 ② [장소 클릭] 링크도 터치하면 안 되고 링크에서 [가입]도 하면 안 됩니다. **3** ① [링크] ② [전화번호] 터치하지 말고 바로 [문자를 바로 차단]하고 [수신 차단]을 하는 게 좋은 방법입니다.

6. 단체 문자 보내기

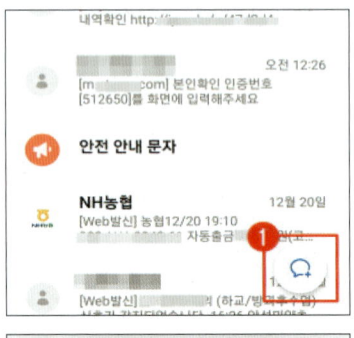
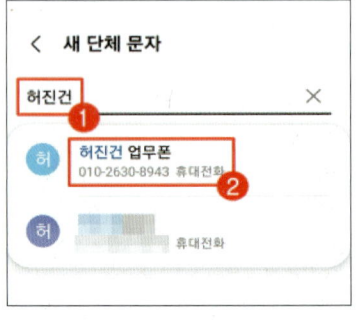

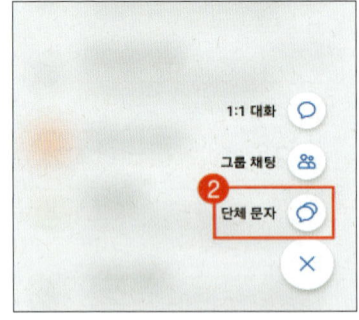

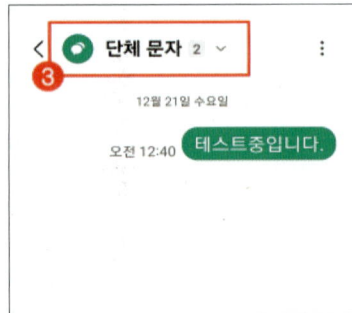

1 ① 메시지 화면 하단의 [말풍선 아이콘]을 터치하고 ② [단체 문자] 아이콘을 터치합니다.
2 ① [받는 사람]을 이름, 번호로 검색하여 ② 번호를 터치합니다. ③ 한 명이 [추가]된 것을 확인할 수 있습니다. ④ [다른 사람을 검색]하여 터치합니다. **3** ① 단체 문자 받을 사람 수를 확인하고 ② [문자]를 입력하고 [보내기] 버튼을 터치합니다. ③ [단체 문자]가 발신된 것을 확인할 수 있습니다. [받는 사람]은 각각 문자를 받습니다. [연락처]에서 [그룹]을 만들어서 그 그룹에 단체 문자를 보낼 수도 있습니다.

7. 메시지 1 표시가 나오면 읽지 않은 상태

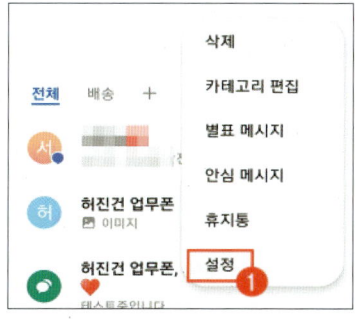  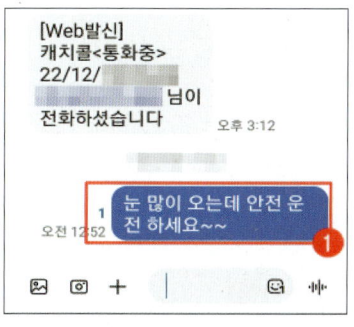

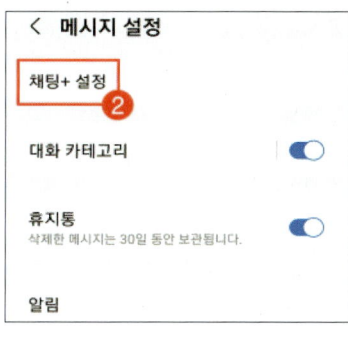 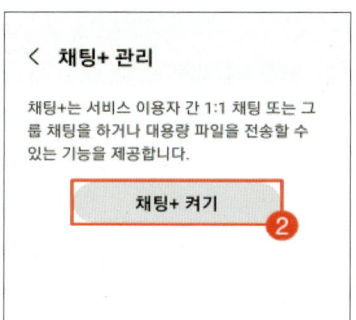 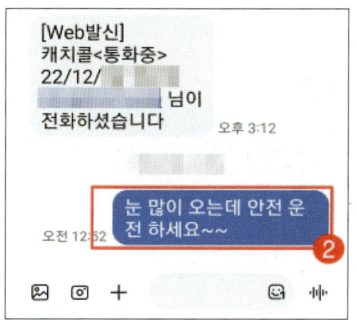

1 ① [: 더보기]의 [설정]에서 ② [채팅+ 설정]을 터치합니다. **2** ① [채팅+ 관리]를 터치하고 ② [채팅+ 켜기]를 합니다. [채팅+]가 활성화 되어 있어야 [메시지 채팅] 기능을 사용할 수 있습니다. **3** ① [메시지 입력]을 하고 보내면 [파란색] 말풍선에 내용이 보여지고 왼쪽에 [숫자 1]이 생깁니다. ② 상대방이 [메시지를 읽으면 숫자 1]이 없어집니다. [채팅+] 기능은 [1:1 채팅, 그룹 채팅, 대용량 파일 전송]을 할 수 있습니다.

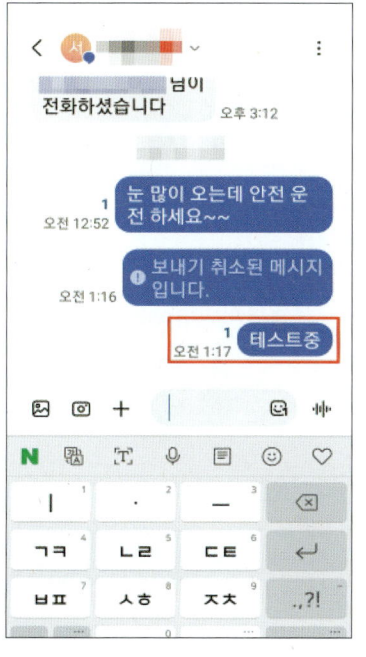 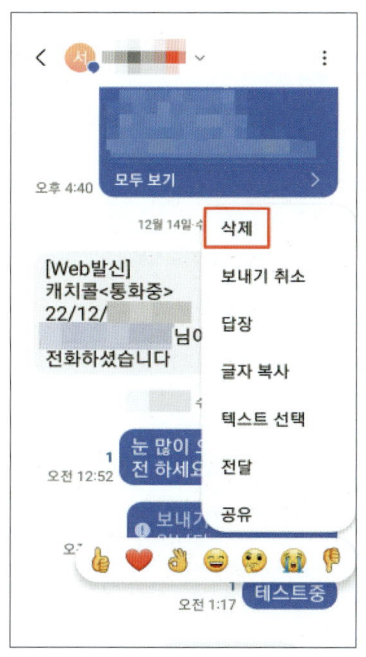 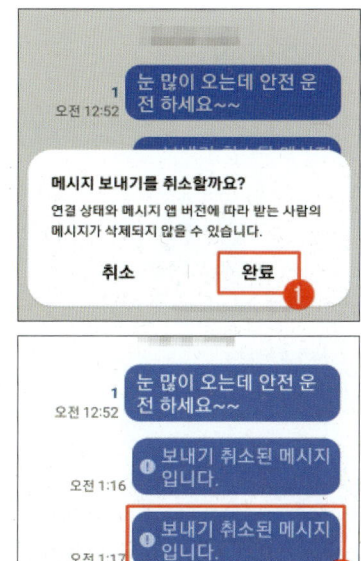

1 ① 메시지를 잘못 보낼 때 [삭제]를 할 수 있습니다. 잘못 보낸 메시지를 [롱터치]합니다.
2 [삭제]를 터치합니다. [5분] 안에 잘못 보낸 메시지를 [삭제 가능]합니다.
3 ① 메시지 보내기를 취소 안내가 나오면 [완료]를 터치합니다. ② [보내기 취소된 메시지]라고 나옵니다.

8. 빠른 답장 문구

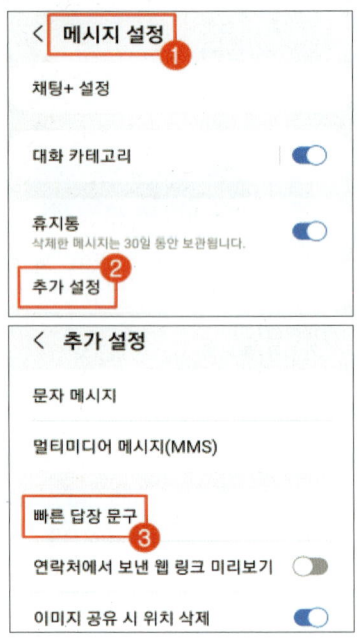
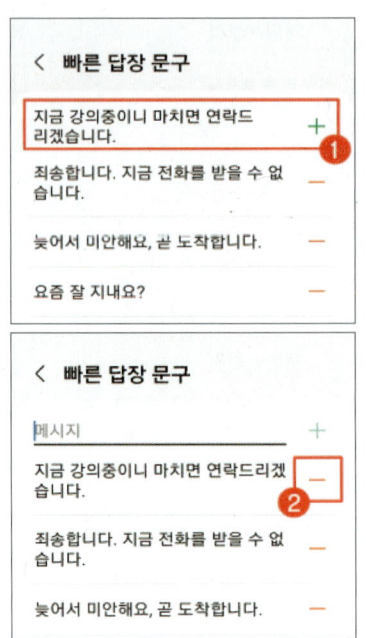

1 ① [메시지 설정]에서 ② [추가 설정]을 터치합니다. ③ [빠른 답장 문구]를 터치합니다. 메시지를 빠르게 보내거나 긴 문장을 [터치]만으로 간단하게 보낼 수 있습니다. **2** ① [빠른 답장 문구]에서 새로운 문구를 저장해 놓을 수 있습니다. [문구 입력]을 하고 [+]를 터치하여 추가합니다.
② 입력된 문구를 [-]를 터치하면 삭제도 됩니다. **3** 메시지에서 보낼 때는 먼저 메시지 입력창 왼쪽의 [+]를 터치합니다.

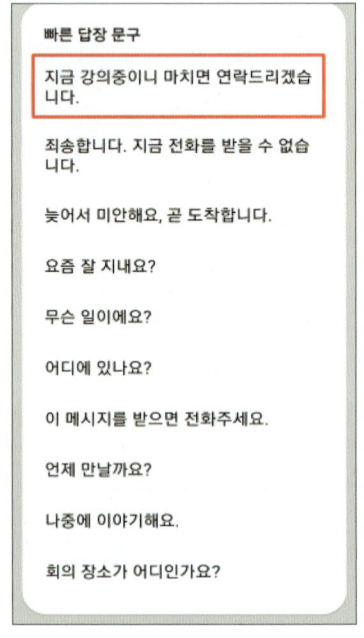

1 [빠른 답장 문구]를 터치합니다. **2** [빠른 답장 문구] 중에서 [보낼 문구]를 터치합니다.
3 ① 문구가 메시지 입력창에 입력이 되어 있습니다. [보내기]를 터치하면 문구가 전송됩니다.
② 문구를 빠르게 쉽게 보낼 수 있습니다.

9. 웹 링크 미리보기

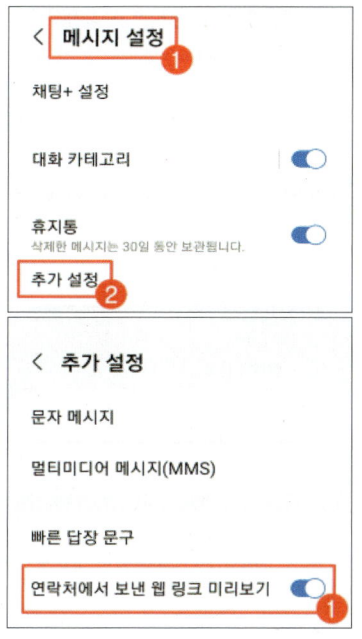  

1️⃣ ① [메시지 설정]에서 ② [추가 설정]을 터치합니다. ③ [연락처에서 보낸 웹 링크 미리보기]를 활성화합니다. 2️⃣ 미리보기 활성화가 안 되어 있는 경우 메시지에서 [링크만] 볼 수 있습니다.
3️⃣ [웹 링크 미리보기]가 설정된 경우 [미리보기] 화면이 [링크]와 같이 볼 수 있습니다.

10. 이미지 공유 시 위치 삭제

 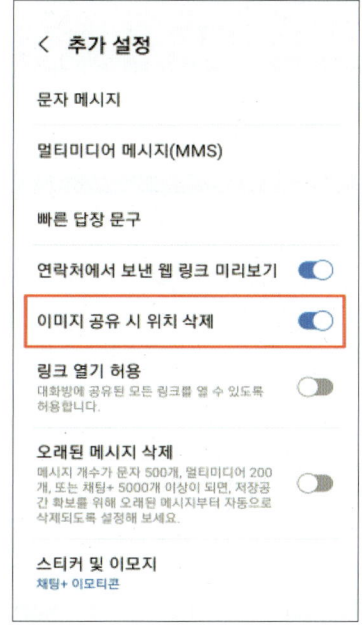 

1️⃣ [메시지 설정]의 [추가 설정]을 터치합니다. 2️⃣ [이미지 공유 시 위치 삭제]를 활성화합니다.
3️⃣ 메시지에서 [이미지]를 터치합니다.

 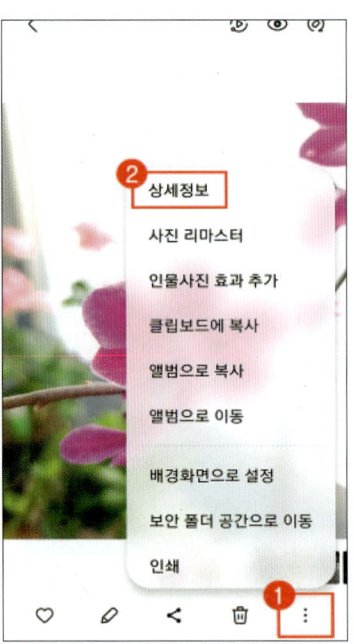 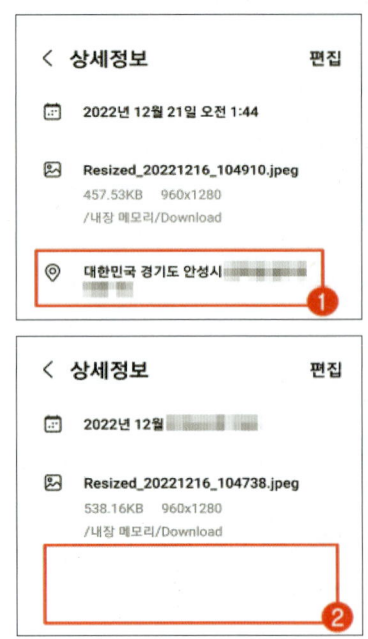

1 하단의 [저장]을 터치해서 저장합니다. [갤러리]에 저장됩니다. **2** [갤러리]에서 저장한 사진을 터치하면 ① 오른쪽 아래에 [더보기]를 터치합니다. ② [상세정보]를 터치합니다.
3 ① [위치 정보가 있는 경우] 상세정보에 [위치]가 있습니다. ② [이미지 공유 시 위치 삭제]가 설정되었을 때 이미지를 저장하더라도 [위치 정보]가 저장되지 않습니다. [개인정보 보호]를 위해서 [위치 정보 공유]는 중요합니다.

11. 문자 검색

 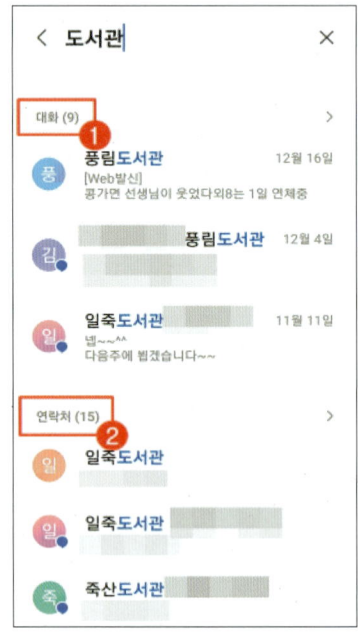 

1 ① 메시지에서 [검색] 아이콘을 터치합니다. ② 검색할 [단어]를 입력하면 ③ 단어가 포함된 [메시지]가 검색이 됩니다. [숫자]로도 검색할 수 있습니다. **2** [단어]가 포함된 [대화], [연락처]도 검색이 됩니다. **3** 검색된 부분을 터치하면 [해당 메시지]로 이동합니다.

12. 문자 메시지 카테고리 설정으로 가독성을 높여보자

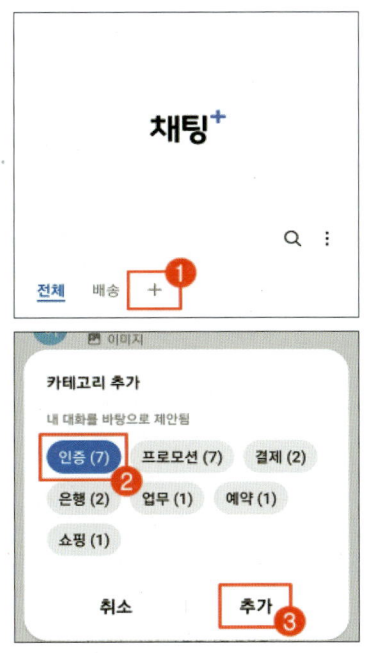

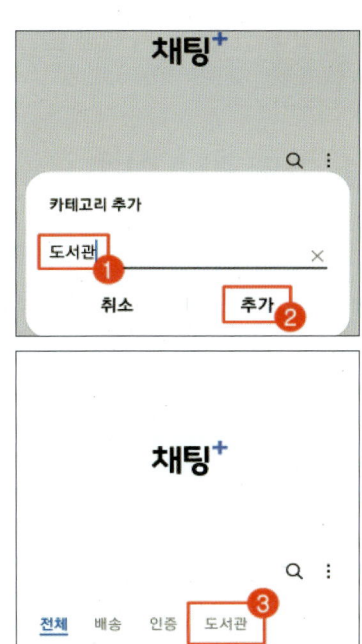

① [카테고리]를 만들어 문자를 가독성 있게 확인할 수 있습니다. ① 메시지에서 [문자 목록] 상단의 [+]를 터치합니다. ② [카테고리]가 내 대화를 바탕으로 생성되어 있습니다. 추가할 [카테고리]를 터치합니다. ③ [추가]를 터치합니다. ② ① 목록 상단에 선택한 카테고리가 추가되어 있습니다. ② 카테고리를 [직접 추가] 할 수 있습니다. ③ ① 카테고리 [이름]을 입력합니다. ② [추가]를 터치합니다. ③ [도서관] 카테고리가 생성되었습니다.

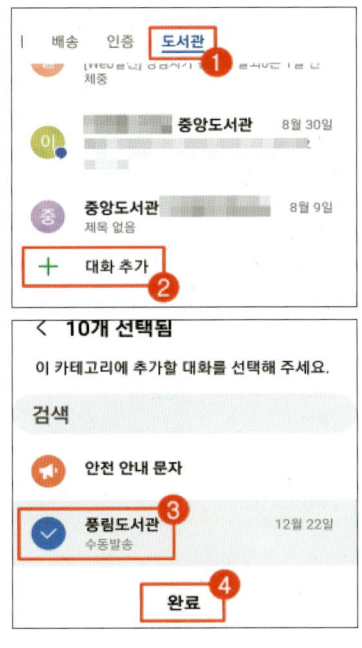
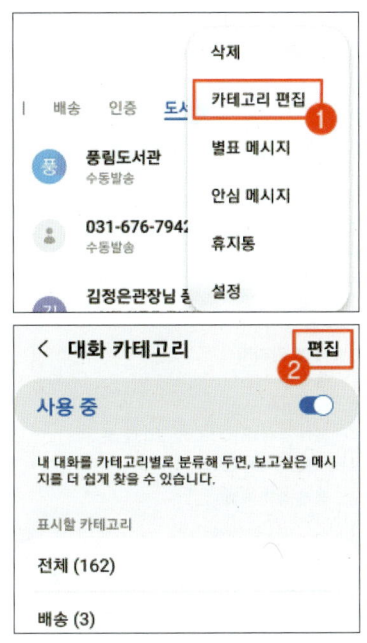
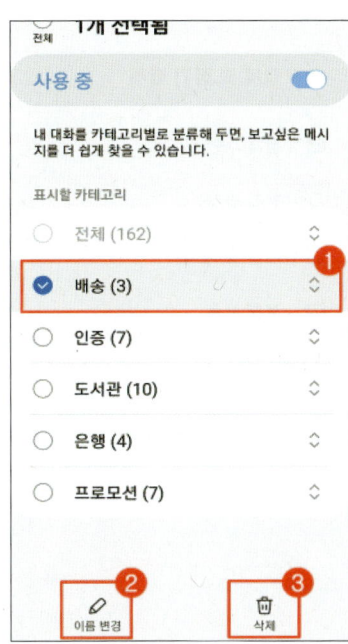

① ① [도서관] 카테고리를 터치하면 하단에 ② [+ 대화 추가]를 할 수 있습니다. ③ 추가할 메시지를 [선택]하고 ④ [완료]를 터치합니다. ② 메시지의 [더보기] 메뉴에서 ① [카테고리 편집]을 터치합니다. ② 카테고리를 [편집]할 수 있습니다. ③ ① 편집할 카테고리를 선택하면 [위치]를 이동해 순서를 바꿀 수 있습니다. ② 선택한 [카테고리]를 [이름 변경]을 할 수 있고 ③ [삭제] 할 수 있습니다.

11강 구글 플레이 스토어 제대로 활용하기

1. 구독 취소하기

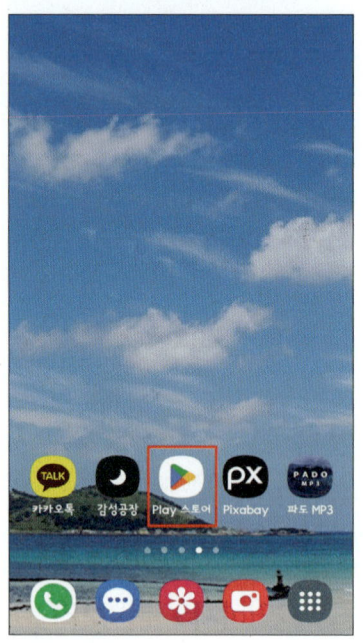  

1 홈 화면에서 [Play 스토어]를 터치합니다.
2 [내 계정 아이콘]을 터치한 후
3 [결제 및 정기 결제]를 터치합니다.

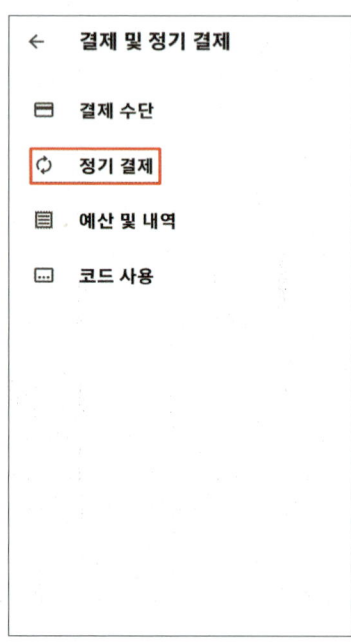  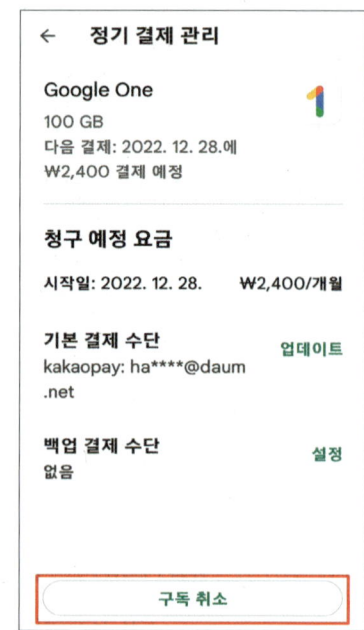

1 [정기 결제]를 터치합니다.
2 [정기 결제하는 앱]목록이 나타나면 [구독 취소할 앱]을 선택합니다.
3 [구독 취소]를 터치합니다.

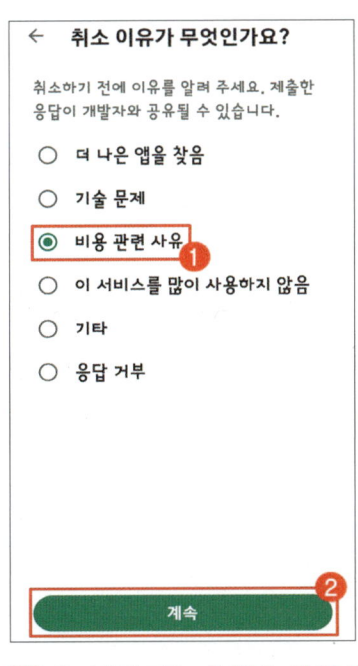 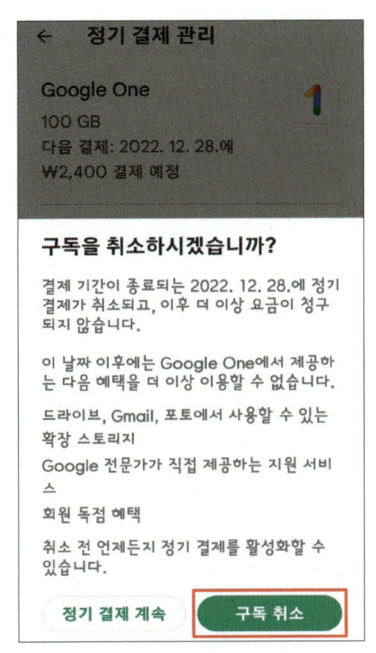 

1️⃣ ① 해당되는 [취소사유]를 선택한 후 ② [계속]을 터치합니다.
2️⃣ [구독 취소]를 터치합니다.
3️⃣ [구독]이 취소됩니다.

2. 개인정보 보호를 위해 2단계 인증 설정하기

 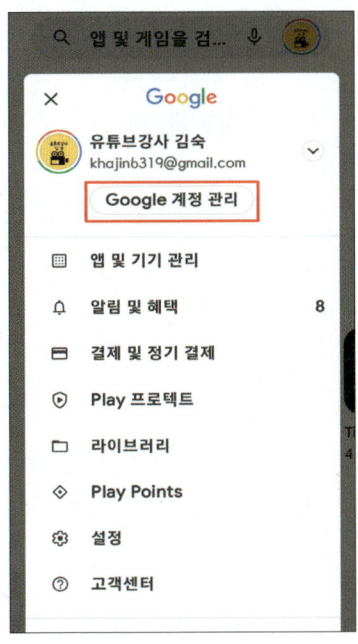 

1️⃣ [Play 스토어]에서 [내 계정 아이콘]을 터치합니다.
2️⃣ [Google 계정 관리]를 터치합니다.
3️⃣ [보안 탭]을 터치합니다.

 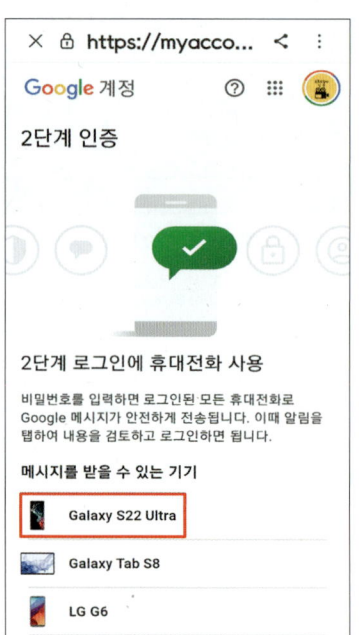 

1️⃣ [2단계 인증]을 터치합니다.
2️⃣ [메시지를 받을 수 있는 기기]목록이 나타납니다.
3️⃣ 하단에 [계속 버튼]을 터치합니다.

  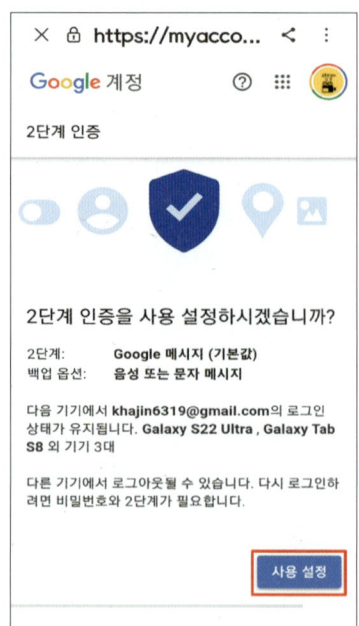

1️⃣ ① [문자 메시지]로 코드 받기에 [체크]한 후 ② [보내기]를 터치합니다.
2️⃣ ① 문자로 온 [코드 번호]를 ② 입력하고 ③ [다음]을 터치합니다.
3️⃣ [사용 설정]을 터치합니다.

▶ [2단계 인증]된 것을 확인할 수 있습니다.

3. 숨어 있는 앱 찾기

1️⃣ 홈 화면에 [앱스 버튼]을 터치합니다.
2️⃣ [검색 상자]를 터치한 후
3️⃣ 예로 앱 이름 [배달의 민족]을 입력하고 검색합니다.

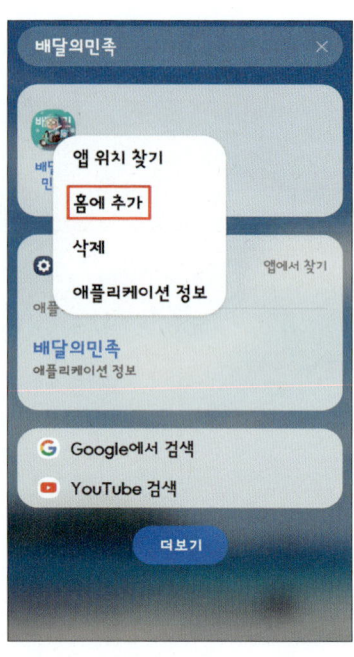 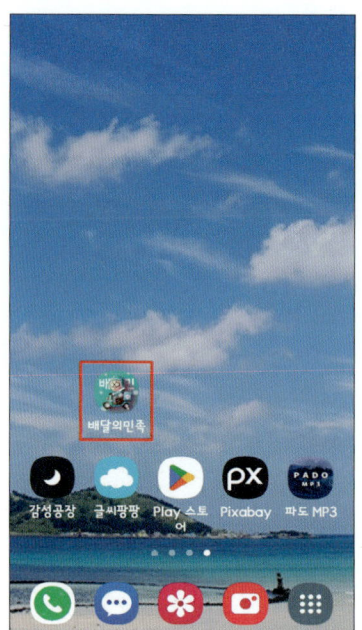

1️⃣ 배달의 민족 아이콘이 [표시]되면 2초 정도 눌러서 [앱 위치 찾기] 팝업창이 뜨면 [홈에 추가]를 터치합니다.

2️⃣ 홈 화면에 [배달의 민족] 앱 아이콘이 생성되었습니다.

4. 보안 폴더에 앱 숨겨놓기

  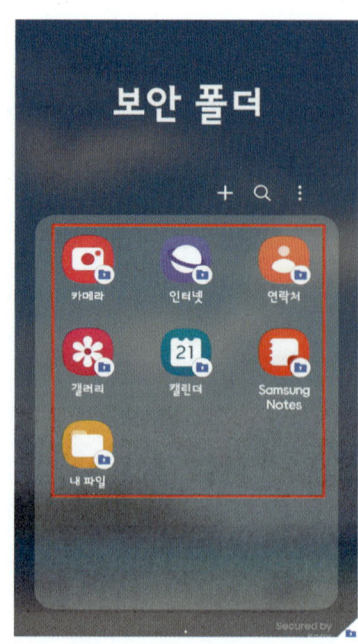

1️⃣ 홈 화면에서 [상태 알림줄]을 아래로 드래그합니다.

2️⃣ 빠른 실행 창에서 [보안 폴더]를 활성화합니다.

3️⃣ 보안 폴더 안에는 [기본 폴더]가 세팅되어 있습니다.

보안폴더를 처음 사용하시는 분들은 스마트폰 화면에 팝업으로 안내문구가 나오는데 순서대로 진행하시고 [이메일 인증]을 해야 사용하실 수 도 있습니다.

1️⃣ 보안 폴더에서 [+]표시를 터치하면 앱을 추가할 수 있습니다.

2️⃣ ① [Play 스토어나 Galaxy 스토어]에서 앱 검색 및 ② [휴대폰]에서 ③ [앱 추가]를 할 수 있습니다.

3️⃣ [돋보기]를 터치하면 보안 폴더 안에 있는 앱을 검색할 수 있습니다.

 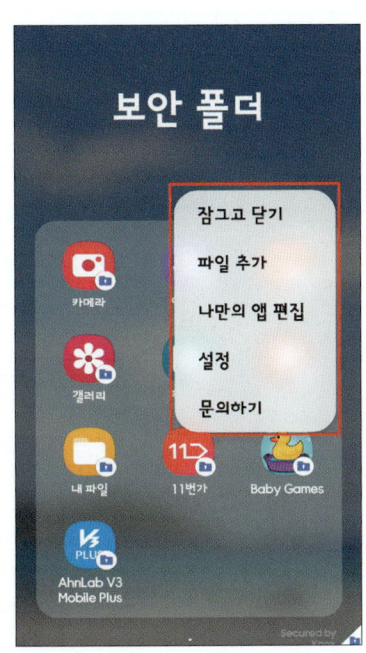 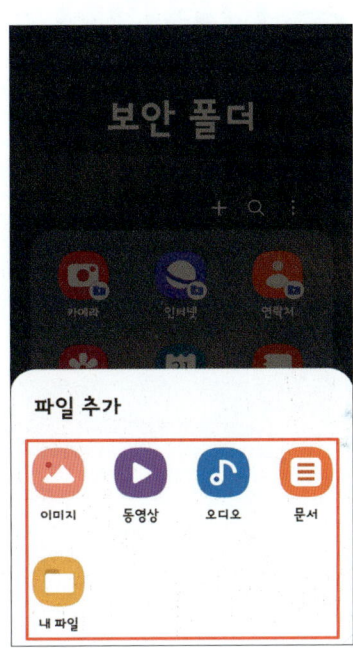

1️⃣ [더보기]를 터치하면 2️⃣ 주요 기능으로 파일 추가 및 설정 기능(잠금 형식)을 사용할 수 있습니다.

3️⃣ 파일 추가로 이미지, 동영상, 오디오, 문서 등을 추가할 수 있습니다.

　(해제 시는 보안 폴더에서 내보내기)

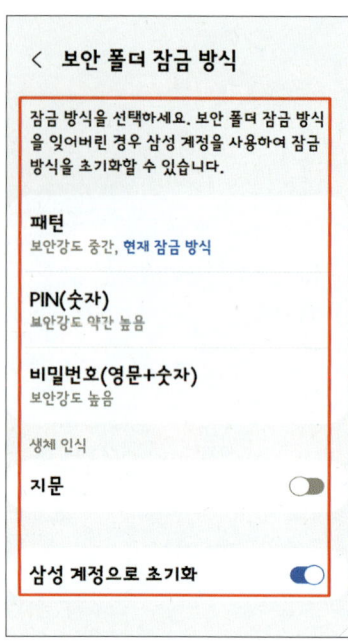 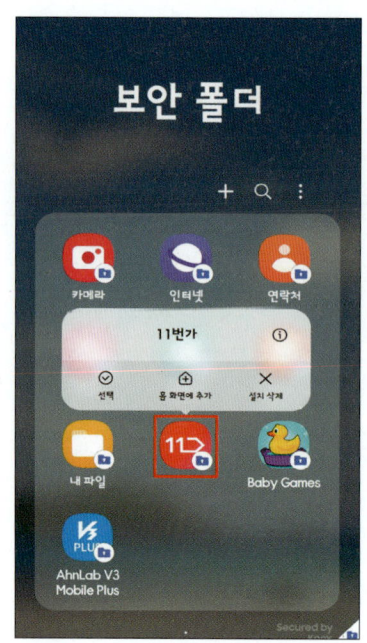

1️⃣ 설정에서는 사용자가 편리한 잠금 방식을 지정할 수 있습니다. (예시: 패턴, PIN 방식, 비밀번호, 지문)
2️⃣ 보안 폴더에서 앱을 설치 삭제하면 보안 폴더 안에서 사라집니다. (휴대폰에서는 남아있음)

MEMO

12강 나만의 멋진 카드뉴스 만들기

1. 축하카드 보내기

[크리에이티브 카드] 앱은 다양한 카드를 만들 수 있는 앱입니다. **1** [Play 스토어]에서 ① [크리에이티브 카드]를 검색, 설치한 후 ② [열기]를 터치합니다. **2** [크리에이티브 카드] 앱에는 Love card, Birthday card, Christmas card, New Year card 등 여러 가지 카드 템플릿이 있습니다. 이 중에서 [Birthday card]를 선택합니다. **3** [Birthday card]중 원하는 카드 템플릿을 터치합니다.

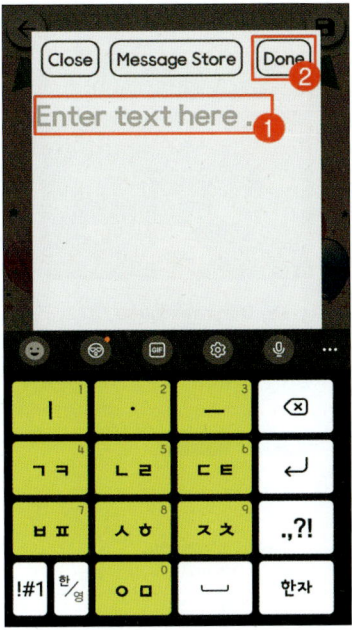

1 ① 카드를 터치하면 텍스트 상자가 나오는데 [더블 터치]후 내용을 입력하고 수정할 수 있습니다. ② [하단 메뉴]는 텍스트를 직접 입력, 카드 변경, 스티커, PIP 사진 추가 기능을 사용할 수 있습니다. **2** ① 카드 내용을 입력 후 ② [Done]를 터치합니다. **3** ① 카드에 들어갈 내용을 입력하고 ② [저장]을 터치합니다.

2. 픽사베이 활용하기

 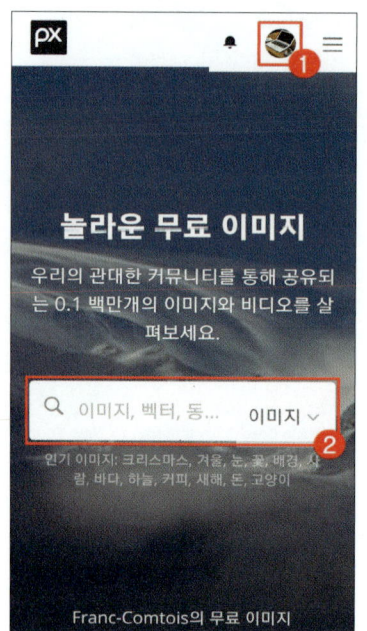 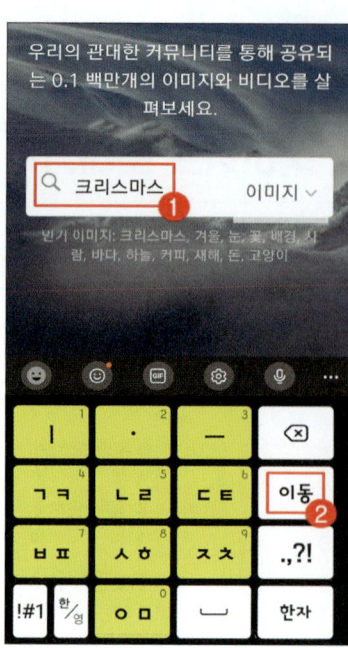

1 ① 구글 검색창에 [픽사베이]를 입력합니다. ② 아래의 [pixabay.com] 주소를 터치합니다.
2 ① [픽사베이]는 회원가입 없이 사용할 수 있지만 다운로드 시 보안 문자를 입력해야 하는 불편함이 있으므로 [회원가입/로그인] 후 사용하시는 걸 추천해 드립니다. ② [검색 상자]에 찾고자 하는 키워드를 입력합니다. **3** ① 예시로 [크리스마스]를 검색합니다. ② [이동]을 터치합니다.

 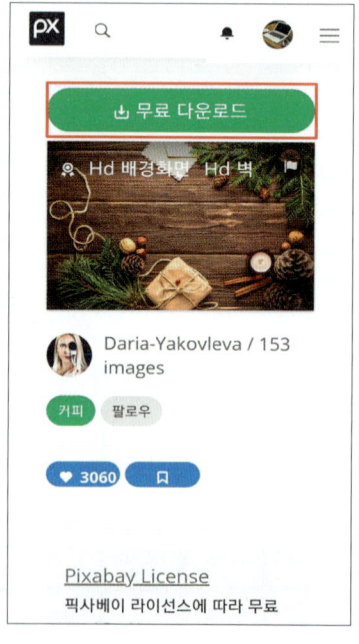 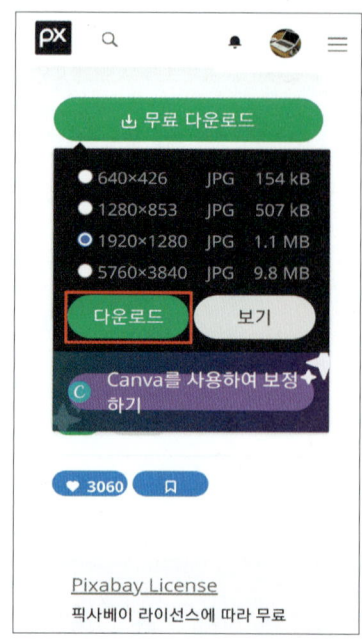

1 검색 결과로 [크리스마스 이미지]가 검색되면 다운받을 이미지를 선택합니다.
2 [무료 다운로드]를 터치합니다. **3** 이미지 사용하기에 알맞은 해상도를 선택한 후 [다운로드]를 터치합니다. (갤러리에서 저장된 이미지 확인) 다운로드가 되지 않을 경우 해상도를 낮춰서 해봅니다.

3. 감성공장 활용하기

1️⃣ [감성공장]은 이미지와 캘리그라피 또는 텍스트와 합성해서 카드를 만들 수 있는 앱입니다.
[play 스토어]에서 ① [감성공장]을 설치한 후 ② [열기]를 터치합니다.
2️⃣ ① [만들기]를 터치하고 ② 모드에서 [캘리그라피]를 선택하고 ③ [배경사진 선택]을 터치합니다.
3️⃣ 갤러리에서 사진을 선택할수도 있고, 주어진 사진에서 주제별로 검색하여 선택할 수도 있습니다.

 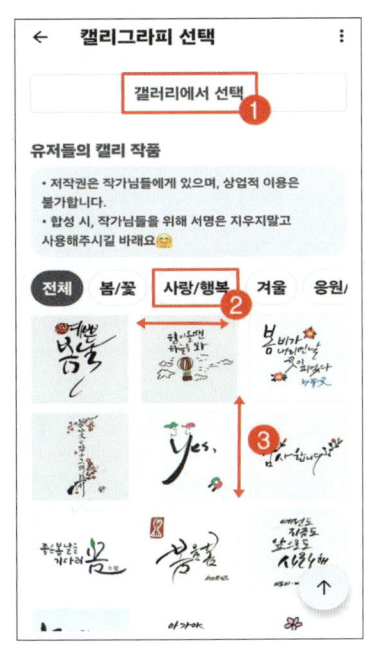 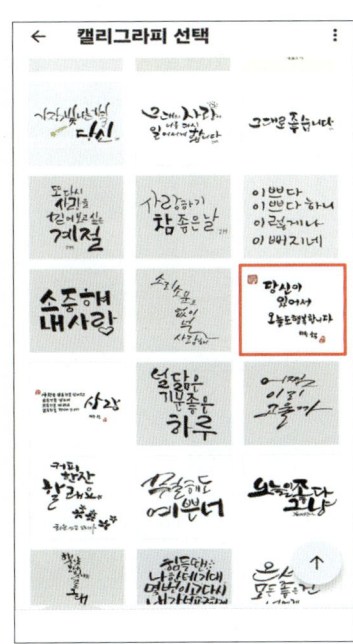

1️⃣ [캘리그라피 선택]을 터치합니다.
2️⃣ ① 갤러리에서 선택할 수도 았고 ② 주어진 캘리그라피에서 주제별로 선택해서 ③ 화면을 위아래로 드래그하여 검색할 수 있습니다. 3️⃣ 원하는 캘리그라피를 터치합니다.

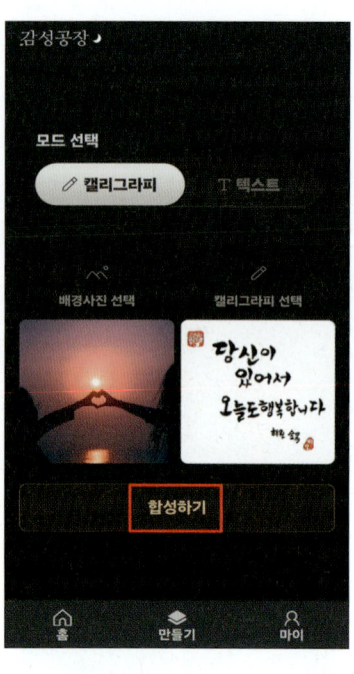  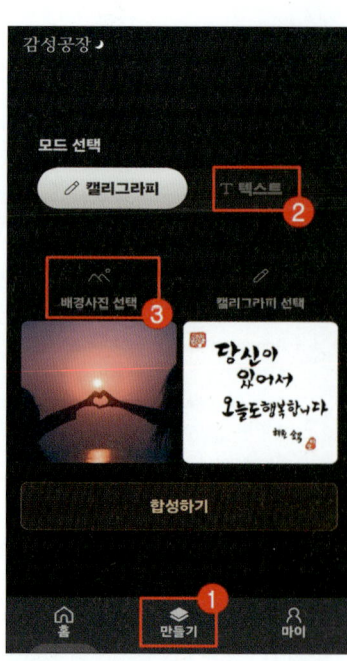

1 [합성하기]를 터치합니다. **2** ① [지우개]를 터치해서 문구의 내용을 지울수 있으며 ② 문구의 색상을 하양이나 컬러로 바꿀수 있습니다. ③ 손으로 문구를 확대,축소 하거나 위치를 조정합니다. ④ 상단의 체크 표시를 터치해서 갤러리에 저장합니다. **3** 이제 텍스트 모드로 만들어보겠습니다. ① [만들기]를 터치하고 ② 모드에서 [텍스트]를 선택하고 ③ [배경사진 선택]을 터치합니다.

1 갤러리에서 선택할수도 있고, 주어진 테마를 선택해서 원하는 사진을 검색해서 터치합니다.
2 [텍스트 입력하기]를 터치합니다. **3** [터치하여 문구를 입력하세요]를 터치합니다.

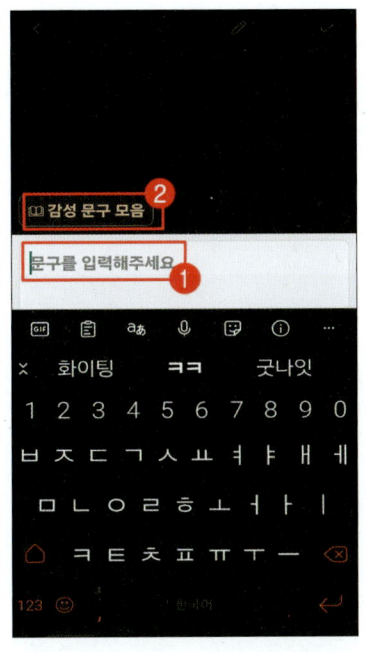 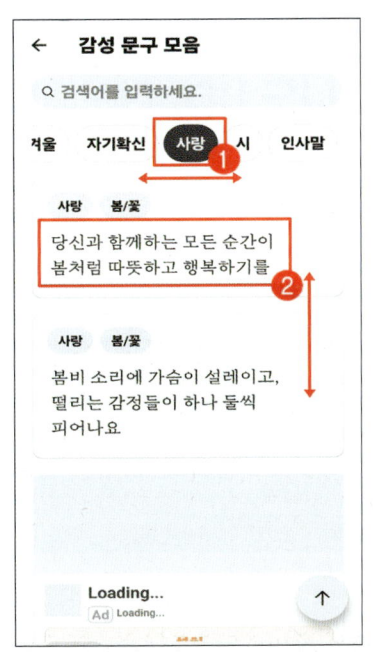 

1️⃣ ① 문구를 직접 입력하거나 ② 주어진 [감성문구 모음]에서 선택할수도 있습니다. 터치를 합니다.
2️⃣ 주어진 테마에서 주제를 선택하고 화면을 위아래로 드래그해서 원하는 문구를 찾아서 터치합니다.
3️⃣ ① 글꼴, 색상을 변경할 수 있고, 문구의 정렬과 간격, 글자의 크기를 조절합니다. ② 손으로 드래그하여 문구의 위치를 조절합니다. 갤러리에 저장하기 위해 ③ 상단의 체크표시를 터치합니다.

MEMO

13강 스마트폰 하나면 나도 UCC 전문가다

1. 무료 음악 다운받기 - 음악다운

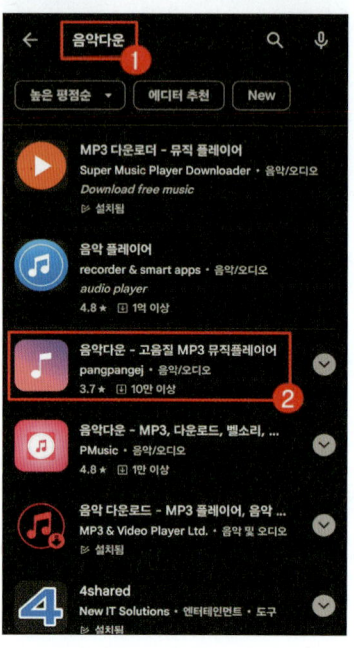  

1 ① 구글 [Play스토어]에서 [음악다운]을 검색하고 ② [음악다운] 아이콘을 터치해서 다운로드 받습니다.
2 ③ 앱 알림 허용이 나오면 [알림 허용]을 활성화합니다.
3 ④ [다른 앱 위에 표시] 허용 표시가 나오면 활성화하면 됩니다.
4 ⑤ [음악다운] 앱을 여시면 원하는 음악을 검색해서 다운로드 받을 수 있습니다.

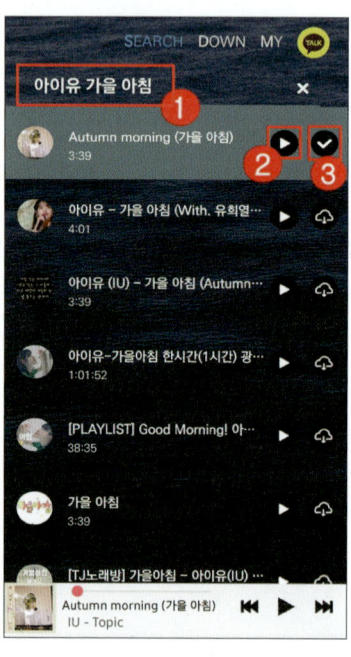  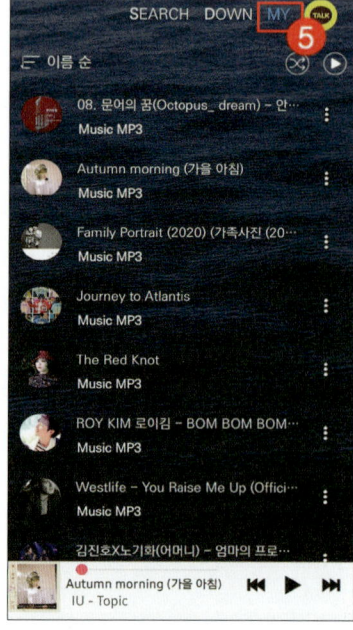

1 ① 가수나 노래로 [검색]합니다. ② 음악을 들어 볼 수 있고 ③ [다운]을 받을 수 있습니다.
2 ④ [다운] 받은 곡이 나옵니다.
3 ⑤ [MY]에서는 지금까지 다운받은 모든 파일을 볼 수 있습니다.

2. 다운받은 음악 관리하기 - 파일 관리자

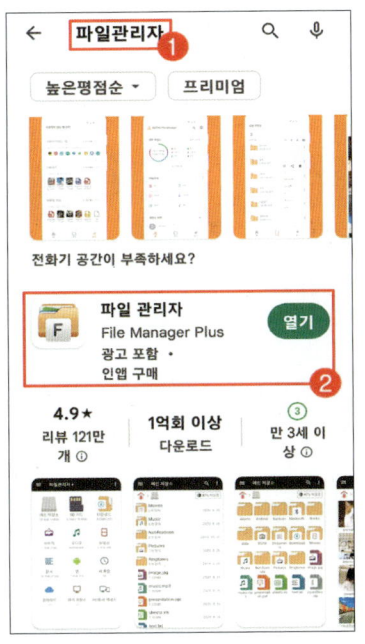  

1️⃣ [파일 관리자(F)]는 휴대폰에 있는 모든 파일을 한눈에 확인할 수 있어 편리합니다. [Play 스토어] 에서 ① [파일 관리자]를 검색, 설치한 후 ② [열기]합니 다. 2️⃣ [파일 관리자]가 열리면 [오디오]를 터치, [다운로드] 폴더를 터치합니다. 3️⃣ 다운로드한 [음악파일]을 한눈에 확인할 수 있습니다.

3. 스마트폰 갤러리에서 영상 만들기

1️⃣ 스마트폰 홈 화면에서 [갤러리]를 터치합니다. ① [갤러리]에서 동영상 만들기에 필요한 [사진]을 선택한 후 ② 하단에 [만들기]를 터치합니다.

2️⃣ [영화]를 터치합니다.

1 다음은 동영상 만들기 화면 설명입니다. ① 미리보기 [재생 버튼]입니다. ② 사진을 [추가]할 수 있고 ③ 사진을 길게 눌러서 좌, 우 원하는 대로 [순서 변경]할 수 있습니다. ④ [재생 시간, 텍스트 추가, 음악, 화면비율]을 설정할 수 있습니다. ⑤ [공유] 또는 ⑥ [저장]할 수 있습니다.

2 ① 이미지 중간에 [-]를 클릭하면 ② [장면전환]을 다양하게 줄 수 있습니다. 3 동영상을 완료하려면 우측 상단에 ① [저장]을 터치합니다. ② [갤러리]에 저장되는 걸 확인할 수 있습니다.

4. 갤러리에서 GIF 만들기

스마트폰 홈 화면에서 [갤러리]를 터치합니다. 1 ① [갤러리]에서 동영상 만들기에 필요한 [사진]을 선택한 후 ② 하단에 [만들기]를 터치합니다. 2 [GIF]를 터치합니다.

3 ① [하단 메뉴]에서 속도를 설정할 수 있습니다. ② [저장]을 터치합니다.

5. 갤러리에서 콜라주 만들기

1️⃣ 스마트폰 홈 화면에서 [갤러리]를 터치합니다. 2️⃣ ① [갤러리]에서 콜라주 만들기로 사용할 [사진]을 최대 6장 이내로 선택한 후 ② 하단에 [만들기]를 터치합니다. 3️⃣ [콜라주]를 터치합니다.

1️⃣ 다음은 콜라주 화면 설명입니다. ① [콜라주 레이아웃, 화면비율, 라운드 크기와 테두리 두께, 테두리 색상]을 설정할 수 있습니다. ② [레이아웃]을 선택할 수 있습니다. ③ [공유], ④ [저장]할 수 있습니다.
2️⃣ ① [라운드 크기]와 [테두리 색상]을 적용하고 ② 완성된 화면입니다. ③ [저장]을 터치합니다.

14강 스마트폰 하나면 나도 스마트워커다!

1. 스마트폰과 PC에서 자료 주고받기 - 샌드애니웨어

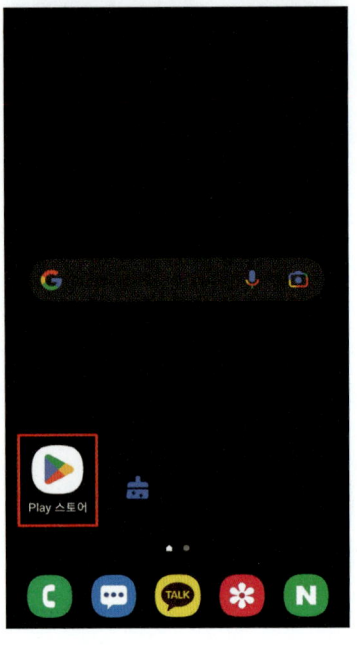

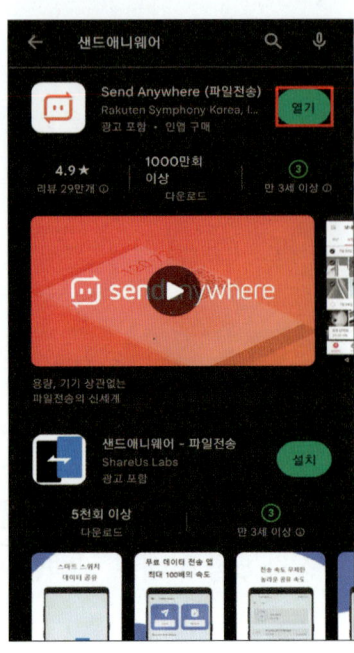

1 [Play 스토어]를 터치합니다. 2 ① 검색창에 [샌드애니웨어]를 입력합니다. ② [샌드애니웨어]를 터치하여 설치합니다. 3 [샌드애니웨어]를 실행하기 위해 [열기]를 터치합니다.

1 ① [이용 약관]에 동의합니다. ② [확인]을 터치합니다. 2 [샌드애니웨어]는 파일을 전송하고 저장하기 위해 권한 허용을 요청합니다. [다음]을 터치합니다. 3 [샌드애니웨어]에서 기기의 사진 및 미디어에 액세스하도록 [허용]을 터치합니다.

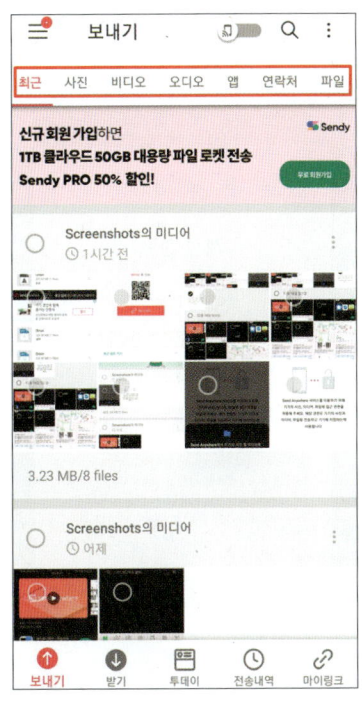  

1 [샌드애니웨어] 다양한 파일 형식을 선택하여 전송할 수 있습니다.

2 ① 예로 [사진]을 선택합니다. ② 전송할 사진을 선택한 후 ③ [보내기]를 터치합니다.

3 ① 보내는 기기에서 [숫자 6자리]가 생성되며 받는 기기에서 [받기]를 터치하고 입력창에 [숫자 6자리]를 입력하면 사진이 전송이 됩니다. ② [QR코드]를 스캔하여 파일을 다수의 인원이 동시에 전송받을 수 있습니다. ③ [링크 공유]는 파일 링크 주소를 받은 사람들이 파일을 다운받을 수 있습니다.

 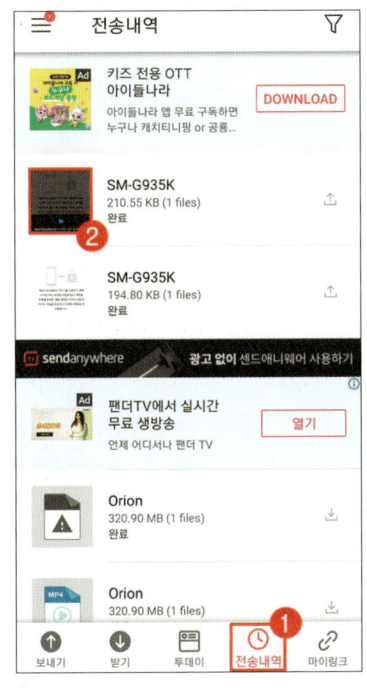 

1 보낼 파일을 전송하기 위해 [확인]을 터치합니다.

2 ① [전송내역] 탭에서 ② 파일 전송 결과를 확인할 수 있습니다.

3 링크 공유를 통한 파일전송은 로그인이 필요합니다. [확인]을 터치합니다.

 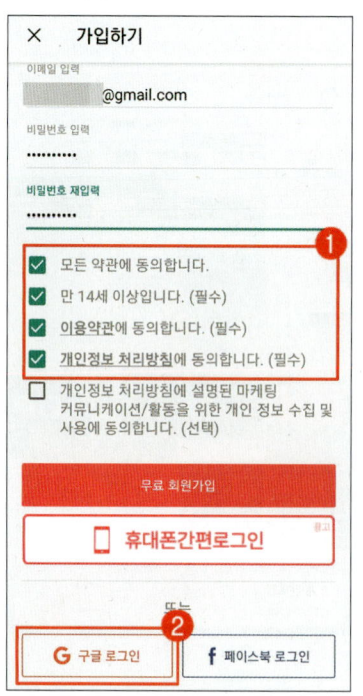 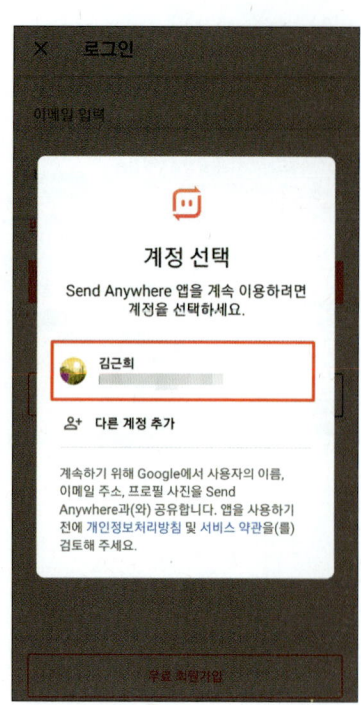

1 ① [샌드애니웨어]는 [구글 로그인]과 [페이스북 로그인]을 지원하므로 선택하여 사용할 수 있으며, ② 구글 아이디나 페이스북 아이디가 없어도 [무료 회원가입]이 가능합니다.

2 ① 로그인하기 위해서 [약관]에 동의한 후 ② [구글 로그인]을 터치합니다.

3 나타난 계정을 터치합니다.

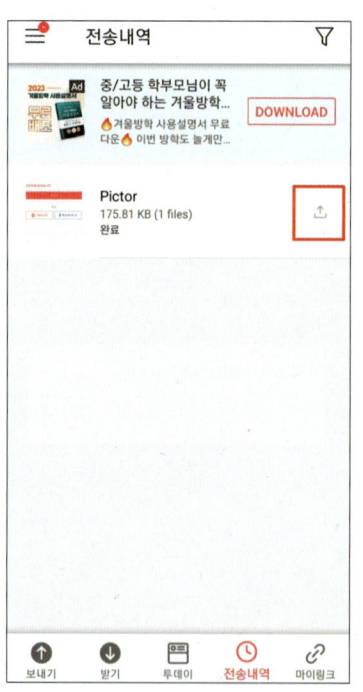 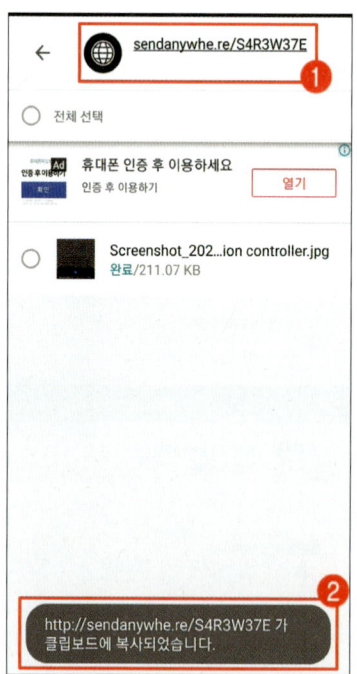

1 링크 주소 생성을 위해 터치를 합니다. 2 ① 링크 주소가 생성되었습니다. 주소를 길게 터치해서 복사를 합니다. ② 클립보드에 링크 주소가 복사되었다는 메시지가 보이며, 바로 메신저 채팅방 등에 주소를 [붙여넣기]하여 전송할 수 있으며, 주소를 받은 사람은 주소를 터치하여 전송을 받을 수 있습니다.

■ PC에서 샌드애니웨어 사용하기

▶ 스마트폰에 있는 파일을 전송받기 위해 PC에서 [네이버 검색창]에 ① [샌드애니웨어]를 입력하여 검색합니다. ② [Send Anywhere]를 클릭합니다.

 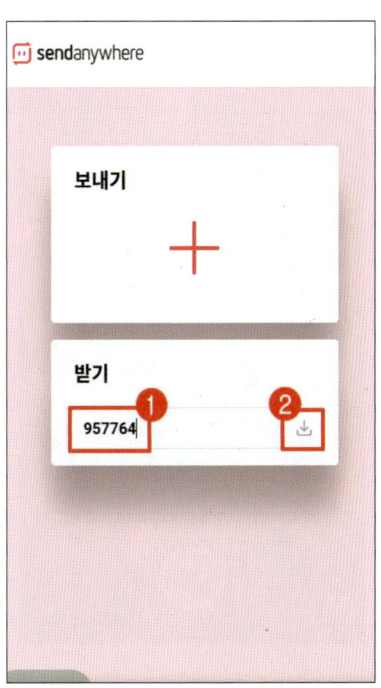 

1 [샌드애니웨어]가 실행되며, [받기]의 입력창을 클릭합니다.

2 스마트폰에서 [샌드애니웨어]를 실행한 후 전송할 파일을 선택하여 [보내기]를 터치해 생성된 ① [숫자 6자리]를 입력하고 ② 클릭합니다.

3 화면 아래에 있는 [전송받은 파일]을 클릭하면 내용을 확인할 수 있습니다.

2. 1시간 동안 타이핑할 자료 5초 만에 텍스트 추출하기 - 텍스트 스캐너

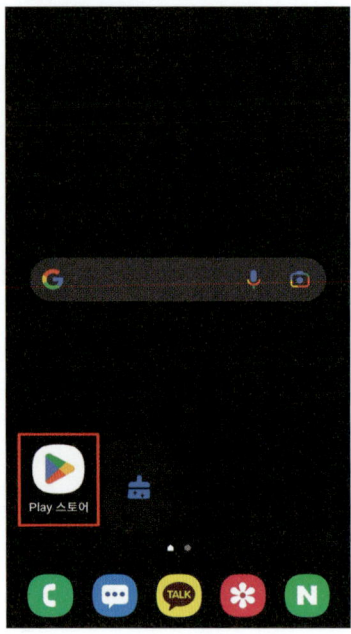  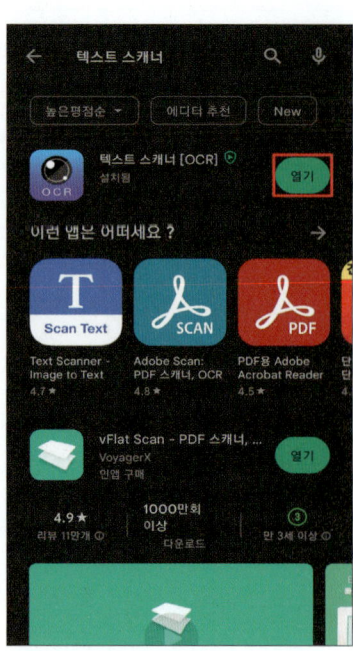

1️⃣ [Play 스토어]를 터치합니다. 2️⃣ ① 검색창에 [텍스트 스캐너]를 입력합니다. [텍스트 스캐너]를 터치하여 ② [설치]합니다. 3️⃣ [텍스트 스캐너]를 실행하기 위해 [열기]를 터치합니다.

 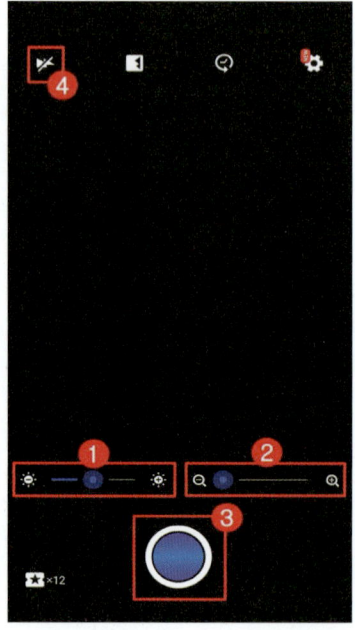 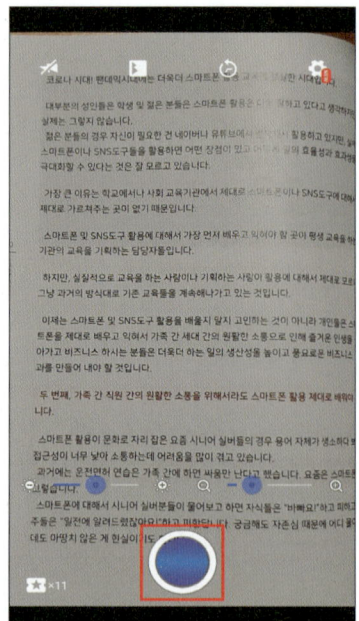

1️⃣ [텍스트 스캐너]에서 허용 선택 창이 열리면 [앱 사용 중에만 허용]을 터치합니다.
2️⃣ ① [밝기]를 조절하는 기능입니다. ② [확대 및 축소] 기능입니다. ③ 스캔하기 위한 [버튼]입니다. ④ [조명] 기능입니다. 3️⃣ 텍스트의 내용을 스캔하기 위해 [버튼]을 터치합니다.

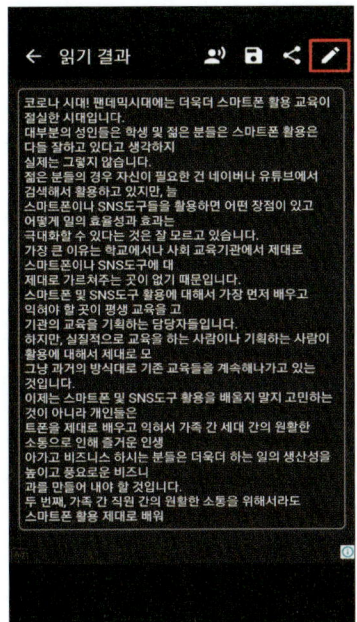 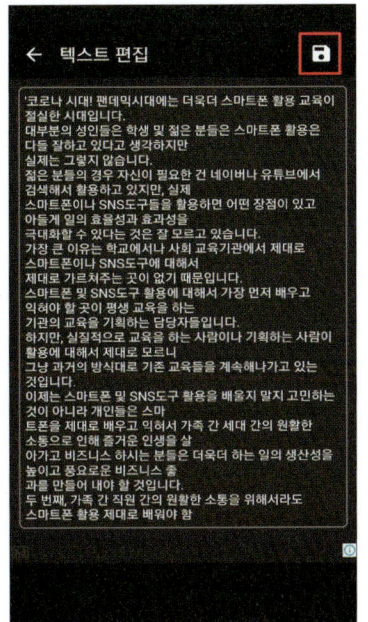 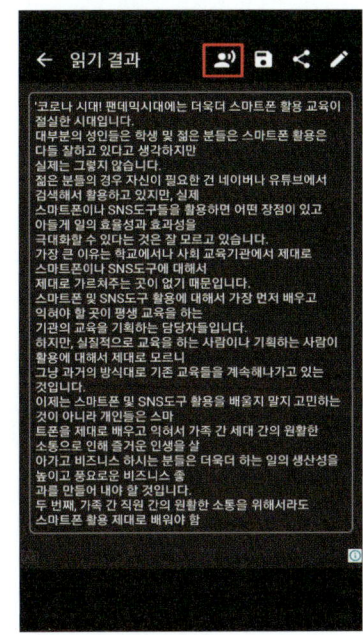

1 [텍스트]로 변환된 [읽기 결과]를 보여주며 편집을 하기 위해 [연필] 아이콘을 터치합니다.
2 내용을 삭제하거나 추가할 수 있으며 수정 후에 [저장] 아이콘을 터치해서 저장합니다.
3 [읽기 결과]를 음성으로 듣기 위해 [음성]아이콘을 터치합니다.

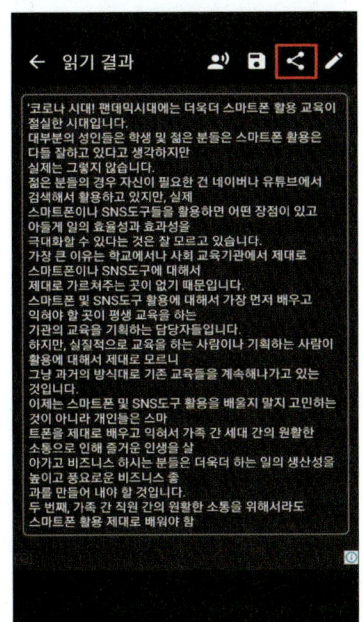  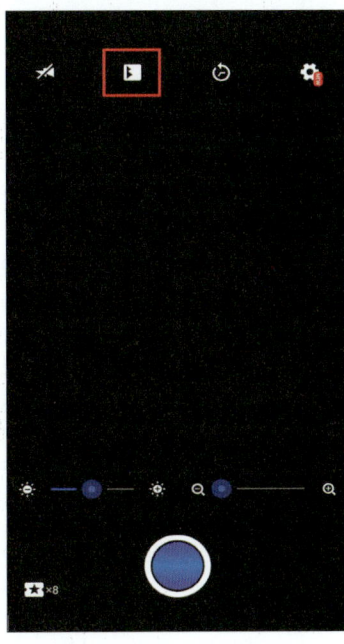

1 텍스트로 편집된 [읽기 결과]를 공유하기 위해 [공유]를 터치합니다.
2 공유에 사용할 앱을 선택하여 공유할 수 있습니다.
3 갤러리에 있는 사진을 [텍스트 스캐너]로 가져오려면 텍스트 스캐너 첫 페이지 상단 두 번째 [이미지] 아이콘을 터치합니다.

  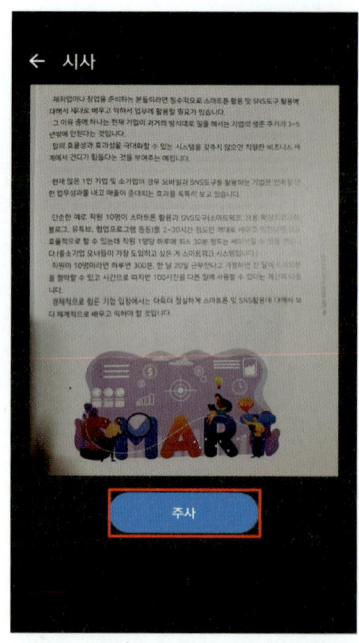

1️⃣ [텍스트 스캐너]에서 기기의 사진, 미디어, 파일에 액세스하도록 [허용]을 선택합니다.
2️⃣ 갤러리에서 원하는 텍스트 이미지 [사진]을 선택합니다. 3️⃣ [주사]를 텍스트로 변환되어 [읽기 결과]를 보여주며, 이후 수정하고 삭제하는 [편집]과 [공유]는 앞의 텍스트를 스캔해서 하는 방법과 동일합니다.

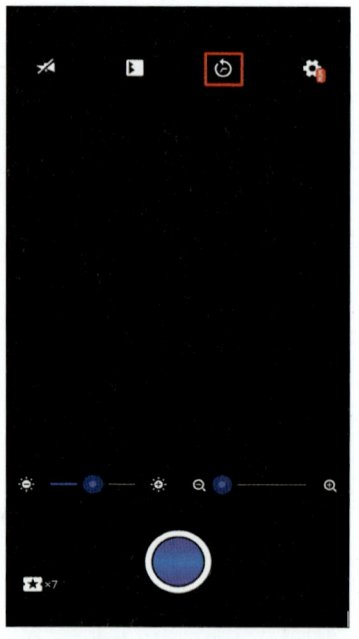 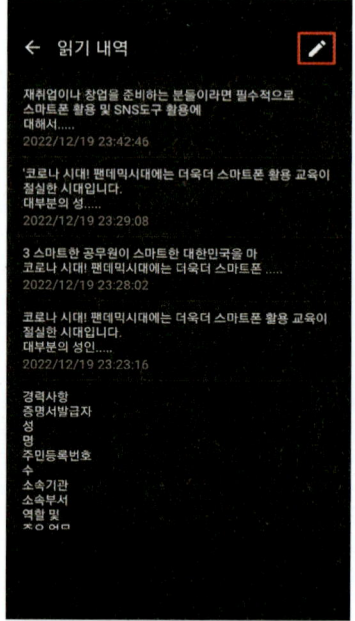 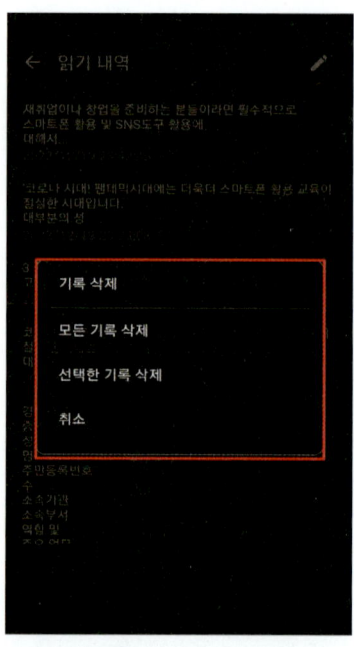

1️⃣ 저장되어 있는 텍스트 스캐너 첫 페이지 상단 세 번째 [읽기 내역] 아이콘을 터치합니다.
2️⃣ [읽기 내역] 중에서 편집하거나 공유가 필요한 내역을 바로 터치해서 수행할 수 있으며 삭제할 내역이 있는 경우 상단의 [연필] 아이콘을 터치합니다.
3️⃣ [모든 기록 삭제], [선택한 기록 삭제], [취소] 중에서 원하는 것을 선택합니다.

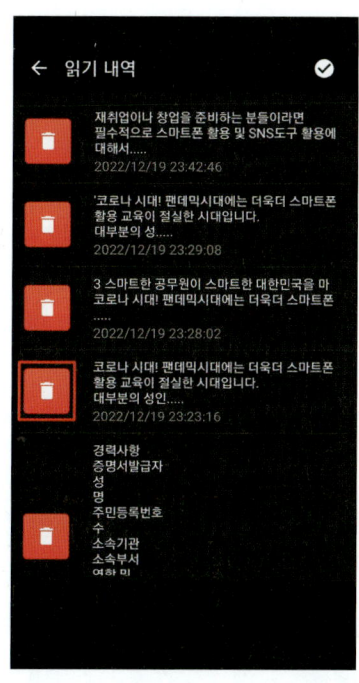

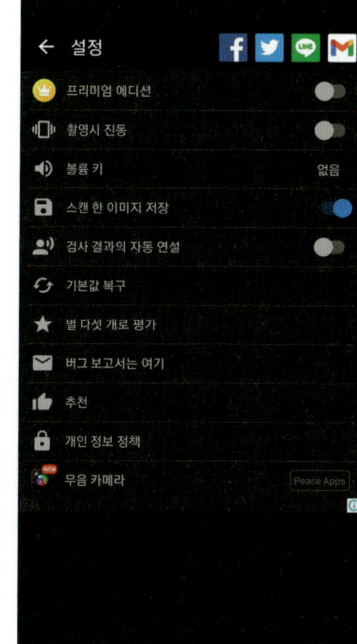

1 [선택한 기록 삭제]를 선택할 경우 지우려고 하는 [읽기 내역] 앞의 [삭제] 버튼을 터치합니다.

2 [설정]을 터치하면 추가 정보를 설정할 수 있습니다.

3 필요한 옵션들을 활성화할 수 있습니다. 유료 버전으로 업그레이드, 볼륨키의 설정 등을 할 수 있습니다.

MEMO

3. 스마트폰 미러링해서 컴퓨터에서 확대해서 사용하기 - 삼성 플로우

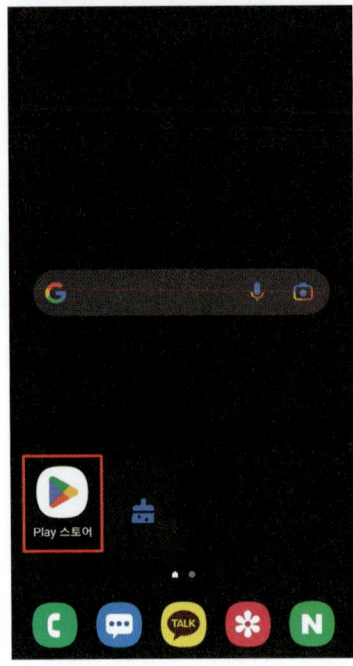  

1️⃣ [Play 스토어]를 터치합니다. 2️⃣ ① 검색창에 [삼성 플로우]를 입력합니다. [삼성 플로우]를 터치하여 ② [설치]합니다. 3️⃣ [삼성 플로우]를 실행하기 위해 [열기]를 터치합니다.

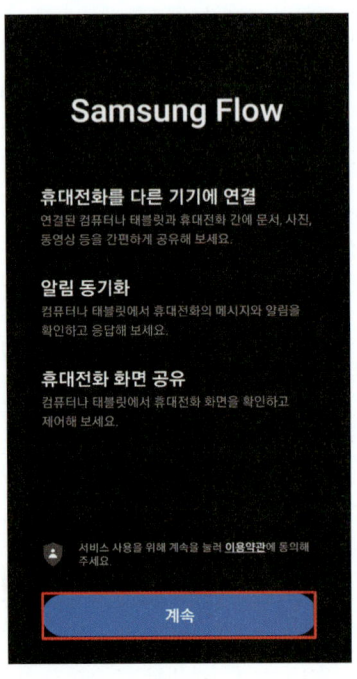 

1️⃣ 휴대전화를 다른 기기에 연결, 알림 동기화, 휴대전화 화면 공유를 하기 위해 [계속]을 터치합니다.
2️⃣ 스마트폰에서 [삼성 플로우] 준비가 완료되었습니다.

■ PC 설정하기

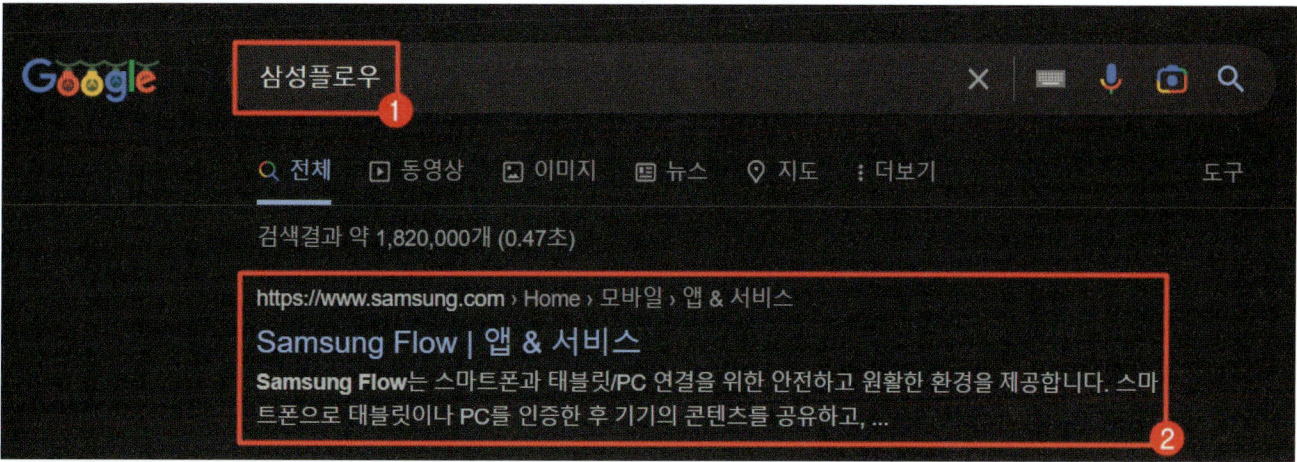

▶ 구글에서 [삼성 플로우]를 검색합니다.

▶ [삼성 플로우] 홈페이지에 접속해 하단으로 내립니다.

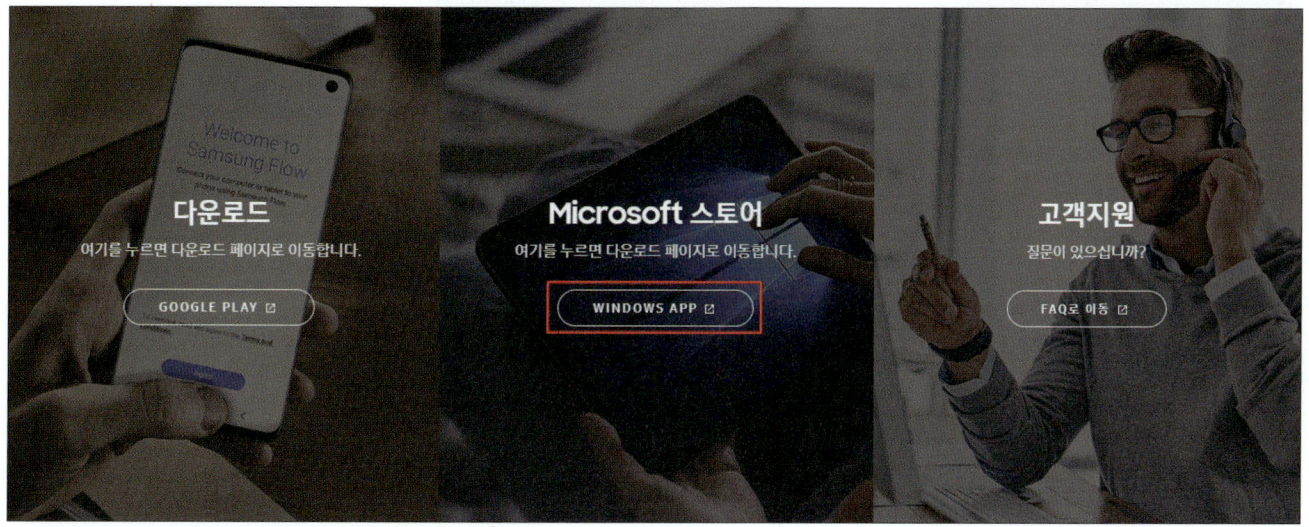

▶ [WINDOWS APP]을 클릭합니다.

▶ ① [스토어 앱에서 다운로드]를 클릭한 후 ② [Microsoft Store 열기] 버튼을 클릭합니다.

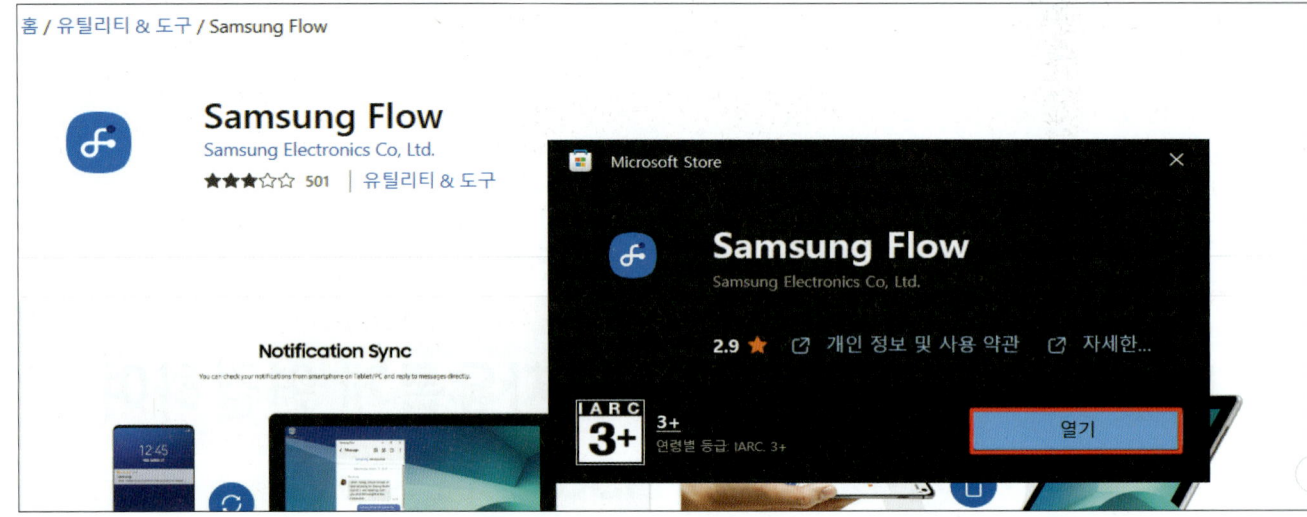

▶ [Microsoft Store]에서 [Samsung Flow]를 다운로드한 후 [열기]를 클릭합니다.

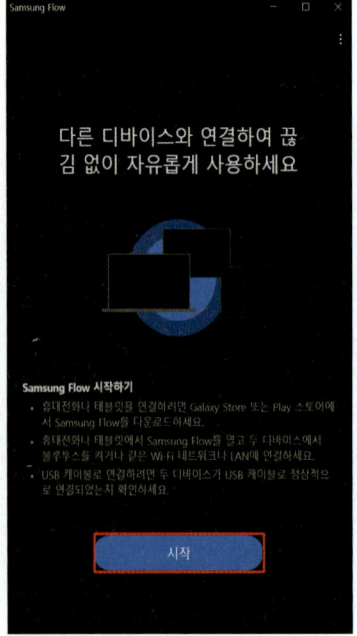

1 [삼성 플로우]를 사용하기 위해 [본인 인증]을 클릭합니다.

2 다른 디바이스와 연결하여 [삼성플로우]를 사용하기 위해 [시작]을 클릭합니다.

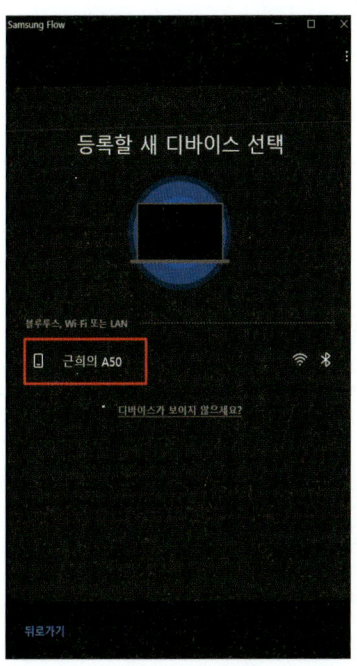

1️⃣ 등록할 새 디바이스 선택을 하기 위해 [블루투스, WiFi 또는 LAN]에 나타난 등록할 새 디바이스를 선택합니다. 2️⃣ 디바이스 등록을 하려면 인증번호가 필요하고 ① 이 [인증번호]가 스마트폰의 인증번호와 같아야 합니다. ② 같으면 [확인]을 클릭합니다.

■ 스마트폰 설정하기

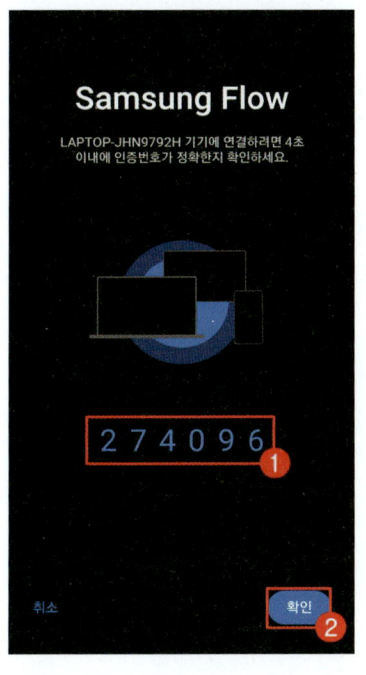
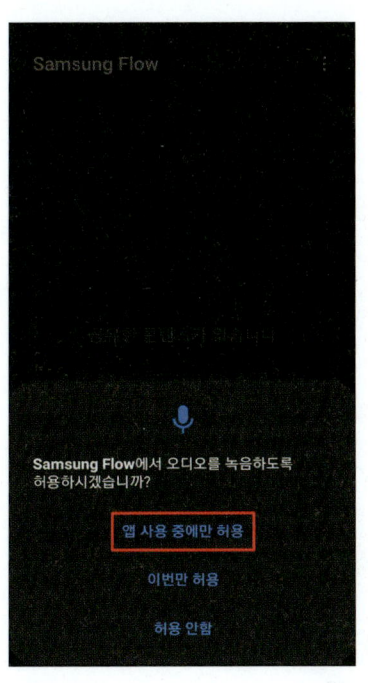

1️⃣ ① 스마트폰에서 [인증번호]가 [PC]와 같은지 확인하고 ② [확인]을 터치합니다.
2️⃣ [삼성 플로우]를 사용하려면 허용을 해야 사용할 수 있습니다. 나오는 안내대로 [앱 사용 중에만 허용], [허용]을 터치합니다. 3️⃣ 알림 [권한]도 필요하니 [설정으로 이동]을 터치합니다.

 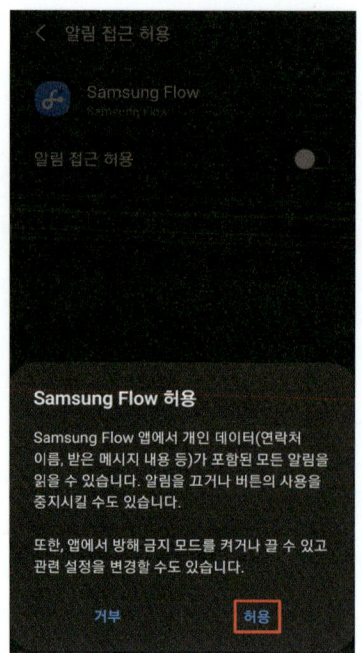 

1 알림 접근 허용에서 [삼성 플로우]를 찾아서 터치합니다.
2 Samsung Flow 허용을 사용하기 위해서 [허용]을 터치합니다.
3 [알림 접근 허용]이 활성화되었습니다.

 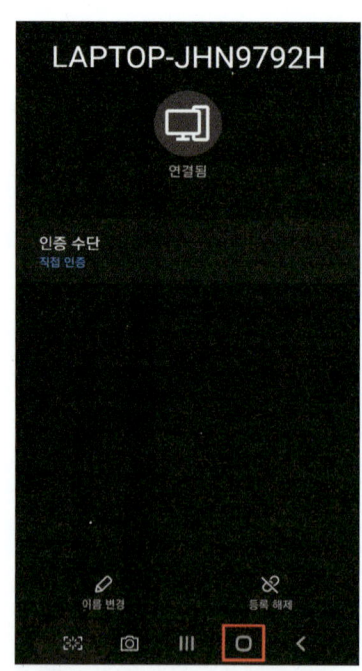 

1 스마트폰에서 [미러링]을 시작하려면 [지금 시작]을 터치합니다.
2 스마트폰 화면이 검은 화면이 되면서 미러링 안내 문구가 나오는데 손가락으로 드래그하면 삼성 플로우 화면이 나옵니다. [홈키]를 터치합니다.
3 PC와 스마트폰의 화면이 연결되어 [미러링]된 화면이 보입니다. 스마트폰의 작은 화면을 PC에서 크게 확대해서 볼 수 있으며, PC와 스마트폰 간의 자료이동도 가능합니다.

15강 한 달에 몇만 원씩 절약할 수 있는 스마트한 통신 생활

1. 스마트폰 요금제 선택하는 법

스마트폰을 교체할 때 가장 고민이 되는 부분이 요금제 선택입니다. 여러 통신사의 다양한 서비스, 고객들의 연령과 상황에 맞게 설계된 여러 요금제 중에 나에게 맞는 요금제를 찾는 건 생각보다 쉽지 않습니다. 대부분 통신 매장에서 권유하는 요금제를 가입하는 경우가 많습니다.
각 통신사들을 다 비교해야 하는데 일일이 조건에 맞춘 요금을 찾기가 쉽지 않습니다.

최근 3사 요금제를 한눈에 비교 할 수 있는 사이트가 있어 소개하고자 합니다.
바로 [LG U+ 홈페이지 lguplus.com]입니다.
기기 선택과 단말기 할인(공시지원금)과 요금 할인(선택약정)을 모두 비교할 수가 있어 아주 편리합니다. 통신 3사 각 홈페이지에서도 요금제 조회가 가능합니다.

LTE 요금제는 단말기 선택 기준이 많지 않기 때문에 5G 요금제로 알아보겠습니다.
우선 내가 선택할 스마트폰의 제조사와 기종을 확인하고 제공되는 네트워크 서비스(5G/4G)를 선택합니다. 평소의 내 데이터 사용량을 알아보는 방법은 고객센터 어플 또는 각 통신사 직영점, 고객센터 등을 통해서 확인할 수 있습니다.
또는 현재의 스마트폰 설정 → 연결 → 데이터 사용 → 모바일 데이터 사용량 → 날짜 선택하여 월별로 사용량을 바로 조회할 수 있습니다.

■ **통신 3사 요금비교** - 단말 할인 (공시지원금)

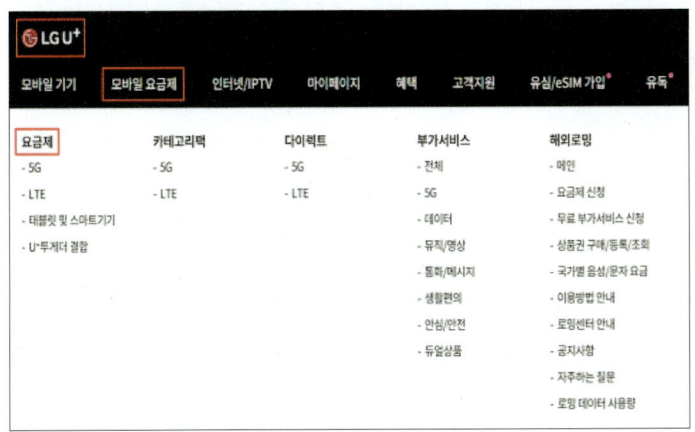
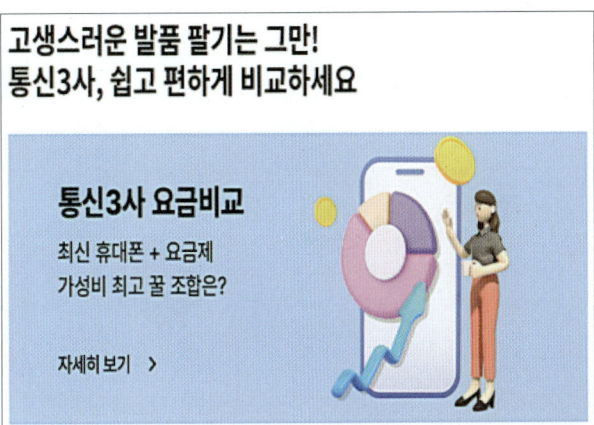

1️⃣ PC에서 [LG U+ 홈페이지 lguplus.com]를 검색하여 홈페이지에서 [모바일 요금제]의 [요금제]를 클릭합니다. 2️⃣ 스크롤 해서 화면 밑으로 내려가면 [통신3사 요금비교]가 있습니다.

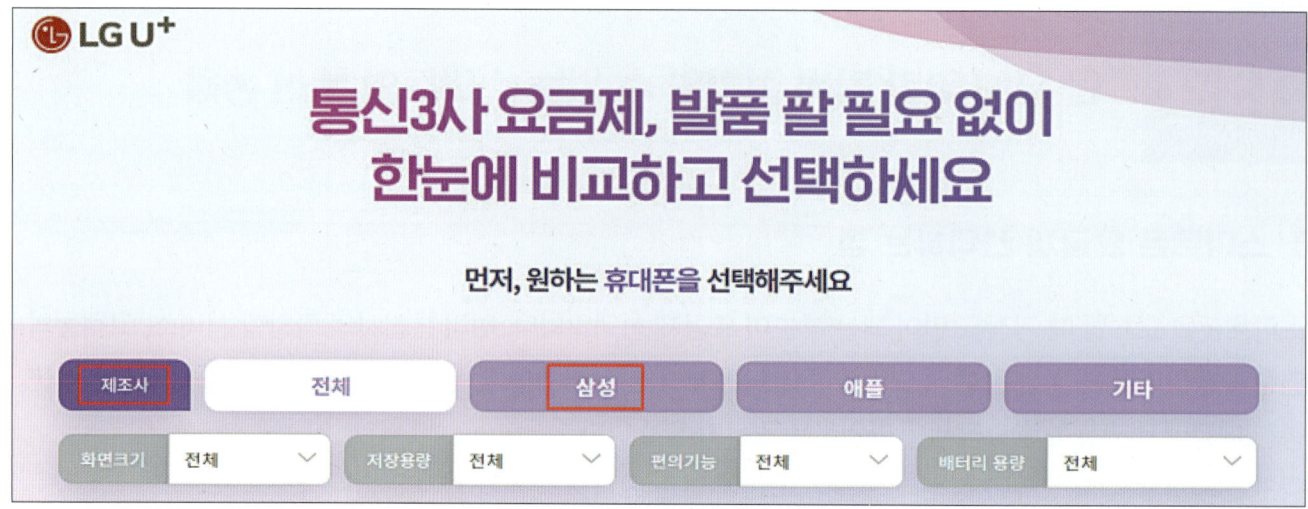

▶ [제조사]를 선택합니다. [삼성]을 선택해 보겠습니다.

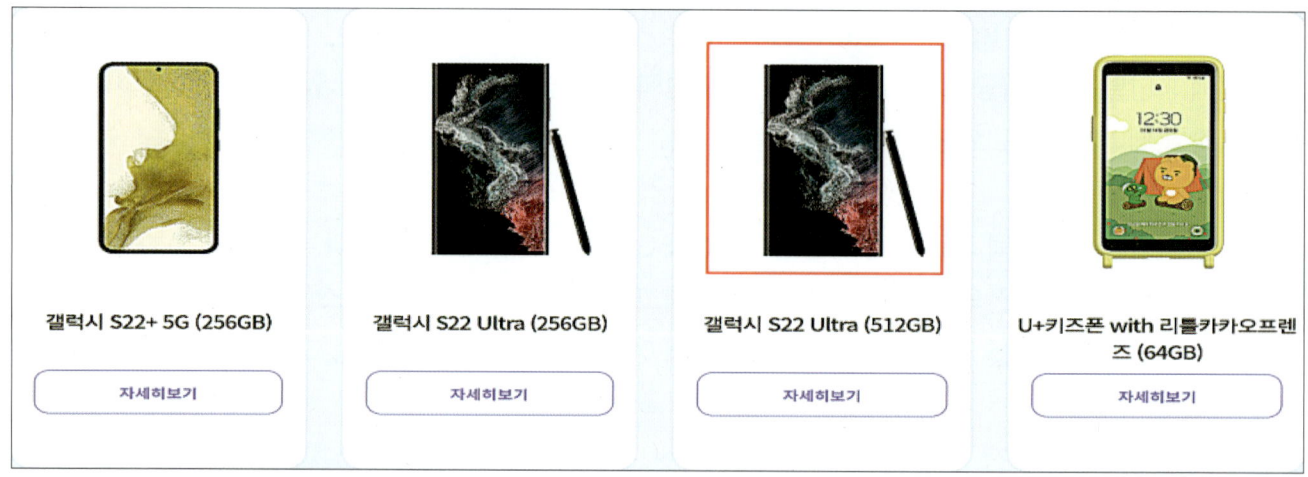

▶ [단말기 기종]을 선택합니다.

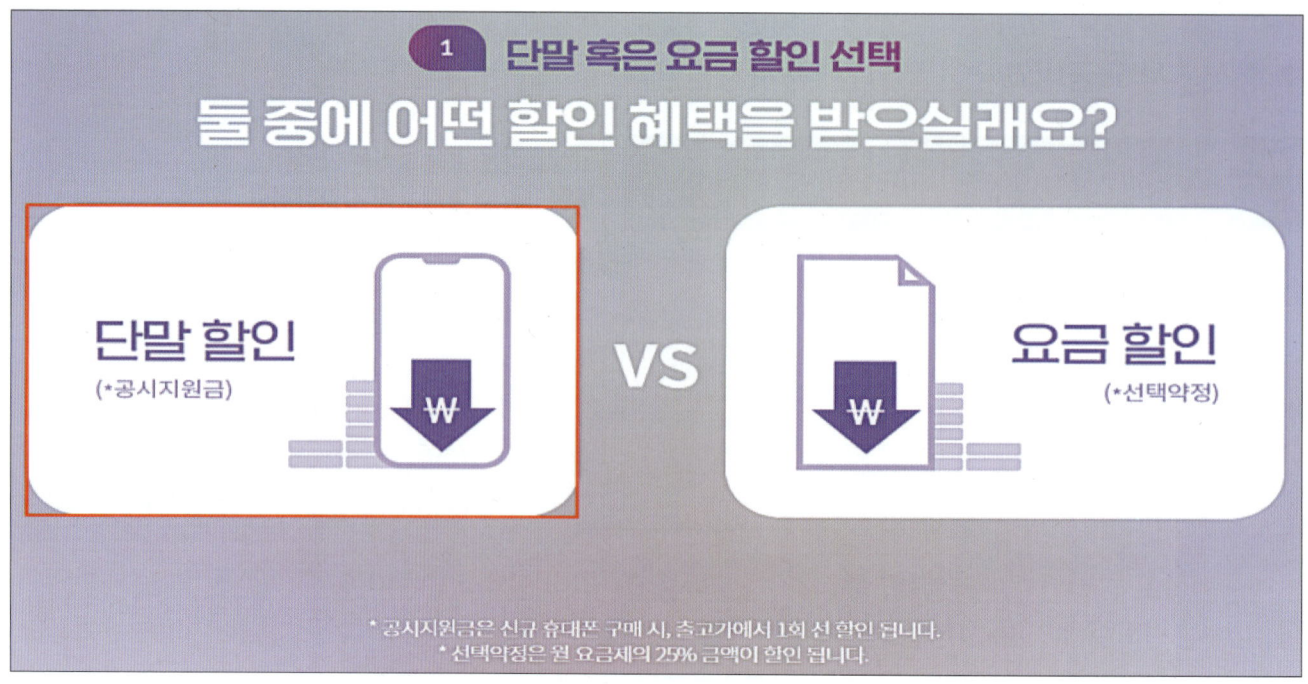

▶ 요금 할인 혜택 중 [공시지원금]이 되는 [단말 할인]을 선택합니다.

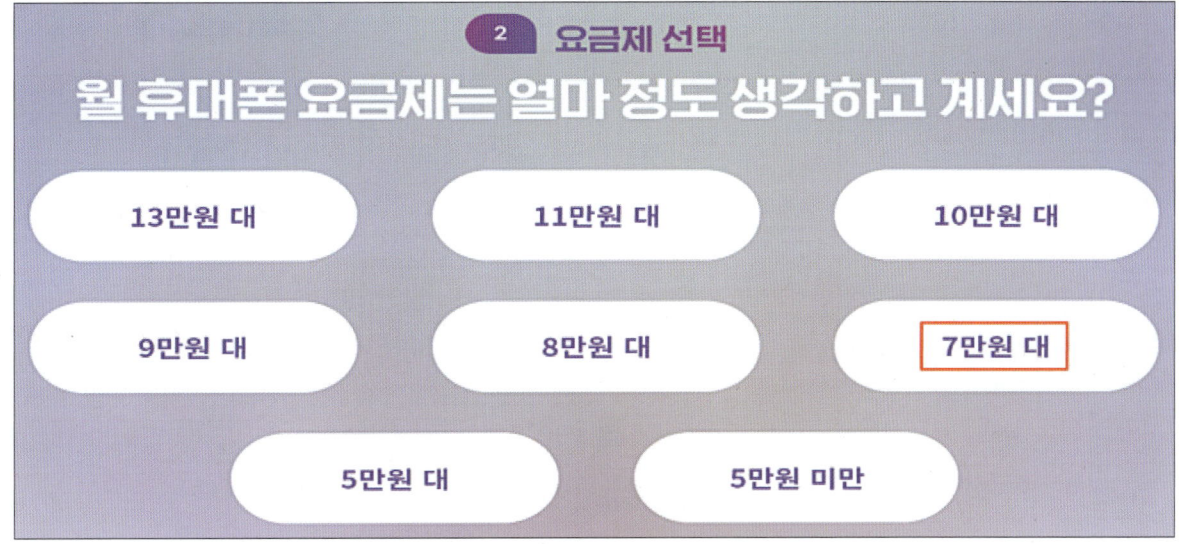

▶ 예상 [요금제 금액]을 선택합니다. 7만 원으로 해보겠습니다.

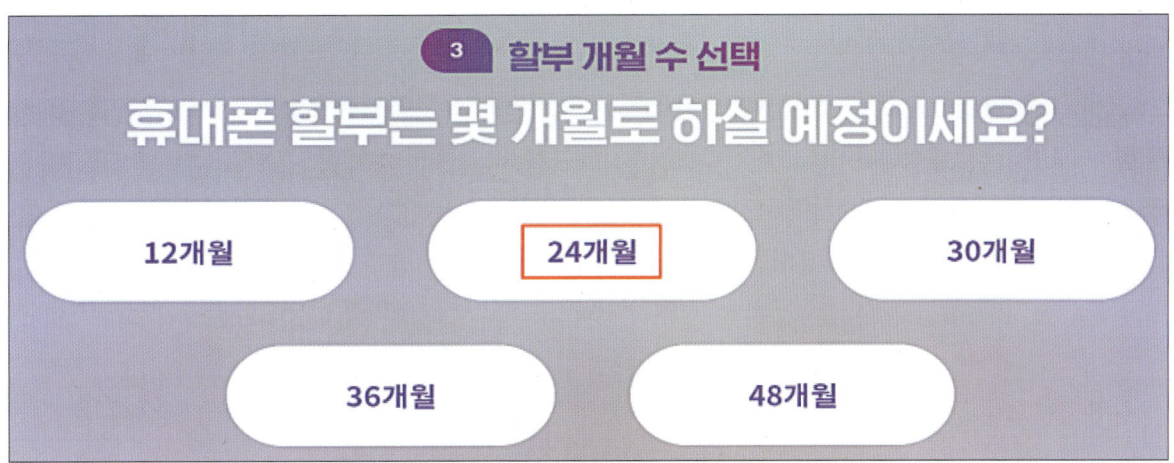

▶ 단말기 대금의 [할부 개월]을 선택합니다. 24개월로 선택해 봅니다.

▶ [월 예상 납부 금액]이 통신 3사별로 총액을 확인할 수 있습니다.
　요금제와 할인이 된 단말 요금이 합쳐진 금액입니다.

고객님이 선택한 조건 | 단말할인(공시지원금) | 요금제 | 7만원 대 | 할부개월 | 24개월

* 단말 할인과 요금 할인은 둘 중 하나만 선택해서 할인 받으실 수 있습니다. 결합 할인 및 카드혜택은 LG U+로 구매하기 버튼을 눌러 확인해주세요.

	LG U+	SKT	KT
월 예상 납부 금액	부가세 포함 122,150원	부가세 포함 126,580원	부가세 포함 120,980원
정상가	1,551,000원	1,551,000원	1,551,000원
단말 할인 *공시지원금	-486,000원	-386,000원	-377,000원
요금 할인 *선택약정할인	-	-	-
월요금	5G 스탠다드 75,000원	5GX 스탠다드 (신규가입불가) 75,000원	5G 심플 69,000원
월 단말기 할부금	47,150원	51,580원	51,980원
할부원금	1,065,000원	1,165,000원	1,174,000원
할부수수료	66,672원	72,944원	73,496원
부가 음성	300분	300분	300분
데이터 제공 상세설명	150GB + 무제한 5Mbps	200GB + 무제한 5Mbps	110GB + 무제한 5Mbps
요금제 기타 정보	U+ 모바일 tv 월정액 무료 제공 나눠쓰기 데이터 10GB 별도 제공	신규가입불가	데이터 투게더 공유 시 10GB데이터+무제한 200Kbps 이용 가능 Y덤 혜택(스마트기기 공유데이터 10GB→20GB 제공 혜택)

▶ 상세 내용을 비교해보면 월 예상 납부 금액, 단말 할인(공시지원금), 월 요금, 월 단말기 할부금, 데이터 제공, 기타 정보 등을 통신 3사별로 비교할 수 있습니다. 현재 각 통신사의 홈페이지에서 확인해보면 월요금제가 맞는 것을 확인할 수 있습니다.

■ 요금 할인(선택 약정)

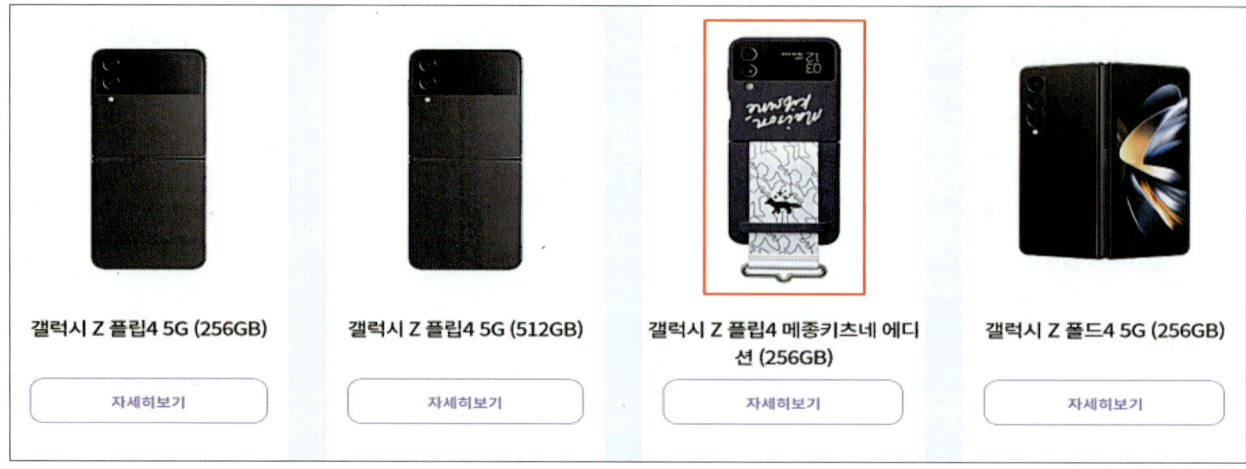

▶ [제조사] 선택 후 원하는 [단말기] 기종을 선택합니다.

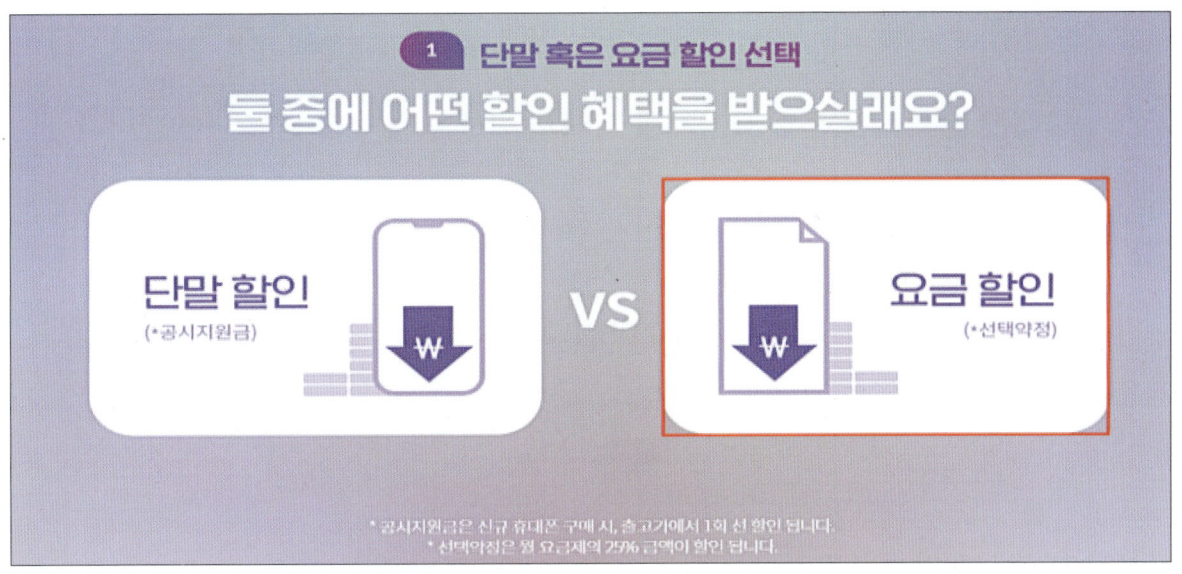

▶ 요금 할인 혜택을 [요금 할인(선택약정)]으로 선택합니다.

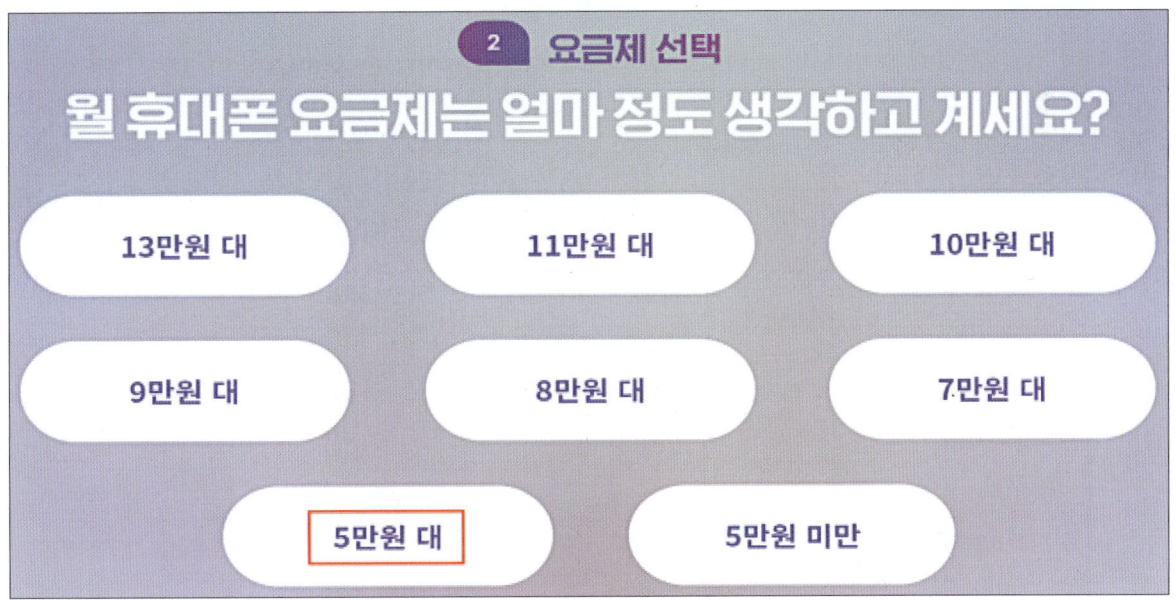

▶ 예상 [요금제 금액]을 선택합니다. 5만 원으로 선택해 봅니다.

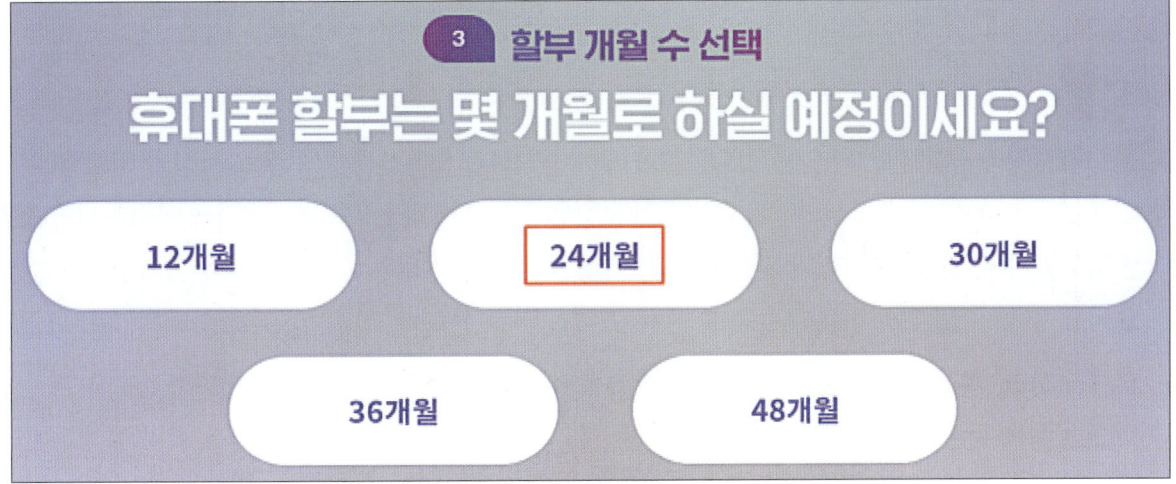

▶ 단말기 대금의 [할부 개월]을 선택합니다. 24개월로 선택해 봅니다.

▶ 통신 3사의 [월 납부 요금]을 비교해 볼 수 있습니다.

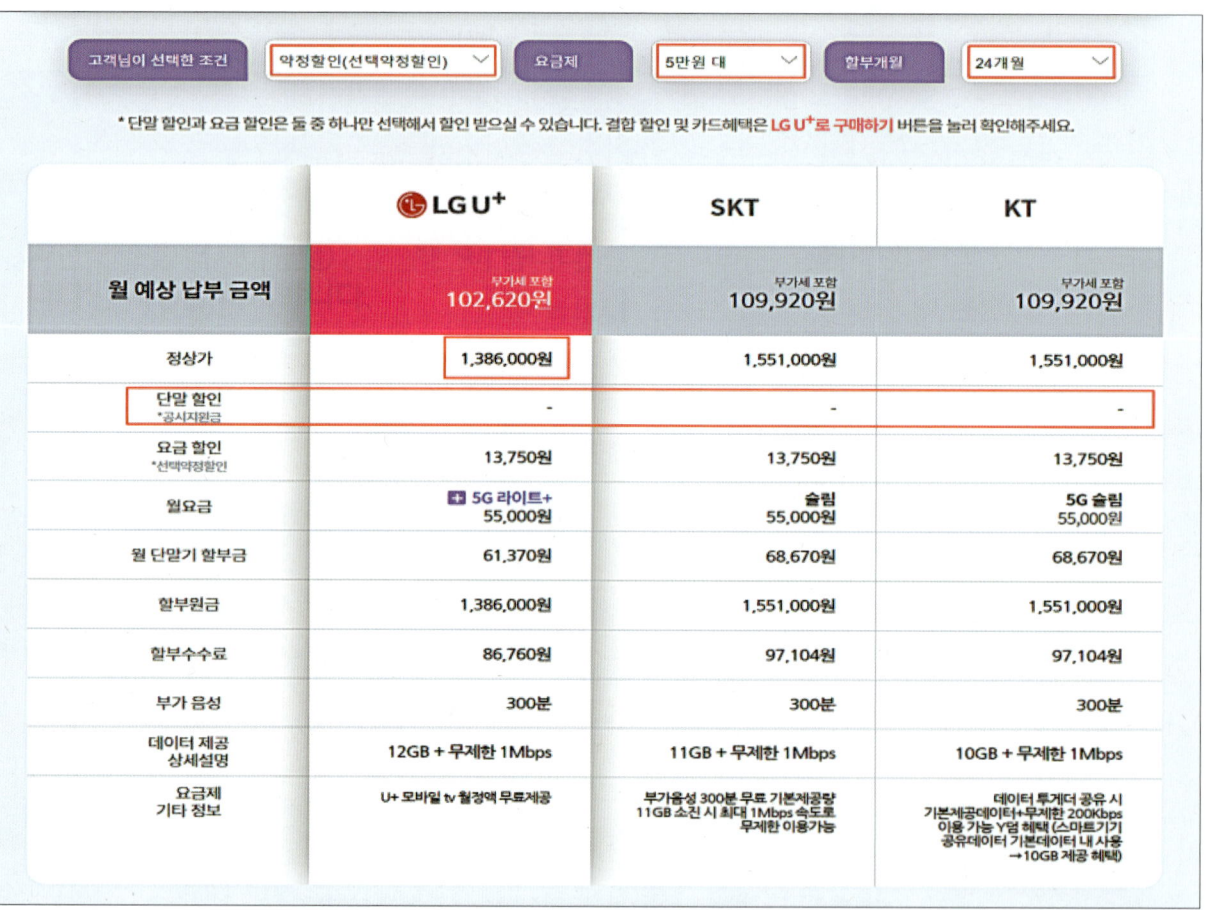

▶ 선택약정이라 단말 할인은 없는 것으로 확인할 수 있습니다. 통신 3사의 주요 사항을 비교할 수 있고 다른 요금제를 다시 조회하려면 상단의 [약정할인], [요금제], [할부개월]을 클릭하시면 조건을 변경시킬 수 있고 바로 조회가 가능합니다.

요금제 변경은 월 1회 가능하며 각 통신사 고객센터 어플에서 쉽게 할 수 있습니다. 5G 요금제는 기본 55,000원 정도 되어야 데이터 제공이 10GB 이상이 됩니다. 유무선 결합이나 가족결합을 통해서도 추가 요금할인이 가능합니다.

LG U+의 [통신 3사 결합할인 비교]가 있으니 조건을 입력해 쉽게 비교할 수 있습니다. 나의 사용 패턴에 맞는 요금제를 선택하는 것이 불필요한 지출을 줄일 수 있는 방법입니다.

2. 알뜰폰을 사용했을 때 장단점

주파수를 보유한 이동통신망 사업자로부터 설비를 임대하여 이동통신 서비스를 제공하는 가상이동통신망 사업자를 흔히 [알뜰폰]이라 부릅니다. 즉 메이저 통신 3사의 통신망을 빌려서 통신사를 만들어 요금제를 판매하는 것으로 이동통신 재판매 서비스입니다.

2021년 5월 기준으로 알뜰폰 사업자는 약 60업체, 가입자 수는 2021년 11월 기준으로 1,000만 명을 넘었고 2022년 8월 약 1,200만 명을 넘기고 있습니다. 현재 통신 3사를 비롯해 은행이 직접 계열사를 차리거나 영세업체를 인수해 운영하고 있으므로 신뢰도가 높아지고 있으며 자급제 단말기 보급이 쉬워지면서 알뜰폰을 이용자가 급격히 늘어나고 있습니다.

MZ세대로 불리는 젊은 층을 기준으로 많이 사용했으나 요즘에는 약정이 끝난 이용자가 통신사를 알뜰폰으로 번호 이동하거나 개통 후 일정 기간이 지난 후 위약금을 내고서라도 알뜰폰 요금제에 가입하는 것이 더 저렴하므로 많이 이용하고 시니어들 요금제로 많이 사용하고 있습니다.

그럼 알뜰폰을 많이 사용하게 된 알뜰폰만의 장단점을 알아보고 선택할 때 참고가 될 수 있게 설명하겠습니다.

알뜰폰의 장점

① 가장 큰 장점은 가격이 저렴하다는 것입니다. 메이저 통신사 대비 2분의 1 또는 그보다 더 저렴하기 때문입니다. 데이터 무제한 요금제(LTE) 기준으로 알뜰폰은 3~4만 원 수준이고 메이저 통신사 요금은 6~8만 원 대입니다. 통화량이 무제한이 아니면 훨씬 많은 차이가 납니다. 사용자의 패턴에 따라 고를 수 있는 선택이 많아진 것입니다.
② 통신 3사의 망을 그대로 사용하기 때문에 안정적인 망 서비스를 제공하므로 통화품질이 그대로라서 만족도가 높습니다.
③ 약정이 없습니다. 자급제폰을 많이 사용하기 때문에 약정을 할 필요가 없고 요금제를 다양하게 선택 가능하며 바로 해지해도 위약금이 없습니다. 그리고 요금제 변경도 자유로우므로 여러 사업자의 알뜰폰 요금제를 바로 이용 가능합니다. 약정이 지난 스마트폰은 알뜰폰 요금제를 사용하면 부담이 없습니다.
④ 사용요금 신용카드 할인 혜택도 됩니다. 카드 사용 실적에 따라 할인 혜택을 제공하는 통신사가 있는데 카드 전월 실적과 저렴한 요금제를 사용한다면 사용요금을 내지 않고 스마트폰을 사용할 수도 있습니다.
⑤ 기존 번호를 그대로 사용할 수 있습니다. 신규 번호이동 또한 가능합니다.
⑥ 경쟁이 치열하므로 알뜰폰 요금제는 프로모션 행사가 많아서 더 저렴하게 이용할 수 있습니다.

알뜰폰의 단점

① 교통카드 사용이 안 되는 경우가 있으니 반드시 확인하고 사용해야 합니다. NFC가 있는 유심은 사용할 수 있는데 꼭 확인을 해야 합니다.
② 고객센터와의 연결이 어렵습니다. 가입도 대면으로 거의 하지 않기 때문에 매장이 없는 경우가 많습니다. 문제가 생기면 해결하기 어려운데 그나마 통신 3사 알뜰폰 브랜드는 서비스가 좋은 편입니다.
③ 멤버십 혜택이 부족합니다. 예전에는 거의 없었으나 최근에는 있는 곳도 있으니 알아보고 가입하는 것도 좋습니다.
④ 스마트기기의 개통이 불가능합니다. 특히 갤럭시워치, 애플워치 개통이 불가하나 태블릿의 경우 데이터 쉐어링이 가능한 통신사(KT M 모바일, 리브엠 등)가 있으니 확인해야 합니다.
⑤ 결합 할인이 부족합니다. KT M 모바일, 헬로 모바일은 인터넷, TV 사업을 같이하므로 유무선 결합 할인 상품이 있으니 요금제를 비교하는 것도 좋습니다.

⑥ 해외 로밍이 불편합니다. 통신 3사의 자회사면 제공하나 선택권이 거의 없고 요금과 비교해 서비스가 부족합니다.

⑦ 긴급상황 시 위치 추적이 어렵습니다. 위치정보를 제공하더라고 통신 3사를 거쳐야 하므로 주말, 연휴에는 정말 긴급할 때는 사용할 수가 없습니다. 얼마 전 한양대 융합전자공학부 통신시스템 연구실 문희찬 교수팀이 이동통신 신호만으로도 긴급구조 요청자의 정확한 위치를 파악할 수 있는 기술(HELPS)을 개발했다고 하는데 알뜰폰에 사용하면 사고 시 대처가 빨라질 수 있을 것입니다.

요금제를 선택할 때 가장 중요한 기준은 데이터 사용량입니다. 스마트폰에서 데이터 사용량을 확인할 수 있는데 애플 아이폰은 '설정 > 셀룰러 > 사용 내용' 메뉴에서 이번 달 사용 내역을 조회할 수 있고 삼성 갤럭시폰은 '설정 > 연결 > 데이터 사용 > 모바일 데이터 사용량'에서 데이터 사용량을 조회할 수 있습니다. 평균적인 데이터 사용량을 확인한 후 요금제를 선택한다면 꼭 맞는 요금제를 찾을 수 있습니다.

현재 통신 3사 망을 사용하는 알뜰폰 업체 종류와 사용하는 패턴에 따른 요금제를 비교한 상품을 안내하고자 합니다. 요금제를 사용자의 패턴에 맞게 선택할 수 있습니다.
(안내하는 요금제는 2022년 11월 기준입니다.)

■ 음성 통화가 많은 사용자 (전화만 무제한)

통신사	요금제	데이터	전화/문자	금액
SK 7모바일	LTE유심2GB/2000분	2GB	2,000(분/건)	10,450원
KT M모바일	통화맘껏1.5GB	1.5GB	무제한(영상 30분)	7,900원
KT M모바일	통화맘껏2.5GB	2.5GB	무제한(영상 30분)	8,900원
알뜰모바일(LGU+)	유심통화마음껏데이터1.5GB	1.5GB	무제한(영상 50분)	7,800원
헬로모바일(LGU+)	The착한데이터유심1.3GB	1.3GB	무제한(영상 50분)	7,900원
스마텔(LGU+)	USIM스마트7GB+	7GB	무제한	4400원(7개월특별)
프리티	데이터안심무제한7G+1M	7GB	무제한	5940원(8개월특별)
A모바일(LGU+)	[22년11월]A스페셜7G+	7GB	무제한	5830원(8개월특별)

7개월 특별의 의미는 7개월 동안 할인 가격으로 이용할 수 있고, 7개월 차부터 메이저 4대 업체보다 비싼 가격으로 청구된다는 뜻입니다.

■ 출퇴근길 동영상 이용이 많은 소비자 (데이터만 무제한)

- 기본 데이터 제공량이 한 달에 15GB이지만, 모두 사용하면 3Mbps 속도로 사용 가능

통신사	통신망	요금제	금액
SK 7모바일	SK	LTE 유심 15GB+/100분	27,500
KT M모바일	KT	데이터 맘껏 15GB+/100분	25,300
알뜰 모바일	LGU+	유심 최강가성비 15GB+/100분	26,500
헬로 모바일	LGU+	보편 안심 유심 15GB 100분	28,820
A 모바일	LGU+	[22년 11월]A스페셜 100분/15GB+	13,200(8개월 특별)
이야기 모바일	LGU+	이야기U 데이터 15GB+	13,200(7개월 특별)
스마텔	KT	USIM 스위트 데이터 15GB+(100분)	13,200(5개월 특별)

■ 통화, 문자, 데이터 모두 무제한 이용을 원하는 소비자 (데이터 & 전화 무제한)

- 기본 데이터 제공량은 11GB이지만 모두 소진하면 매일 2GB를 사용 가능하며 이후 3Mbps 속도로 무제한 사용 가능

통신사	통신망	요금제	금액
SK 7모바일	SK	LTE 유심 (11GB+/통화맘껏)	37,400
KT M모바일	KT	모두다 맘껏 11GB+	35,200
알뜰 모바일	LGU+	유심 데이터·통화 마음껏	33,990
헬로 모바일	LGU+	The 착한 데이터 유심 11GB	33,990
A 모바일	LGU+	[22년 11월] A 스페셜 11GB+	19,800(8개월 특별)
이야기 모바일	LGU+	이야기 데이터 11GB	20,900(7개월 특별)
아이즈 모바일	KT	아이즈 11GB+	23,130(5개월 특별)
FREE T	LGU+	USIM프리티데이터중심 11G+	20,790(8개월 특별)
스마텔	KT	USIM 스위트 데이터 11GB+	19,800(5개월 특별)
리브모바일	LGU+	LTE 든든 무제한 11GB+(신)	24,800

■ 5G 데이터 이용을 무제한으로 원하는 소비자 (5G 무제한 요금제)

- 기본 데이터 소진 후 5Mbps 속도 이상으로 무제한 이용 가능한 요금제

통신사	통신망	요금제	데이터	금액
SK 7모바일	SK	5G 유심 (200GB+/통화맘껏)	200GB + 5Mbps	61,600
SK 7모바일	SK	5G 유심 (110GB+/통화맘껏)	110GB + 5Mbps	53,900
KT M모바일	KT	5G Special M	200GB + 10Mbps	59,400
KT M모바일	KT	5G Simple M	110GB + 5Mbps	47,500
알뜰 모바일	LGU+	유심 5G(180GB+)	180GB + 10Mbps	52,000
알뜰 모바일	LGU+	유심 5G(150GB+)	150GB + 5Mbps	48,800
헬로 모바일	LGU+	5G 스페셜 유심 180GB	180GB + 10Mbps	55,000
헬로 모바일	LGU+	5G 스탠다드 유심 150GB	150GB + 5Mbps	49,000
스마텔	LGU+	5G 스마트 150GB	150GB + 5Mbps	32,500(7특별)
이야기 모바일	LGU+	[5G] 이야기 스탠다드	150GB + 5Mbps	30,800(7특별)
A모바일	LGU+	[22년 10월] A 5G 스페셜	180GB + 10Mbps	45,100(7특별)

알뜰폰 요금제를 선택할 때 기기를 자급제폰으로 많이 사용합니다. 구매 시 단말기 대금을 한 번에 내야 하므로 부담스러울 수 있는데 제휴카드를 이용하면 요금을 많이 낮출 수 있습니다. 자급제폰은 선택약정으로 25% 요금할인을 받을 수 있는데 해지 시 위약금이 발생할 수 있습니다. 자급제폰은 통신사의 5.9%의 할부이자 부담이 없습니다.

16강 즐겁고 행복한 인생을 위한 미디어 앱 활용하기

1. 실시간 TV

 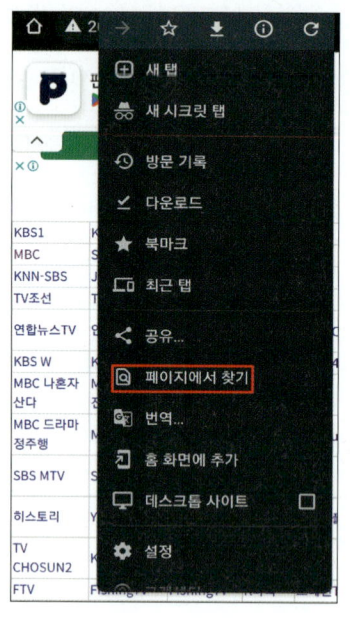 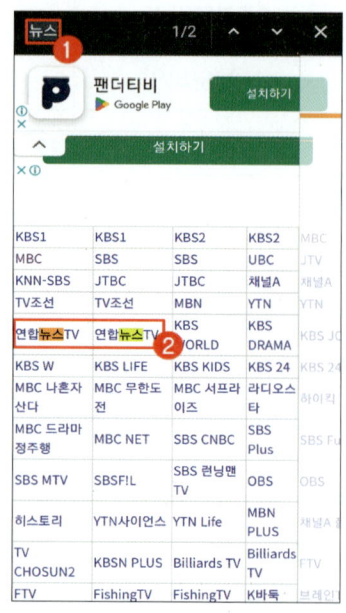

■1 [Play 스토어]에서 ① [실시간TV]를 검색합니다. [실시간 티비-TV 온에어]를 설치하고 ② [열기]를 터치합니다. ■2 상단에 실시간TV를 터치하면 200여 개의 채널이 보입니다. 원하는 채널 검색을 위해, 오른쪽 상단에 점 3개를 터치하고, 메뉴가 생성되면 [페이지에서 찾기]를 터치합니다.
■3 검색창에 ① [검색어] 넣으면 ② [해당 채널]이 검색됩니다. 화면에서 해당 채널을 바로 터치해도 됩니다.

 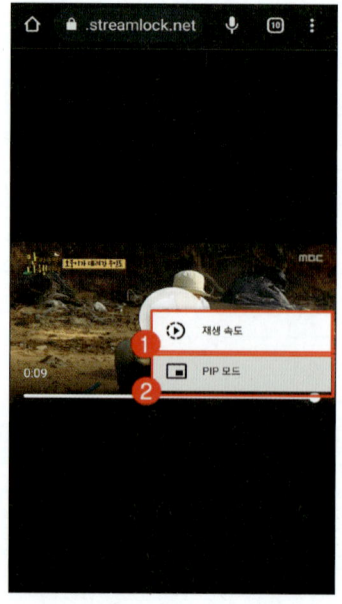 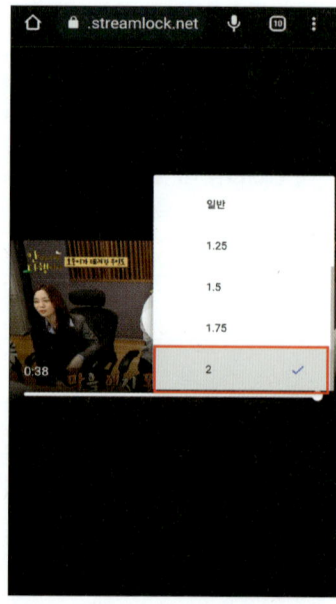

■1 검색된 채널을 시청하면서 오른쪽 하단에 있는 ① [사각 아이콘]을 터치하면 큰 화면으로 전환해서 시청할 수 있습니다. ② [점 3개]를 터치하면 ■2 ① [재생속도] 조절 ② [PIP 모드]를 설정할 수 있습니다. ■3 재생속도 설정은 [2배] 속도까지 설정 가능합니다. 참고로 채널에 따라 메뉴가 다르고 재생속도와 PIP 기능이 없는 채널도 있습니다.

 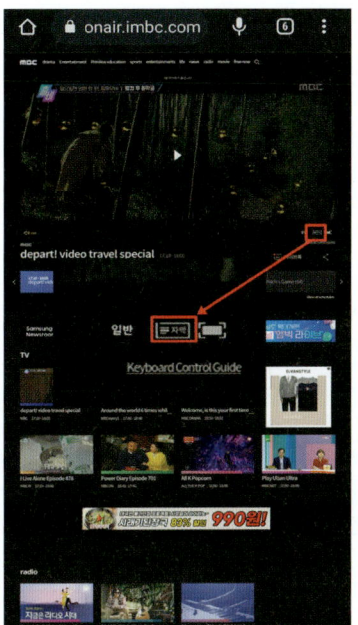 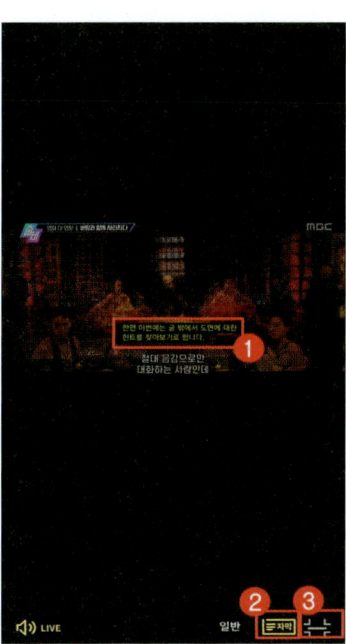

1️⃣ 1 실시간 TV 시청 중 [PIP 모드]로 변환해 시청할 수 있습니다. 2️⃣ 자막 지원을 하는 채널은 [자막]을 터치합니다. 3️⃣ ① 지원된 [자막]이 화면 하단에 보이며 ② [자막 활성화] 화면 하단에서 해제할 수 있습니다. ③ 하단 우측에 [네모 아이콘]을 터치하면 화면 크게 보기로 전환됩니다. 채널에 따라 메뉴가 상이하며 재생속도와 PIP, 자막 기능이 없는 채널도 있습니다.

2. 모두의 신문

1️⃣ [Play 스토어]에서 [모두의 신문]을 검색해서 설치하고 [열기]를 터치합니다.
2️⃣ 상단에 [신문뉴스], [방송포털] 등의 메뉴가 있습니다. ① [신문뉴스]를 터치합니다. ② 하단에는 [경제], [스포츠] 등의 메뉴가 있습니다. 화면을 위, 아래로 드래그해서 뉴스를 선택해서 볼 수 있습니다. 화면을 위로 끝까지 드래그합니다. 3️⃣ ① [신문뉴스]에서 ② [모두의 신문 신문 숨김/보임]을 터치합니다.

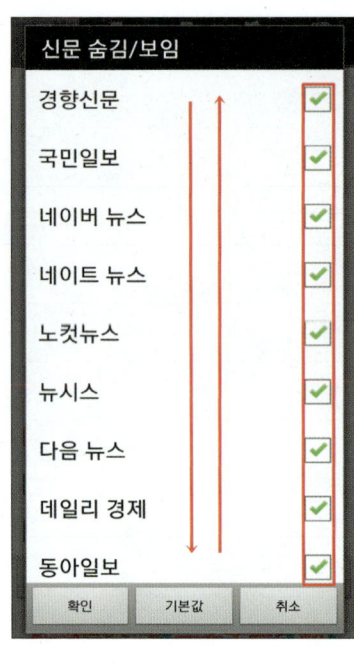 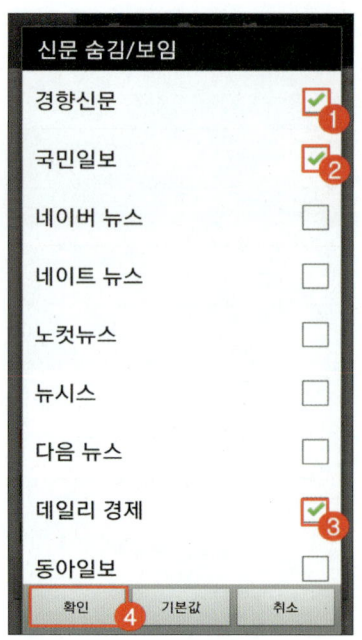 

1 화면을 위, 아래로 드래그하며 계속 구독할 뉴스를 확인합니다. **2** ①, ② 계속 구독할 뉴스는 메뉴 항목에 보이게 하기 위하여 박스에 체크 표시를 하고 보이지 않게 할 뉴스는 체크 표시를 해제합니다. ③ [∨] 체크로 활성화하고 ④ [확인] 터치합니다. **3** [신문뉴스] 메뉴 항목에 보이게 한 뉴스만 보입니다.

 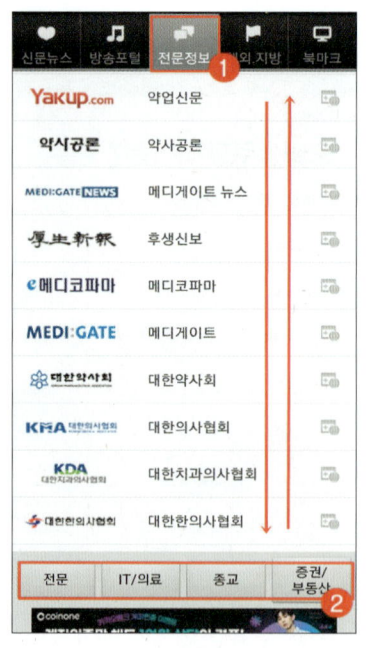 

1 ① [방송포털]을 터치하면 ② [하단 메뉴] 커뮤니티, 포털정보, 쇼핑 채널이 있습니다. 특히, 쇼핑 채널은 바로 구매 가능한 웹사이트 접속됩니다. **2** ① [전문정보]를 터치하면 ② [하단 메뉴] IT/ 벤처 소식, 의료, 종교, 증권/부동산 채널이 있습니다. 특히, 코스피, 코스닥, 다우존스, 나스닥, 환율, 금 시세 등 바로 확인할 수 있어 편리합니다. **3** ① [해외. 지방]을 터치하면 ② [하단 메뉴] 해외세계, 지역 뉴스, 지자체 채널이 있습니다.

■ 모두의 신문 - 북마크 (즐겨찾기) 하기

 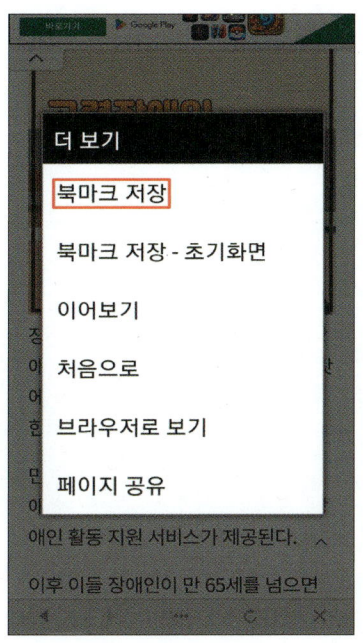 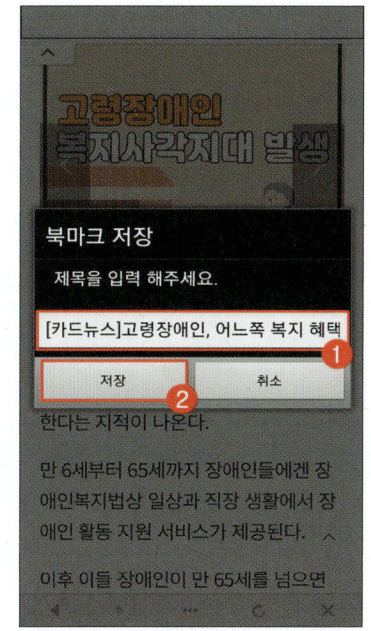

❶ 계속 구독할 뉴스를 [북마크]에 저장할 수도 있습니다. 북마크에 등록할 화면 하단 […]를 터치합니다.
❷ 더 보기 팝업창 상단 [북마크 저장]을 터치합니다. ❸ 북마크에 저장할 ① [제목]을 변경하거나 그대로 저장할 수 있습니다. ② [저장]을 터치합니다.

M E M O

3. MBC, KBS, SBS 라디오

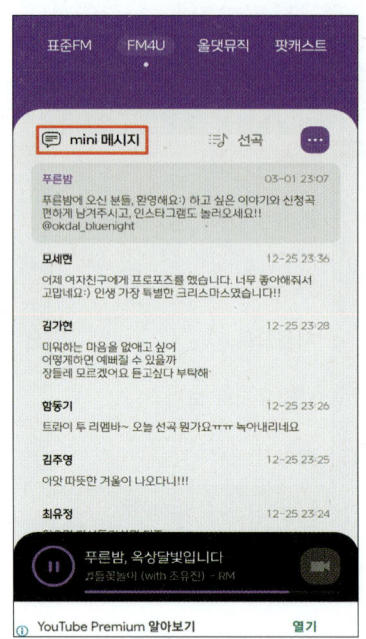

1️⃣ [Play 스토어]에서 ① [MBC mini]를 검색해서 [설치]하고 ② [열기]를 터치합니다.
2️⃣ [MBC mini]는 라디오 방송국에 엽서로 사연 보내듯 하고 싶은 이야기와 신청곡을 보낼 수 있습니다. [mini 메시지]에서는 방송을 청취하는 청취자 간에 채팅을 할 수 있습니다. 3️⃣ ① [선곡]을 터치하면 선곡 리스트를 보여줍니다. 노래 제목, 가수를 확인할 수 있으며 멜론 플랫폼과 연결되어 있어 다시 듣기도 가능합니다. ② [점 3개 더보기]를 터치하면 [편성표] 등의 메뉴가 보이며 [문자 참여]를 터치하면 문자로 신청곡과 방송에 참여할 수 있으며 문자는 정보이용료가 부과됩니다.

1️⃣ ① [플레이 버튼]을 터치해서 방송을 청취합니다. ② [비디오 버튼]을 터치하면 [보이는 라디오] 방송을 할 경우 시청할 수 있습니다.
2️⃣ KBS 라디오 [KONG 콩]을 [Play 스토어]에서 검색해서 [설치]하고 [열기]를 터치합니다.
[KONG 콩]의 실행 화면이며 화면에 동시간의 채널별 방송 내용을 알려주며, 터치하면 바로 그 방송 채널로 연결됩니다. 3️⃣ 간편모드로 전환하기 위해 하단 우측에 있는 [전체메뉴]를 터치합니다.

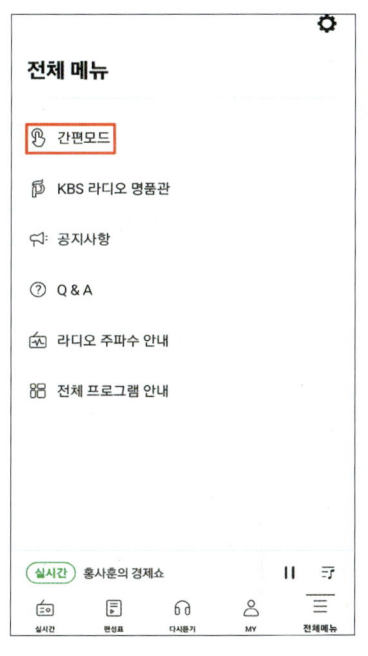  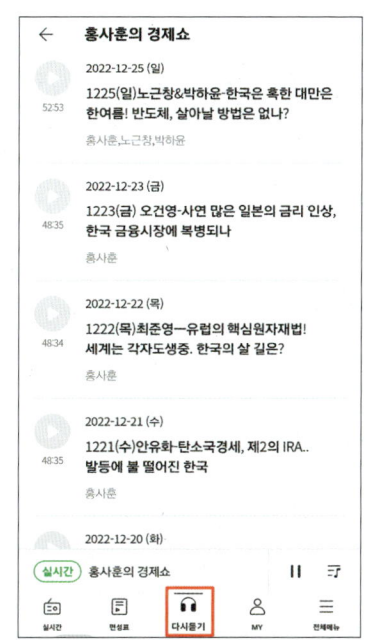

1 [간편모드]를 터치합니다. 2 ① [채널]을 화살표 방향으로 이동하면 동시간의 다른 채널을 선택해 청취할 수 있습니다. ② [볼륨]을 +, - 으로 이동하면 소리크기를 조절할 수 있습니다. ③ [보이는 라디오]를 이용해 듣고 보고 즐기는 라디오 청취가 가능합니다. ④ [간편모드 종료하기] 메인 메뉴로 이동됩니다.
3 즐겨 청취하는 라디오 채널을 [다시듣기] 최근 방송 순으로 노출되며 터치하면 청취 가능합니다.

  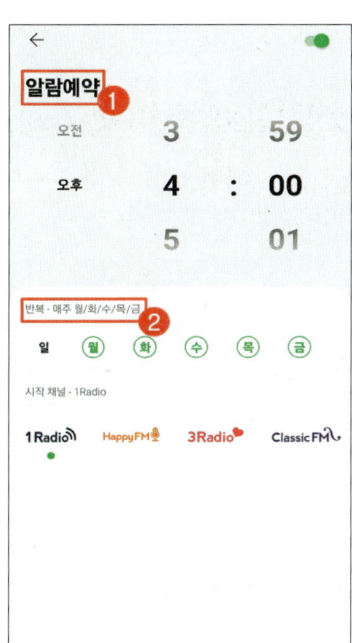

1 청취 중인 채널의 프로그램을 즐겨찾기에 추가하려면 프로그램명 좌측의 홈버튼을 터치하고 우측 [★] 터치해 활성화합니다. 2 하단 ① [MY] 버튼을 터치하면 ② [즐겨찾기] 저장한 채널이 노출되어 있습니다.
③ [알람예약] ④ [취침예약] 설정이 가능해 원하는 시간에 청취할 수 있고, 취침할 수 있게 예약 설정을 할 수 있습니다. 3 ① [알람예약]은 요일 단위, 분 단위로 ② [반복 알람] 설정 가능합니다.

 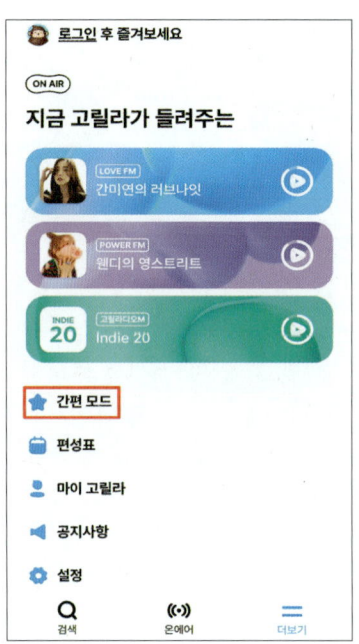 

1️⃣ [Play 스토어]에서 [SBS 고릴라]를 검색하여 [설치]하고 [열기]를 터치합니다.
2️⃣ 홈 화면에서 [더보기]를 터치하고 다음에 [간편 모드]를 터치합니다.
3️⃣ 현재 방송 중인 채널에서 [보는 라디오]를 터치합니다.

1️⃣ 현재 방송 중인 채널에서 [보는 라디오]를 진행 중이면 보고 들으며 소통할 수 있습니다.
2️⃣ 홈 화면에서 [더보기]를 터치하고 [편성표]를 터치합니다. 방송 채널과 날짜를 선택하고 프로그램을 선택합니다. 프로그램명의 좌측의 [선곡표]를 터치합니다.
3️⃣ ① 시간대별로 노래 제목이 보입니다. 다시 듣기는 불가능합니다. ② 선택한 프로그램의 세부 정보를 얻기 위해 상단 우측에 [≡]를 터치합니다.

1 프로그램 소개부터 게시판까지 다양한 정보를 보여줍니다. ① [다시듣기]를 터치하면 해당 채널의 코너별로 다시 듣기 구분되어 나열되어있습니다. 다른 라디오 채널과 다르게 해당 채널의 게스트 및 코너별로 ② [인스타] ③ [유튜브]를 바로 연결이 되는 편리함이 있습니다.

2 [다시듣기]를 터치하면 [저장]도 가능합니다.

3 [다시 듣기 플레이]는 전 방향 15분 또는 후 방향 15분 단위로 점프해서 다시 듣기 할 수 있습니다.

17강 나의 건강 주치의 스마트폰 건강관리 앱

1. 삼성헬스

1) 걷기, 달리기 등 각종 운동을 측정하여 기록하고 관리하며, 일일 활동의 걸음 수와 활동 시간을 자동으로 기록하고 관리할 수 있습니다.
2) 매일의 식사와 간식, 물 등을 기록 관리하여 건강한 식습관을 길러주며 수면 관리도 할 수 있습니다.
3) 갤럭시 워치와 함께 사용하면 혈압, 체성분, 스트레스 관리까지 할 수 있으며, 체중과 당뇨 수치를 입력해서 종합적인 건강관리를 할 수 있습니다.

 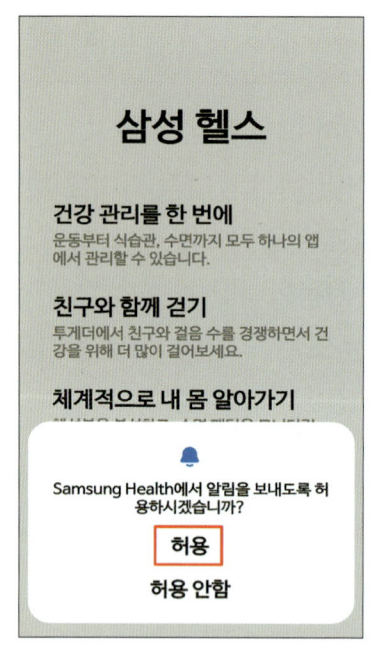 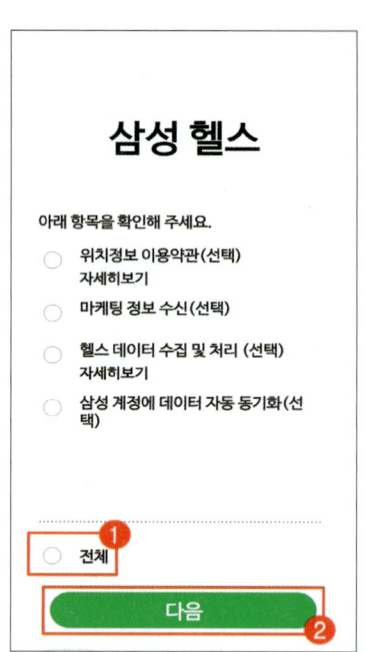

❶ [Play 스토어]에서 검색창에 ① [삼성헬스]를 입력해서 ② [설치]하고, [열기]를 합니다.
❷ 각 정보의 수신을 받기 위해 [허용]을 터치합니다. ❸ 내용을 확인하고 ① [전체]를 터치하고 ② [다음]을 터치합니다. 이어서 앱을 활용하기 위한 각 권한을 허용합니다.

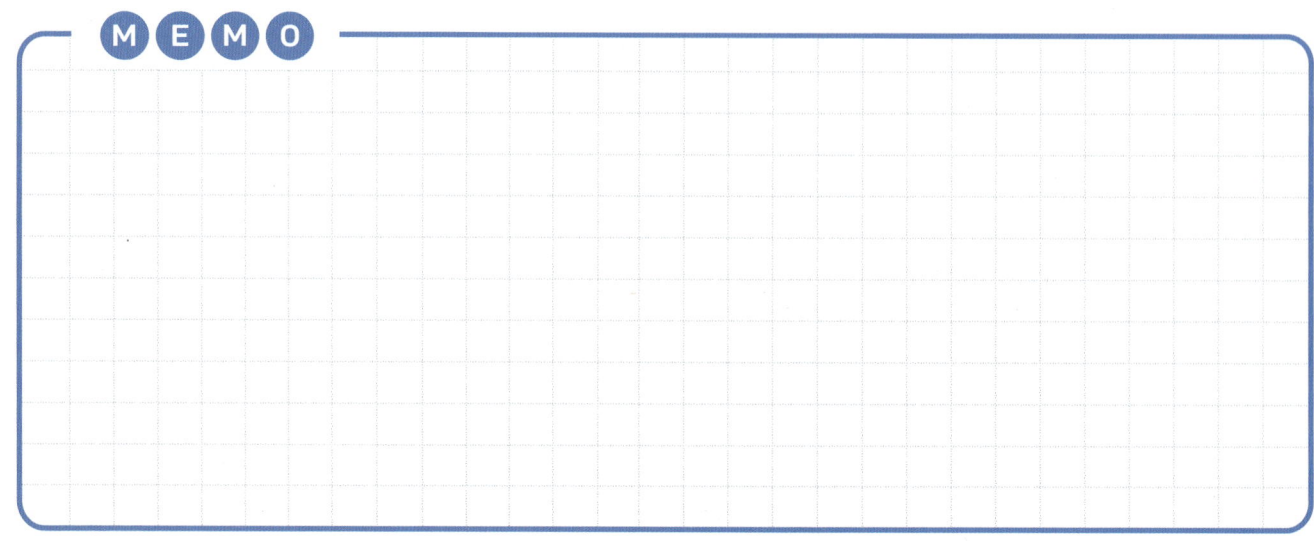

 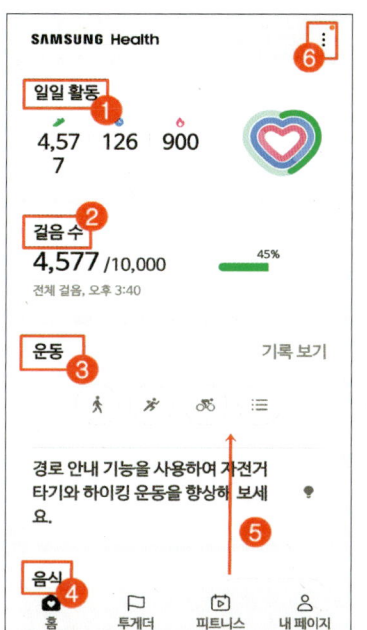 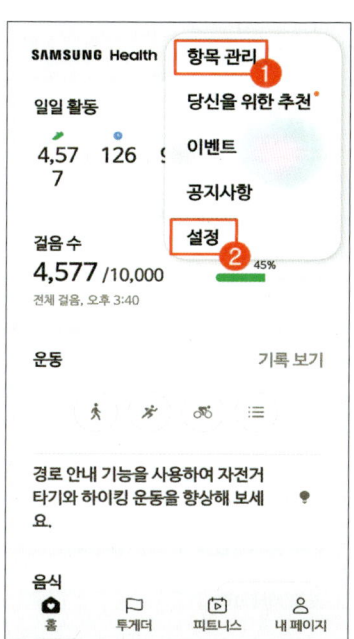

1 ① 삼성 계정을 선택하고 ② [확인]을 터치합니다. 2 [홈] 화면에서 ① [일일 활동] 상황을 보여주며 ② 자동으로 기록된 목표 대비 현재 [걸음 수]를 보여주며 ③ [운동]을 터치하면 각 운동의 기록을 보여 줍니다. ④ 섭취한 음식의 현황을 보여주며 ⑤ 위로 드래그하면 물, 수면, 혈당, 혈압, 체중, 체성분 현황을 보여 줍니다. ⑥ 위의 [점 3개]를 터치합니다. 3 ① [항목 관리]를 터치합니다.

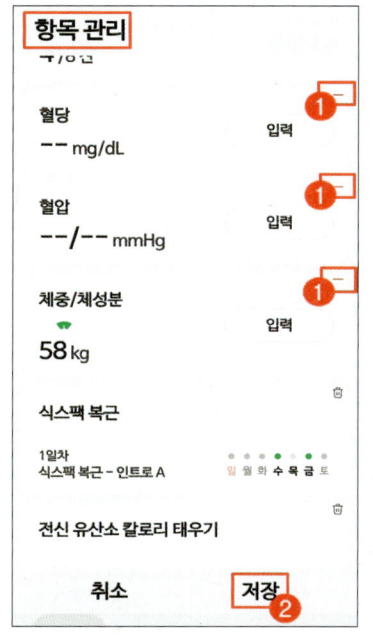  

1 ① [-]를 터치해서 관리 항목을 삭제하거나 [+]를 터치해서 관리항목에 포함할 수 있습니다. ② [저장]을 터치합니다. 2 [위치정보]와 [운동 자동 인식]을 ② [활성화]합니다. ③ [측정 단위]를 터치합니다. 3 각 항목을 터치해서 측정 단위를 선택합니다.

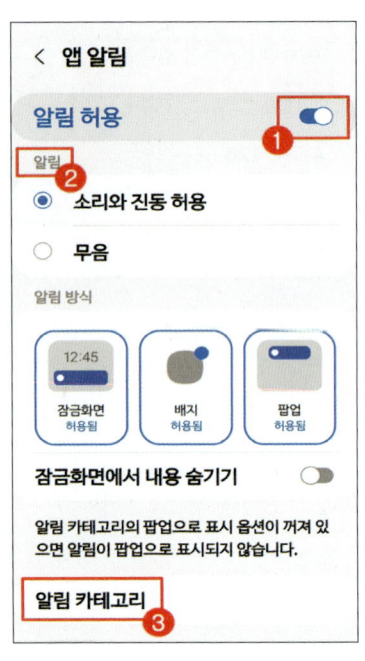 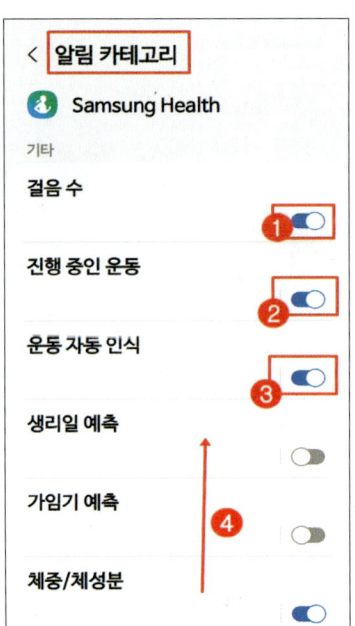 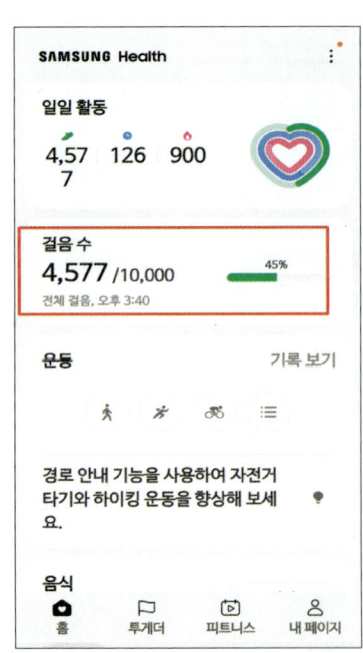

1️⃣ 위의 [설정] 화면에서 ④ [알림]을 터치합니다. [알림 허용]을 ① [활성화]하고 ② 알림 받는 방법을 선택합니다. ③ [알림 카테고리]를 터치합니다.

2️⃣ ① [걸음 수], ② [진행 중인 운동], ③ [운동 자동 인식]을 활성화하고 ④ 위로 드래그해서 알림 받을 항목을 활성화합니다.

3️⃣ [홈]에서 [걸음 수]를 터치하고 화면 상단의 [점 3개]를 터치합니다.

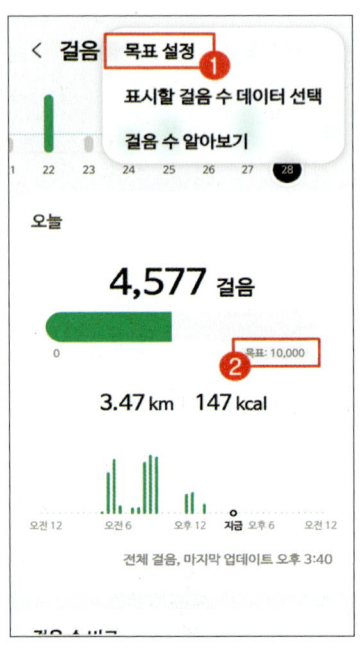 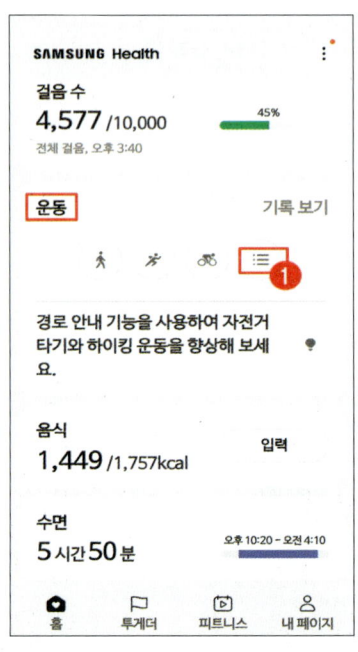 

1️⃣ ① [목표 설정]을 터치해서 목표를 선택하면 ② [목표 수]가 보이며 목표 대비 걸음 수를 알 수 있습니다. 2️⃣ [운동]의 목록 선택을 위해 ① 아이콘을 터치합니다. 3️⃣ 주로 하는 운동 종목을 ① 별표를 터치해서 3개까지 화면에 보이게 할 수 있습니다 ② [운동 추가]를 터치해서 다른 종목을 추가할 수 있습니다.

  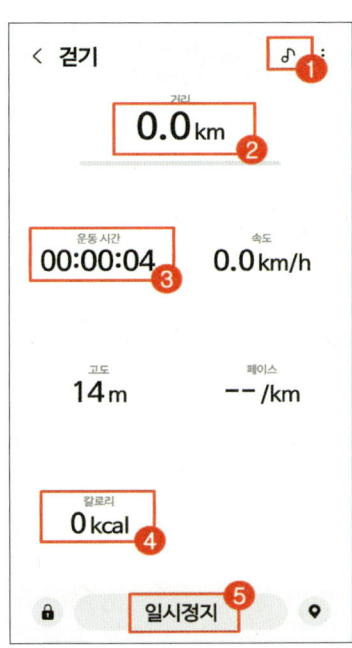

1 직접 운동을 실시하고 기록하기 위해 [운동]의 ① [걷기]를 터치합니다.
2 ① [데이터 입력]에서 운동을 별도로 실시했을 경우 데이터를 입력할 수 있습니다. ② [음성 안내]는 거리, 시간별로 알림을 받을 수 있으며 ③ [거리, 시간] 목표를 선택해서 ④ 목표를 정합니다.
⑤ [시작]을 터치해서 운동을 시작합니다. 3 ① 기기의 음악을 들을 수 있으며, 현재 운동 중의 ② 운동 거리, ③ 운동 시간, ④ 운동 칼로리를 보여줍니다. ⑤ [일시정지]를 터치해서 정지하고 한 번 더
[종료]를 터치해서 운동을 종료합니다.

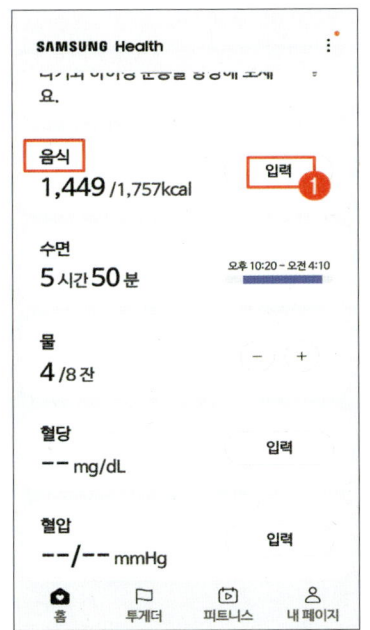 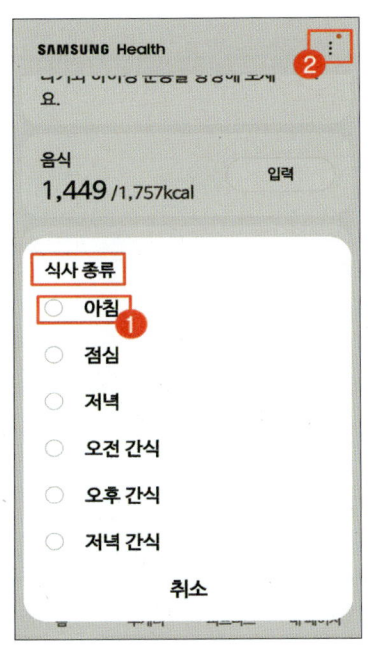 

1 [홈]에서 [음식]에서 ① [입력]을 터치합니다. 2 [식사 종류]에서 ① [아침]을 선택하고, 음식과 양을 선택합니다. 3 [음식]에서 상단의 [점 3개]를 터치해서 [목표 설정]을 선택합니다. [권장 칼로리]를 보여주며, ① 일일 [목표 칼로리]를 정할 수 있습니다.

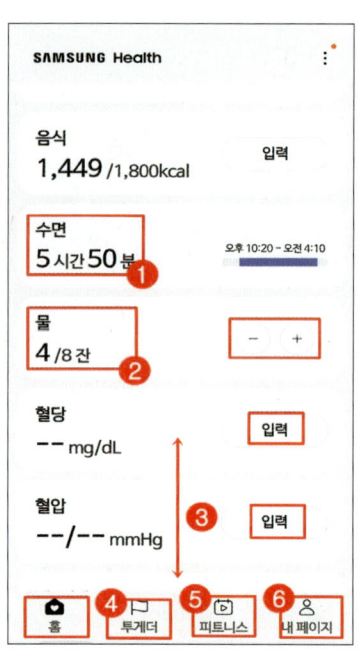 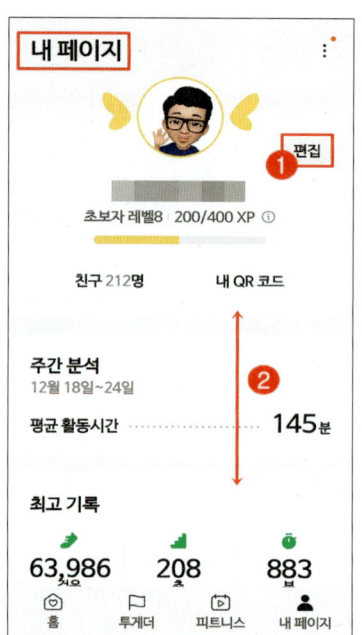 

1 ① [수면]을 터치해서 직접 수면시간을 입력할 수 있고 ② [물]을 터치해서 목표량과 섭취량을 입력할 수 있고 ③ 위로 드래그해서 [혈당], [혈압], [체중]을 입력해서 관리할 수 있습니다. ④ [투게더]에서 친구를 연결해서 도전할 수 있습니다. ⑤ [피트니스]에서 각종 동영상을 볼 수 있습니다. ⑥ [내 페이지]를 터치합니다. **2** ① [편집]을 터치해서 키, 체중 등 신상정보를 입력합니다. ② 화면을 위로 드래그합니다. **3** ① 화면을 위, 아래로 드래그하며 [주간 분석]과 항목별 [최고 기록]과 [도전]을 볼 수 있습니다.

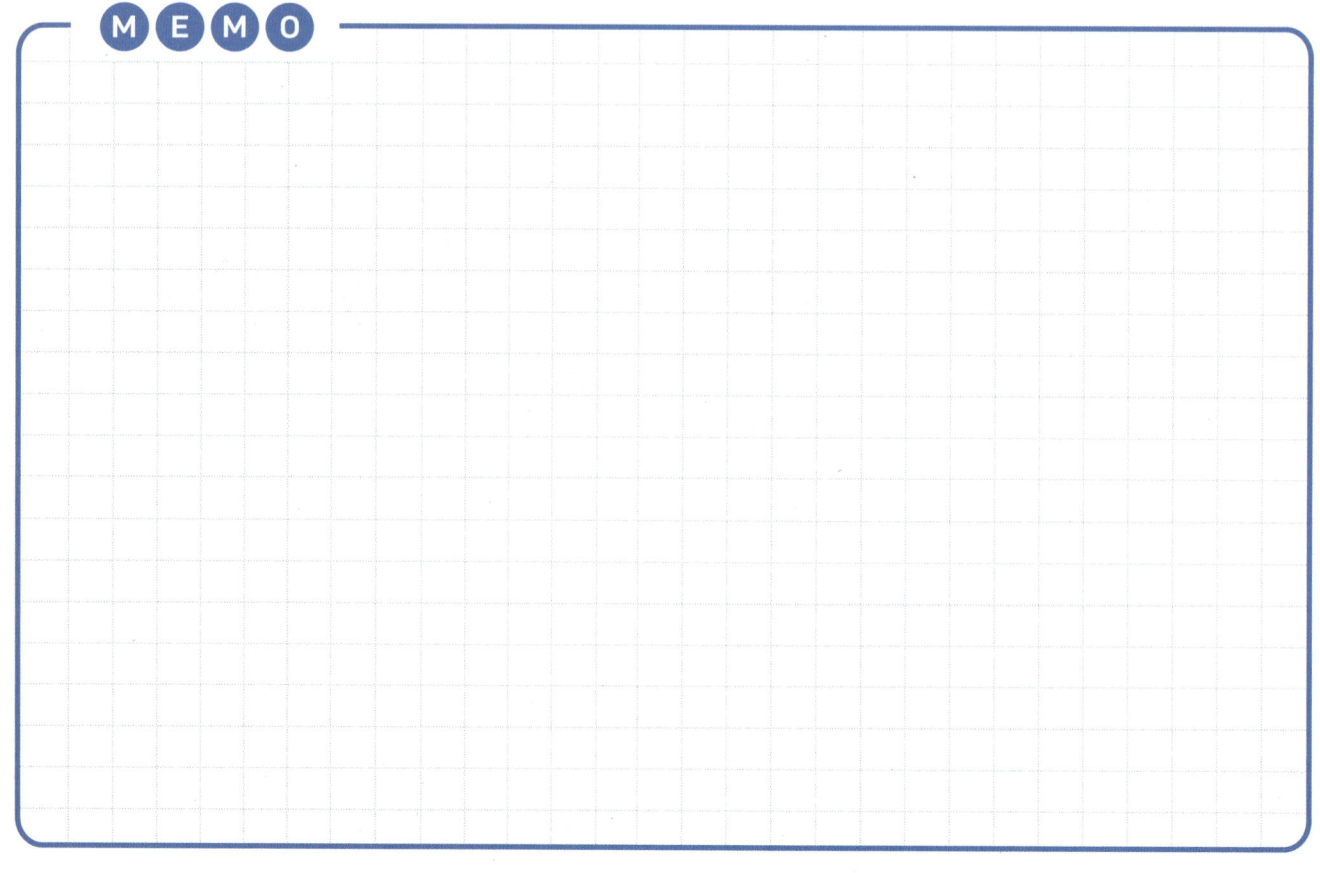

2. 내가 먹는 약! 한눈에 - 건강e음 (건강보험심사평가원)

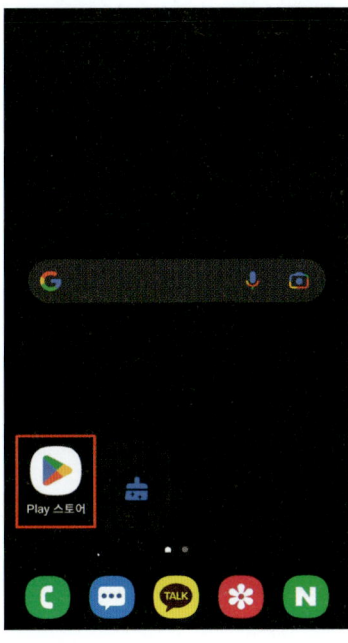  

1️⃣ [Play 스토어]를 터치합니다. 2️⃣ ① 검색창에 [건평원(건강보험심사평가원)]를 입력합니다. ② [건강e음]을 설치하기 위해 [설치]를 터치합니다. 3️⃣ [건강e음]을 실행하기 위해 [열기]를 터치합니다.

1️⃣ [건강e음]을 사용하기 위해 허용 알림창의 [확인]을 터치합니다. 2️⃣ 사진 촬영, 동영상 녹화 허용 선택 창에서 [앱 사용 중에만 허용], [이번만 허용] 중 선택하여 터치합니다. 3️⃣ 통화관리 허용에 [허용]을 터치합니다.

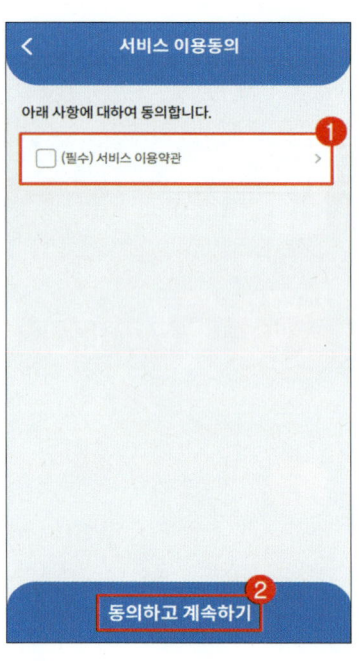 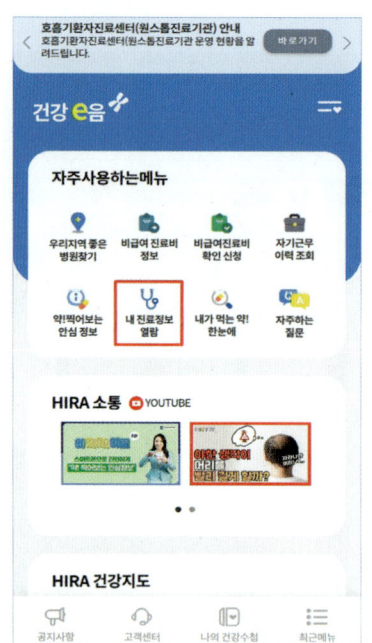 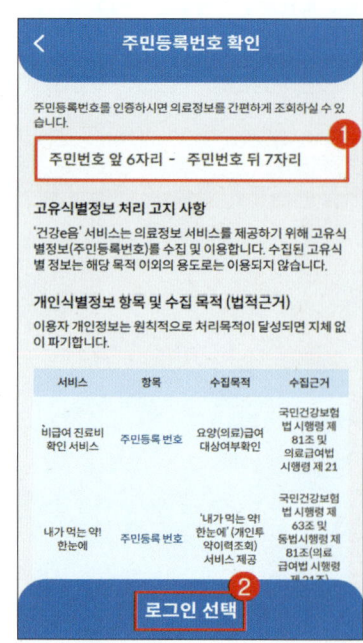

1️⃣ ① [(필수) 서비스 이용약관]에 체크합니다. ② [동의하고 계속하기]를 터치합니다.
2️⃣ 자주사용하는메뉴에서 [내 진료정보 열람]을 터치합니다.
3️⃣ ① 의료정보를 조회하려면 주민등록번호 확인창에 [주민번호]를 입력합니다. ② [로그인 선택]을 터치합니다.

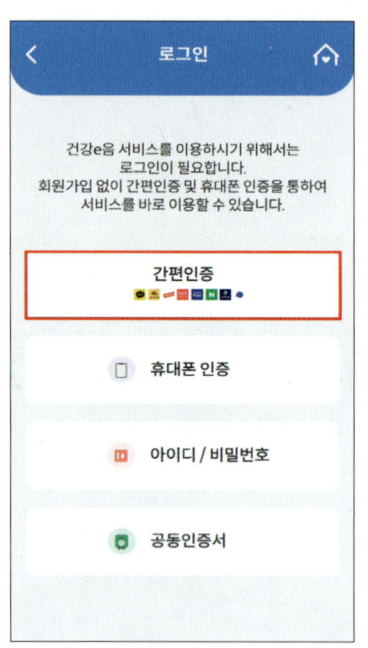 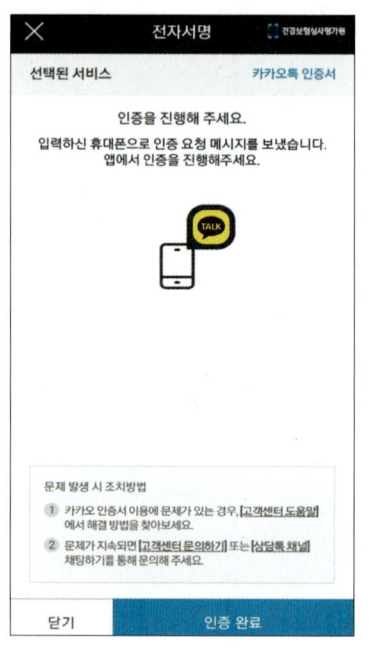 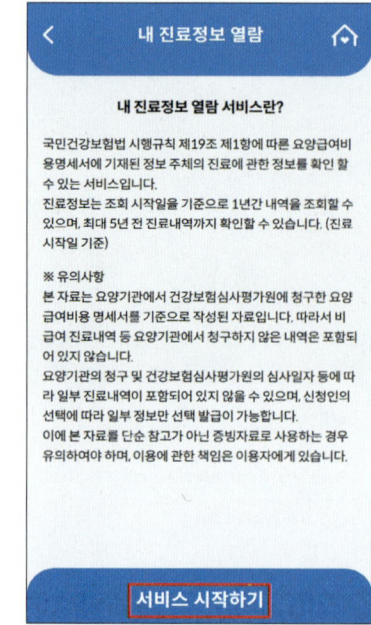

1️⃣ 로그인은 간편인증, 휴대폰 인증, 아이디/비밀번호 인증, 공동인증서 인증 등 사용자가 선택하면 됩니다. [간편인증]을 터치합니다.
2️⃣ 예로 카카오톡으로 인증을 완료합니다.
3️⃣ 내 진료 정보 열람을 보기 위해 하단에 [서비스 시작하기] 터치합니다.

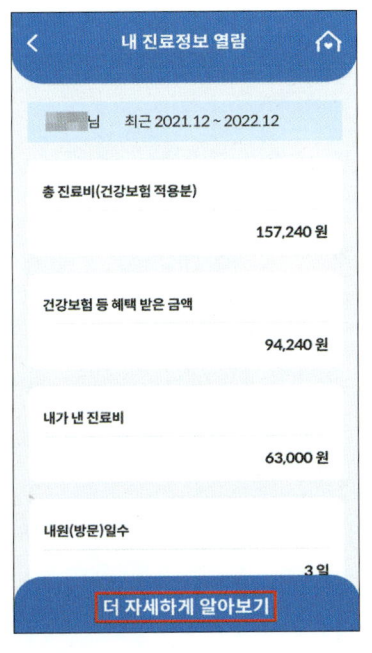 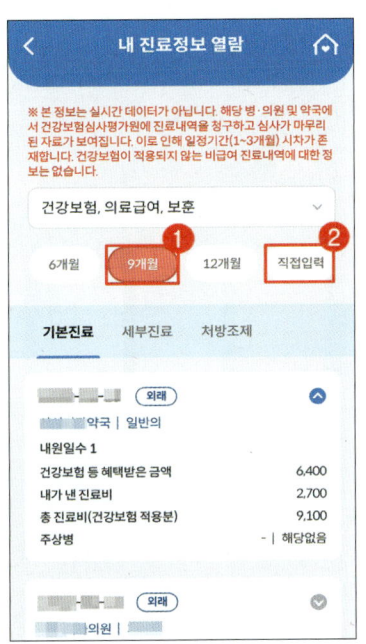 

1 최근 내 진료 정보가 총 진료비(건강보험 적용분), 건강보험 등 혜택 받은 금액, 내가 낸 진료비 내원(방문)일수를 볼 수 있고, 각각의 내용을 보고자 하면 [더 자세하게 알아보기]를 터치합니다.

2 ① 개월 수 단위로 보고자 할 때 선택할 수 있고 [9개월]을 터치하면 9개월간의 기본진료, 세부진료, 처방조제를 볼 수 있습니다. ② 사용자가 보고자 하는 정보 기간은 [직접입력]을 터치하면 원하는 정보를 볼 수 있습니다. **3** [내가 먹는 약! 한눈에]를 터치합니다.

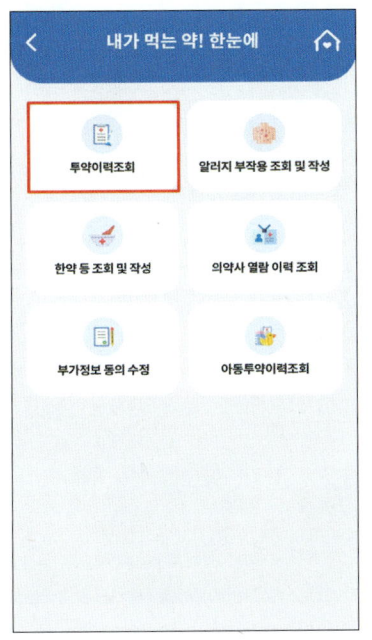 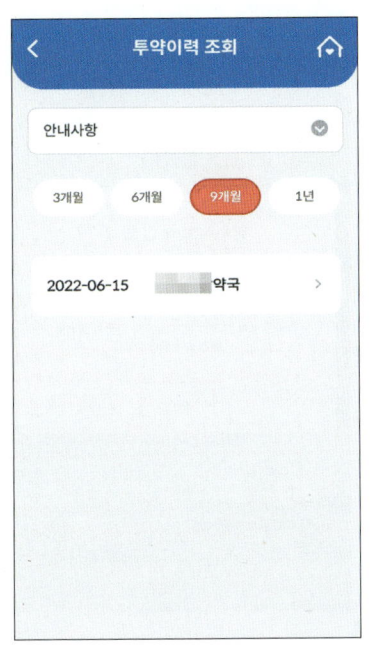 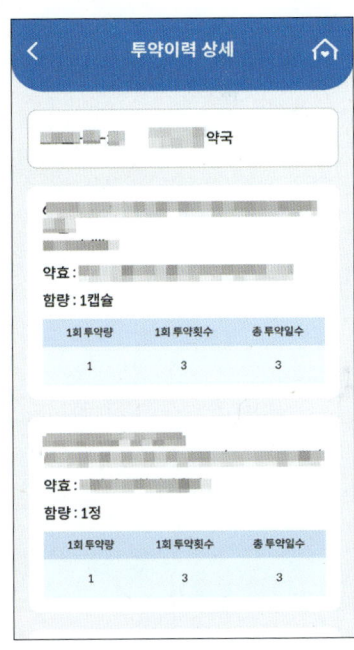

1 [내가 먹는 약! 한눈에]는 알러지 부작용 조회 및 작성, 한약 등 조회 및 작성, 의약사 열람 이력 조회, 부가정보 동의 수정 등 다양한 정보를 조회 및 작성할 수 있고 내가 먹는 약을 조회하고자 할 때 [투약이력조회] 터치합니다. **2** 3개월, 6개월, 9개월 1년 조회가 가능합니다.

3 [투약상세 이력]에서는 투여일, 약국, 약명, 약효, 함량 및 총 투약일수 열람이 가능합니다.

3. 응급의료정보제공 (휴일과 야간에 병원 및 약국 찾기)

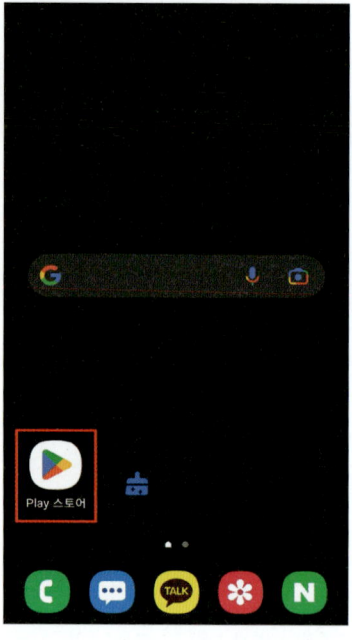  

1️⃣ [Play 스토어]를 터치합니다.
2️⃣ ① [응급의료정보제공]을 검색합니다. ② [설치]를 터치합니다.
3️⃣ [열기]를 터치합니다.

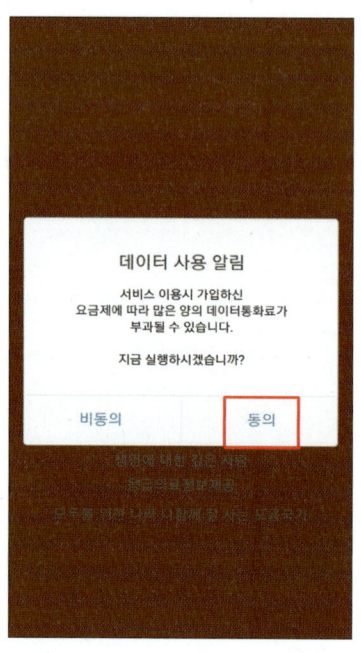 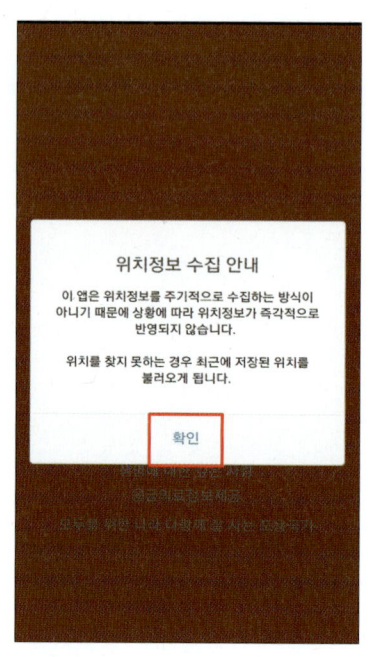 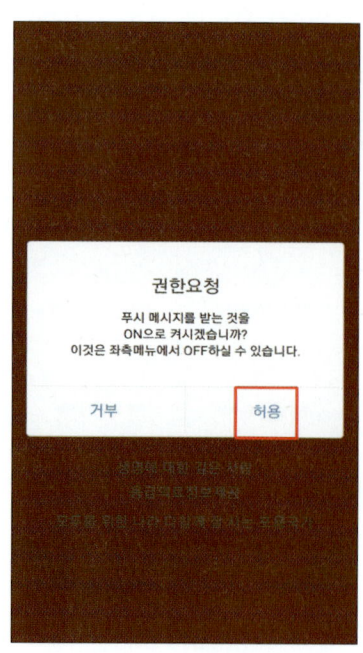

1️⃣ [데이터 사용 알림]에 [동의] 터치합니다.
2️⃣ 위치를 찾지 못하는 경우 최근에 저장된 [위치정보 수집 안내]를 받기 위해 [확인]을 터치합니다.
3️⃣ 메시지 수신을 위한 [권한요청]에 [허용]을 터치합니다.

 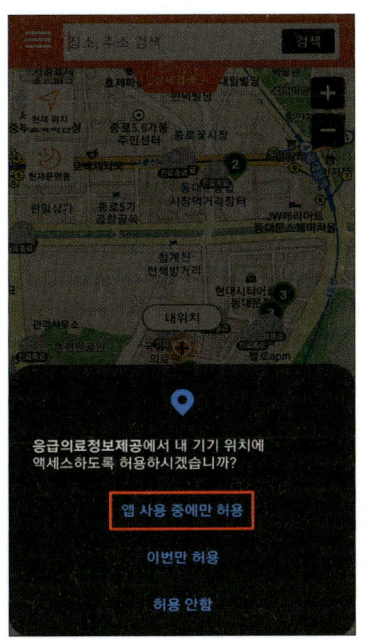 

1️⃣ [내 주변 응급의료정보 찾기]에 찾고자 하는 의료 정보 [병의원]을 터치합니다.
2️⃣ 응급의료정보제공에서 내 기기 위치에 액세스하도록 [앱 사용 중에만 허용]을 선택하여 터치합니다.
3️⃣ 응급의료정보제공에서 전화를 걸고 관리하도록 [허용]을 터치합니다.

1️⃣ 하단 옵션 메뉴에서 [병의원]을 터치합니다.
2️⃣ 상단의 검색창에서는 [병의원 검색]을 할 수도 있습니다.
3️⃣ 지도 위에 검색된 병의원을 터치하면 더 상세한 정보를 볼 수 있습니다. [안성성모치과의원]을 터치합니다.

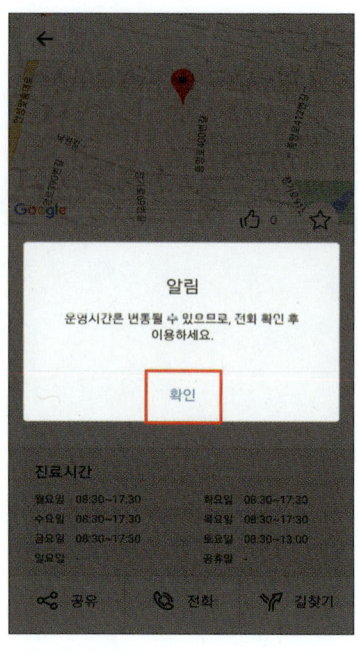  

1️⃣ 진료시간이 종료한 곳은 운영시간은 변동될 수 있으므로, 전화 확인 후 이용하기 위해 [확인]을 터치합니다.
2️⃣ 찾은 병의원 정보를 다른 사람들과 공유하고자 할 때 하단에 [공유]를 터치합니다.
3️⃣ 카카오톡이나 페이스북, 기타 다른 SNS로 공유할 수 있습니다.

 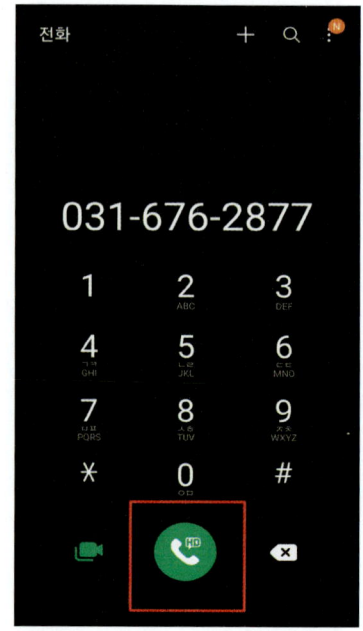 

1️⃣ 찾은 [병의원]에 전화를 걸기 위해서 아랫단에 가운데 [전화]메뉴를 터치합니다.
2️⃣ 병원으로 바로 전화를 걸 수 있습니다.
3️⃣ 병원에 가기 위해서 아래 우측에 [길찾기]를 터치합니다.

1️⃣ 카오맵으로 연결이 되고 찾은 병원까지 찾아가는 경로를 보여줍니다.

2️⃣ ① 아래 옵션 메뉴에서 [약국]을 터치합니다. ② [누르면 목록이 나타납니다.]를 터치하면 약국 목록을 볼 수 있습니다.

3️⃣ 주변의 가까운 약국의 목록이 나타납니다.

1️⃣ 아래 옵션메뉴에서 [응급처치]를 터치합니다.

2️⃣ 응급처치요령 중 기본 응급처치요령과 상황별 응급처치요령을 알려주는데 [상황별 응급처치요령]을 터치합니다.

3️⃣ 상황별 응급처치에 대한 정보들을 열람할 수 있습니다.

18강 어르신들이 꼭 알고 활용해야 할 디지털 범죄 예방 앱

세상에 이런 일은 없다!

- 금융감독원에서 일반 사람들에게 전화할 일은 없다.
- 경찰청 직원 가족이 아니라면 검찰청에서 전화할 일은 없다.
- 결혼식 청첩장 전달할 때 친한 사람은 직접 전화한다.
- 택배 - 운송장번호, 네이버 택배 조회해 본다.
- 문서요구 - 문자로 폰 고장 났다고 신분증 요구할 일은 없다.
- 큰 범죄를 저질러도 검찰청이나 금융권에서 급하게 일처리 하지 않는게 현실이다.

디지털 범죄란?

디지털 범죄는 정보통신망을 이용하여 타인의 권리를 침해하거나 범죄를 저지르는 행위를 말합니다.

디지털 범죄 구분

❶ 정보통신망 이용형 범죄

인터넷, 스마트폰, SNS 등 정보통신망을 이용하여 타인의 금전이나 재산을 편취하거나, 개인정보를 빼돌리는 등의 범죄를 말합니다.

예시) 사이버사기, 사이버금융범죄, 개인·위치정보 침해 등이 있습니다.

❷ 정보통신망 침해형 범죄

인터넷, 스마트폰, SNS 등 정보통신망의 정상적인 기능을 방해하거나, 정보통신망을 침입하여 타인의 정보를 빼돌리거나, 정보를 훼손하는 등의 범죄를 말합니다.

예시) 해킹, 서비스 거부공격, 악성프로그램 등이 있습니다.

❸ 불법콘텐츠형 범죄

인터넷, 스마트폰, SNS 등 정보통신망을 이용하여 음란물, 불법 도박, 음란·폭력성 게시물 등을 유포하거나, 저작권을 침해하는 등의 범죄를 말합니다.

예시) 사이버성폭력, 사이버도박, 사이버 명예훼손 등이 있습니다

> ★ **한국 인터넷 진흥원 (https://www.kisa.or.kr/301)**
> 정보통신망의 고도화와 안전한 이용촉진 및 정보보호·디지털과 관련한 대국민 지원을 효율적으로 추진하고자 설립된 기관입니다. 사이트에 방문해서 '고객서비스' 메뉴를 클릭하시면 유용한 다양한 '주요 서비스'를 이용할 수 있습니다.

모바일 범죄

모바일 범죄는 디지털 범죄의 한 유형으로 볼 수 있지만, 모바일 기기의 특성상 다음과 같은 특징을 가지고 있습니다.

모바일 범죄 특징

❶ 범죄의 범위가 다양화되고 있다.

모바일 기기를 이용하여 사이버사기, 사이버금융범죄, 사이버성폭력, 사이버도박, 사이버 명예훼손, 사이버저작권침해 등의 범죄를 저지를 수 있습니다.

❷ 범죄의 난이도가 낮아지고 있다.

모바일 기기를 이용한 범죄는 비교적 간단한 기술만으로도 저지를 수 있어, 범죄에 대한 진입 장벽이 낮아지고 있습니다.

❸ 범죄의 피해가 심각해지고 있다.

모바일 기기를 이용한 범죄는 피해자의 개인정보 유출, 금전 피해, 명예훼손, 심리적 피해 등 심각한 피해를 초래할 수 있습니다.

모바일 범죄 예시

① **사이버 사기 :** 모바일 메신저, SNS, 쇼핑몰 등 모바일 기기를 이용하여 피해자에게 접근하여 금전이나 재산을 편취하는 범죄입니다.

② **사이버 금융범죄 :** 모바일 기기를 이용하여 금융기관을 사칭하거나, 악성 프로그램을 유포하여 피해자의 금융 정보를 빼돌리는 범죄입니다.

③ **사이버 성폭력 :** 모바일 기기를 이용하여 피해자의 성적 촬영물을 불법 촬영하거나, 유포하는 범죄입니다.

④ **사이버저작권침해 :** 모바일 기기를 이용하여 저작권이 있는 콘텐츠를 무단으로 복제하거나, 유포하는 범죄입니다.

⑤ **사이버도박 :** 모바일 기기를 이용하여 불법 도박을 하는 범죄입니다.

⑥ **사이버 명예훼손 :** 모바일 기기를 이용하여 피해자의 명예를 훼손하는 범죄입니다.

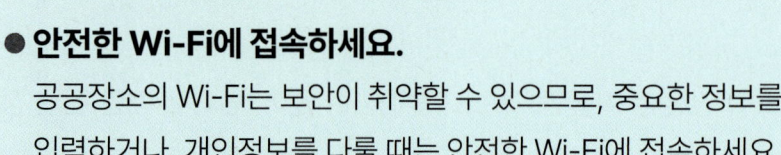

모바일 범죄 피해 예방 안전 수칙

- **개인정보를 안전하게 관리하세요.**
  SNS, 쇼핑몰 등에서 개인정보를 입력할 때는 반드시 주의하고, 비밀번호는 자주 변경하세요.

- **출처가 불분명한 메시지나 링크는 클릭하지 마세요.**
  악성 프로그램이 첨부된 메시지나 링크를 클릭하면 개인정보가 유출되거나, 피해를 입을 수 있습니다.

- **안전한 Wi-Fi에 접속하세요.**
  공공장소의 Wi-Fi는 보안이 취약할 수 있으므로, 중요한 정보를 입력하거나, 개인정보를 다룰 때는 안전한 Wi-Fi에 접속하세요.

- **최신 보안 업데이트를 적용하세요.**
  모바일 기기의 운영체제나 애플리케이션의 보안 업데이트를 최신 상태로 유지하세요.

개인정보 보호를 위한 앱 활용

1. 보이스피싱(Voice Phishing) 무슨 뜻인가요?

'피싱(phishing)'이란 '개인정보(private data)'와 '낚시(fishing)'를 합쳐서 만든 신조어입니다. 가짜 금융기관 웹사이트나 위장 메일을 이용해서 개인 인증 번호나 신용카드 정보, 계좌 정보 등을 불법적으로 알아내는 사이버 범죄가 바로 피싱입니다.

보이스피싱이란 '피싱에 음성(voice)'의 개념을 추가해서 만든 합성어입니다.

즉 '전화를 이용해 개인정보를 낚아 올린다는 게 바로 보이스피싱(voice phishing)'입니다.

'보이스피싱'은 언론을 중심으로 우리 사회 전반에서 널리 사용하는 단어가 되었습니다.

2. 스미싱(Smishing) 무슨 뜻인가요?

스미싱은 문자메시지(SMS)와 피싱(Phishing)의 합성어입니다.

간단히 말해 문자 메시지를 이용하여 사기 범죄를 저지르는 것입니다.

사기범들은 '무료 쿠폰 제공', '돌잔치 초대장', '모바일 청첩장' 등의 문자메시지를 무작위로 발송합니다. 그래서 이것을 받은 사용자가 문자메시지에 링크된 인터넷 주소(URL)를 터치하도록 유도합니다.

사용자가 무심코 인터넷 주소를 클릭하면 휴대전화에 악성코드가 설치되어 휴대 전화 소액 결제가 이루어지거나 휴대전화에 저장된 전화번호와 사진 등 개인정보가 빠져나가는 유형입니다.

3. 파밍(Pharming) 무슨 뜻인가요?

파밍(Pharming)은 피싱(Phishing)과 '변작(변조)하다'라는 뜻의 파밍(Farming)과의 합성어입니다.

피해자의 PC에 악성코드를 감염시켜 피해자가 정상적인 은행 사이트 주소로 접속하더라도 자동으로 가짜 사이트로 연결되도록 미리 정보를 변작해 두는 방법입니다.

이렇게 가짜 사이트로 연결되면 피해자는 특별한 범죄의 의심 없이 그 사이트에 보안카드, 비밀번호 같은 금융정보를 입력하게 되고, 사기범들은 이 금융정보를 이용하여 피해자의 계좌에서 예금을 이체해 편취해 가는 수법입니다.

4. 모르는 번호로 전화가 걸려 왔다면 해결하는 방법

범죄 상담은 1332(금융감독원) : 금융상담 1332는 서민금융과 불법 사금융, 개인정보 불법 유통 피해를 지원하기 위해 금융감독원이 운영하는 콜센터입니다.

보이스피싱뿐만 아니라 고금리 사채나 불법 채권추심, 각종 서민 대출 지원, 대부업체 정보 조회 등 금융 생활에 대한 종합적인 상담과 정보 제공이 가능합니다.

특히 은행이나 저축은행, 대부업체를 자처하는 곳으로부터 싼 이자로 대출이 가능하다는 전화를 받았을 때, 전화를 끊고 꼭 1332로 전화해보세요. 금융감독원의 친절한 상담을 언제든 받을 수 있습니다.

콜센터 외에 홈페이지(vww.1332.fs.or.kr)도 운영하고 있으니, 올바른 금융 생활을 위해 방문해보기를 바랍니다. 건전한 금융 상식을 많이 얻을 수 있습니다.

보이스피싱 그 피해 여부를 알 수 있는 앱 3가지에 대하여 알아보겠습니다.

1. 시티즌코난

[시티즌코난]은 스마트에 악용되는 악성앱을 탐지하기 위한 악성앱 순간 탐지기입니다.

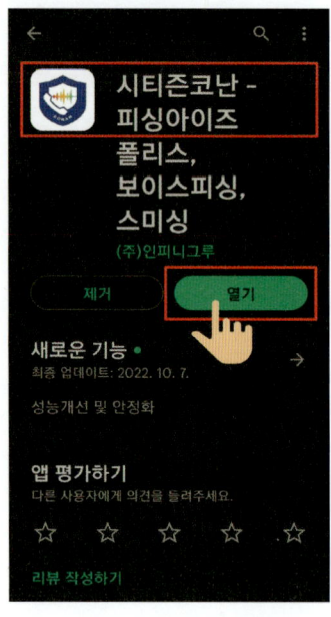  

❶ [Play 스토어]에서 [시티즌코난]을 검색하여 앱을 설치하고 [열기]를 터치합니다. ❷ [악성앱검사]를 터치합니다. ❸ 검사결과를 보여줍니다. [전화사기 악성앱] 및 [악성앱 설치파일]이 있는 경우 보여주며 바로 삭제할 수 있습니다. 없는 경우 [의심되는 악성앱이 없습니다.]라는 메시지가 보입니다.

2. 경찰청 사이버캅

[경찰청 사이버캅]은 발신자 전화번호, URL 주소, 계좌번호를 입력하여 경찰청이 확보한 번호와 대조하여 인터넷 사기 피해 등을 예방하고 신종 사이버범죄 발생 시 경보를 통해 피해확산을 최소화하는 앱입니다.

 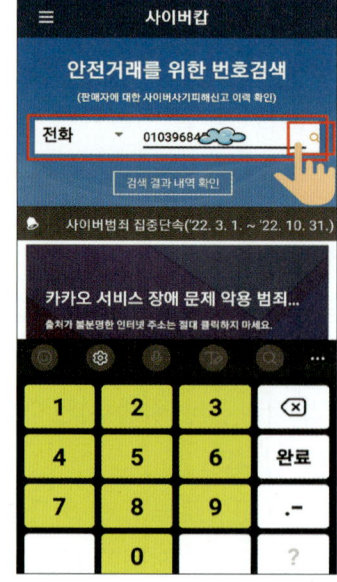 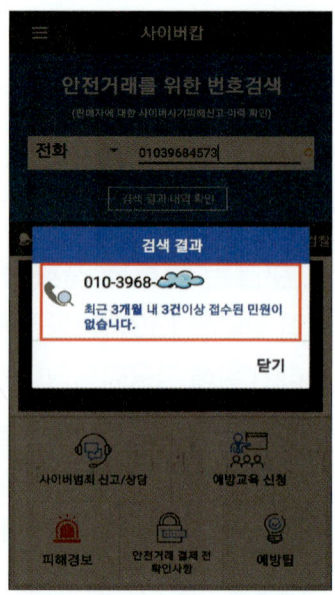

❶ [Play 스토어]에서 [경찰청사이버캅]을 검색하여 설치하고 [열기]를 터치합니다. ❷ [안전거래를 위한 번호검색] 아래 입력란에 [전화번호], [계좌번호], [이메일 주소]를 입력하고 [검사 결과 내역 확인]을 터치합니다. ❸ 검색 내역을 보여줍니다. 기타 [사이버범죄 신고/상담]을 할 수 있고 각종 유형의 [예방 팁]이 있습니다.

3. 더 치트

[더 치트]는 국내 최초의 금융사기 피해를 방지하며 정보를 공유하는 앱입니다.

  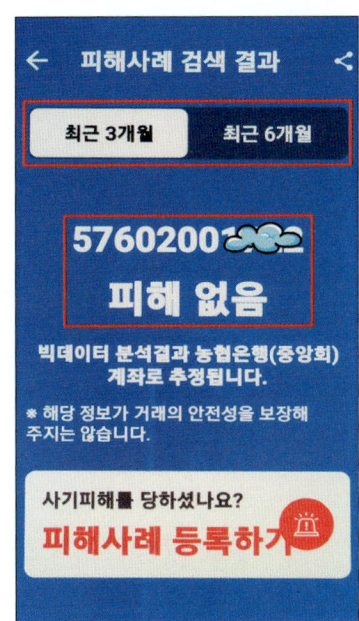

❶ [Play 스토어]에서 [더 치트]를 검색하여 어플을 설치하고 [열기]를 터치합니다. [카카오톡]으로 로그인하여 사용할 수 있습니다. ❷ 안전거래를 위하여 거래하고자 하는 [연락처], [계좌번호]를 입력하고 [돋보기]를 터치합니다. [간편 조회 기능]에서 암호화폐 피해사례 조회도 할 수 있습니다.
❸ 검색 결과를 기간별로 알려줍니다.

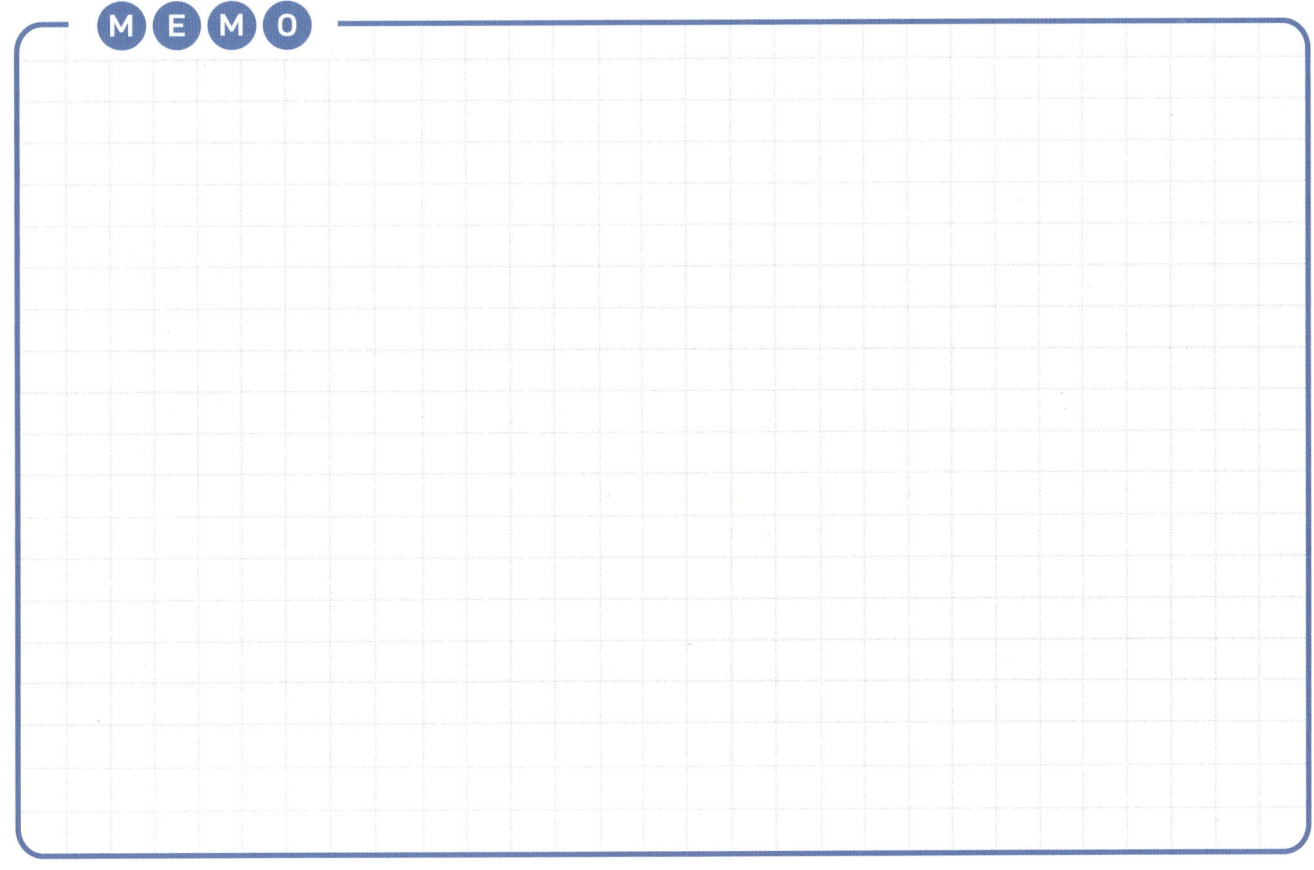

꼭 알고 활용해야 할 모바일 범죄 예방 정보

스미싱

Q : 문자에 있는 인터넷 링크주소만 터치해도 내 정보가 유출 되나요?

A : 스미싱은 문자메시지(SMS)와 피싱(Phishing)의 합성어로,

① '무료쿠폰 제공', '돌잔치 초대장', '모바일 청첩장' 등을 내용으로 하는 문자메시지 내 인터넷주소 클릭하면

② 악성코드가 스마트폰에 설치되어

③ 피해자가 모르는 사이에 소액결제 피해 발생 또는 개인·금융정보 탈취

● **문자에 있는 링크 클릭시 일어날 수 있는 일**

① 폰에 해킹 어플이 설치됨
② 특정 이유를 들어 개인정보 요구
③ 전화 도청 또는 문자 메시지 해킹 등이 일어날 수 있습니다.

개인정보를 요구한다면 이를 거절하면 될 것입니다.
그러나 해킹 어플이 자동으로 설치되거나 도청, 문자메시지 해킹이 된다면,
폰 소유자 본인은 이유도 알지 못한 상태로 본인의 여러 정보들이 새어나갈 수 있습니다.

이런 형태는 결국 해킹하는 측에서 마음만 먹는다면 얼마든지 피해를 줄 수 있기 때문에 무척이나 위험합니다.

그렇기 때문에 스미싱 문자의 링크는 애초에 누르지 않는 것이 최선입니다. 하지만 그들의 수법에 속아 실수로라도 누르게 된다면, 그때는 어떻게 대처해야 할지에 대해 알아보도록 하겠습니다.

● **스미싱 문자의 링크를 누른 후 대처 방법**(안드로이드)

① 한국인터넷진흥원 118 상담센터로 전화하여 상담

② Play 스토어에서 백신 어플 (V3, 알약 등) 다운로드 후 악성코드 검사 및 치료

③ "내 파일" > Download 폴더 > apk 파일 있다면 삭제

④ 통신사 소액결제 차단, 콘텐츠이용료 결제 중지/차단 신청

⑤ 통신사 부가서비스인 번호도용차단서비스 신청

⑥ 휴대폰에 보관 중이던 공인인증서 폐기

⑦ 스미싱 문자 내 URL 주소 신고
(휴대폰 간편신고 or 보호나라 홈페이지에서 신고 접수)

⑧ 금전적 피해를 당했을 경우, 경찰서(☎112)에 피해 내용을 신고하여 '사건사고 사실확인원'을 발급받아 이동통신사, 게임사, 결제대행사 등 관련 사업자에게 제출하면 피해 구제를 받을 수 있다고 합니다.

⑨ 더 자세한 정보는 방송통신 이용자 정보 포털 사이트 참조하세요.

★ 금융감독원보이스피싱지킴이
(https://www.fss.or.kr/fss/main/sub1voice.do?menuNo=200012)

★ 보호나라 홈페이지 (https://www.boho.or.kr/main.do)

★ 와이즈유저 (www.wiseuser.go.kr)

이것만은 꼭 알고 계시면 디지털 범죄 예방하실 수 있습니다!

- ☑ 정부기관이나 금융기관은 어떠한 경우에도 전화나 문자로 금전 및 개인정보를 요구 하지 않습니다.
- ☑ 의심전화 표시 앱 적극 활용하기 : T전화, 후후(WhoWho), 후스콜
- ☑ 통장 양도 및 매매 금지
- ☑ **ATM 지연인출제도** : 100만원 입금시 이체 및 인출 30분 지연시킬 수 있으며 사기범의 현금인출 시간을 지연시키는게 목적입니다. 이 서비스를 이용하시려면 거래 은행을 통해 ATM 지연 인출 시스템을 미리 신청하시기 바랍니다.
- ☑ **지연이체 서비스** : 자금 이체시 일정시간 송금시간을 지연시키는 서비스로 피해구제를 위한 시간을 확보 하실 수 있습니다. 직접 본인이 신청하셔야 합니다.
- ☑ **입금계좌 지정 서비스** : 내가 지정한 계좌 외에는 1일 100만원 이내 소액 송금만 가능하며 보이스피싱 사고를 사전에 방지하는 것이 목적입니다.
- ☑ **해외 IP차단 서비스** : 해외접속 IP를 통해서 이용되는 이체거래를 차단하는 서비스이며 해외에서 보이스피싱을 시도하는 경우 원천적으로 차단하는 것이 목적입니다. 스마트폰이든 PC든 상관없이 거래할 수 있는 단말기를 미리 지정하여 승인할 수 있습니다. 승인되지 않은 기기에서 거래 요청이 들어올 경우 추가 인증이 필요하므로 무단 액세스를 효과적으로 방지하고 개인 정보 도난 위험을 줄일 수 있습니다.
- ☑ **고령자 지정인 알림 서비스** : 고령자 지정인 알림 서비스는 고령자를 대상으로 하는 서비스로 사기 대출을 예방하는 데 도움이 됩니다. 이 서비스는 만 65세 이상 고객이 카드론을 이용할 때마다 지정한 사람에게 문자 메시지를 발송합니다. 고령자는 건망증과 조작에 취약하기 때문에 이 알림 시스템은 잠재적인 대출 사기를 방지하는 안전장치 역할을 합니다. 가족 등 신뢰할 수 있는 사람이 알림을 받도록 사전 승인하면 노인은 사기 대출 거래를 예방할 수 있습니다.
- ☑ 112(경찰청) 또는 1332(금융감독원)에 전화해서 지급 정지 요청을 하실 수 있습니다.
- ☑ 개인정보노출자 사고 예방시스템(https://pd.fss.or.kr)에서 신규 계좌 개설 제한을 하실 수 있습니다.
- ☑ 계좌정보통합관리서비스(www.payinfo.or.kr)에서 모든 계좌 일괄지급정지 신청을 하실 수 있습니다.
- ☑ 명의도용방지서비스(www.msafer.or.kr)에서 휴대전화 신규 개설 방지 신청을 하실 수 있습니다.

스마트폰에서 10가지 실습하기

- ☑ 스마트폰 2단계 인증
- ☑ 설정 ➡ 보안 및 개인정보 보호 ➡ 보안 업데이트 ➡ 소프트웨어 업데이트
- ☑ 출처를 알 수 없는 앱 설치 권한 확인
  ➡ 설정 ➡ 보안 및 개인정보 보호 ➡ 출처를 알 수 없는 앱 설치 비활성화
- ☑ 앱 권한관리 설정하기
- ☑ 위치 권한 설정하기
- ☑ 잠금화면 설정 여부 점검
- ☑ 구글 플레이 프로텍트 인증 기능 사용여부 점검
- ☑ 알약 설치 ➡ 다양한 보안 서비스 활용하기
- ☑ 보안폴더 활용하기
- ☑ 개발자 옵션 활성화 여부 점검 ➡ 비활성화 되어 있는 경우 안전

개발자 옵션은 보안 조치를 우회하는 데 악용될 수 있는 고급 기능을 제공하므로 민감한 데이터에 무단 접근으로 이어질 수 있습니다. 개발자 옵션을 활성화 할 경우 동의 없이 사용자 데이터를 수집하고 전송할 수 있으므로 사용자의 개인정보를 침해할 수 있습니다.

생활법률 앱(APP) 다운받기
앱을 설치하신 후, 상단 검색창에 **"전자 금융 범죄"**를 입력하시면 다양한 자료를 보실 수 있습니다.

19강 Ai 챗GPT 어렵지 않아요!

Ai란 무엇인가?

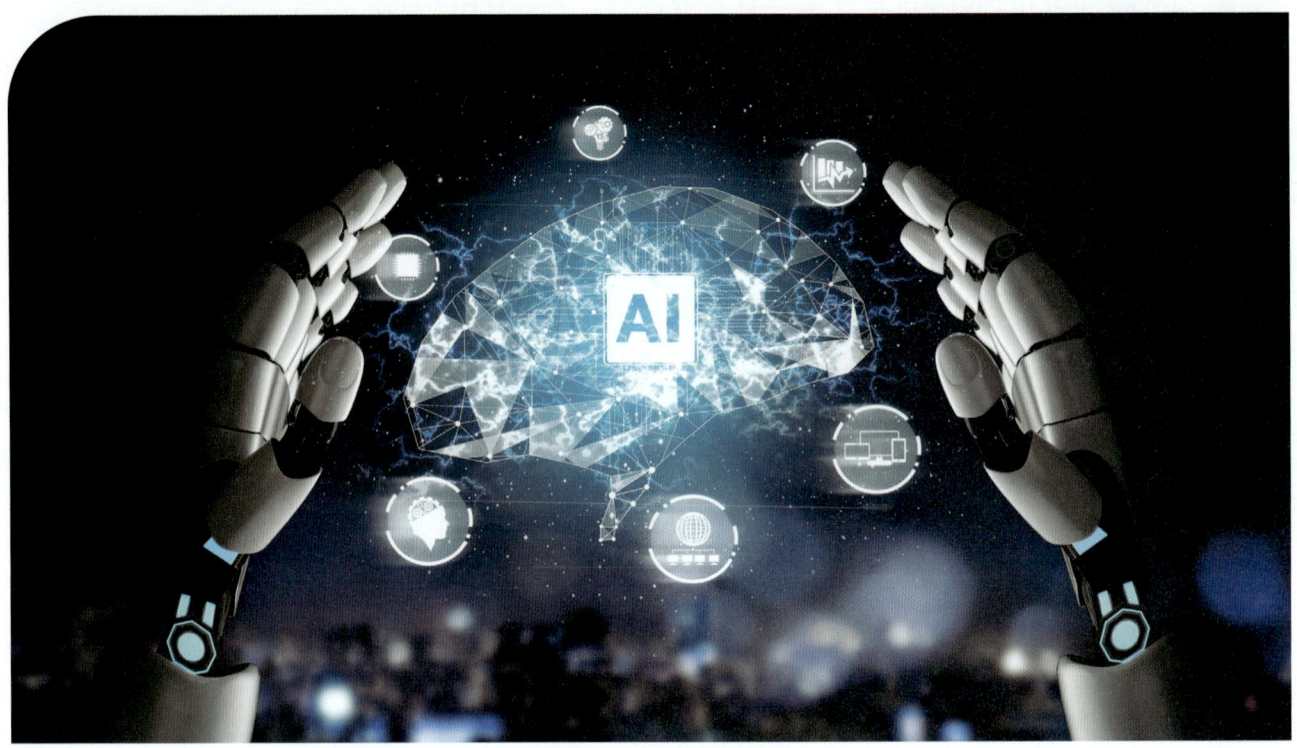

AI는 Artificial Intelligence의 약자로, '인공지능'이라고 읽습니다.

인공지능은 학습, 문제 해결, 패턴 인식 등과 같이 주로 인간 지능과 연결된 인지 문제를 해결하는 데 주력하는 컴퓨터 공학 분야입니다.

인간의 지능에는 학습 능력, 추론 능력, 지각 능력 등이 있는데, 인공지능은 이러한 능력을 컴퓨터에 구현하여 다양한 문제를 해결할 수 있도록 합니다.

AI, 즉 인공지능은 컴퓨터나 기계가 인간처럼 생각하고 학습할 수 있게 만든 기술입니다. 이 기술은 다양한 방식으로 우리 주변에 적용되고 있습니다.

예를 들면, 스마트폰의 음성인식 기능, 자동차의 자율주행 시스템, 인터넷 쇼핑몰에서 개인의 취향에 맞춘 상품 추천 등이 모두 AI 기술을 사용하고 있습니다.

인공지능은 다양한 분야에서 활용되고 있습니다. 대표적인 분야로는 다음과 같은 것들이 있습니다.

- **자율주행 자동차:** 자동차가 스스로 운전하는 기술에도 인공지능이 핵심적인 역할을 합니다. AI는 도로 상황, 교통 신호, 주변 차량을 인식하고 이해하여 안전한 운전을 가능하게 합니다.

- **의료:** 인공지능은 의료 이미지 분석, 예를 들어 X-레이나 MRI 스캔에서 질병을 감지하는 데 사용됩니다. AI 알고리즘은 이러한 이미지를 빠르고 정확하게 분석하여 의사가 진단을 내리는 데 도움을 줄 수 있습니다.

- **금융:** 은행과 금융 기관은 AI를 사용하여 사기 거래를 감지하고 위험 관리를 수행합니다. AI 시스템은 대량의 거래 데이터를 분석하여 이상 행동을 식별할 수 있습니다.

- **교육:** 인공지능은 학생들의 학습 스타일과 성취도를 분석하여 개인별 맞춤형 학습 경험을 제공할 수 있습니다. 예를 들어, AI가 학생의 약점을 파악하고 그에 맞는 추가 학습 자료를 제공함으로써 효과적인 학습을 돕습니다.

- **고객 서비스:** 많은 회사에서는 챗봇을 이용하여 고객 문의에 대응하고 있습니다. 이 챗봇들은 자연어 처리(NLP)라는 AI 기술을 사용하여 사람들의 질문을 이해하고 적절한 답변을 제공합니다.

- **추천 서비스:** 넷플릭스나 유튜브 같은 플랫폼은 사용자의 시청 이력과 선호도를 분석하여 맞춤형 콘텐츠를 추천합니다. 이러한 추천 시스템 뒤에는 사용자 데이터를 분석하고 학습하는 AI 알고리즘이 있습니다.

- **분석 서비스:** 기후 데이터를 분석하여 기후 변화의 원인과 영향을 연구하는 것으로, 기후 변화에 대응하기 위한 정책 수립에 기여합니다. 예를 들어, 미국 NASA는 인공지능을 활용하여 지구의 기후 변화를 연구하고 있습니다.

- **신약 개발:** 인공지능을 활용하여 신약 후보 물질을 발굴하고 개발하는 것으로, 신약 개발의 효율성과 성공률을 향상시키는 데 기여합니다. 예를 들어, 화이자는 인공지능을 활용하여 신약 개발을 진행하고 있습니다.

Ai는 크게 두 가지 주요 요소로 구성됩니다.
머신러닝(Machine Learning)과 **딥러닝**(Deep Learning)

인공지능 ▶ 머신러닝 ▶ 딥러닝 관계

인공지능 | Artificial Intelligence
학습, 문제해결, 패턴 인식 등과 같이 주로 인간 지능과
연결된 인지 문제를 해결하는 데 주력하는 컴퓨터 공학 분야

머신러닝 | Machine Learnign
컴퓨터가 스스로 학습하여 인공지능의 성능을
향상시킬 수 있도록 알고리즘과 기술을 개발하는 분야

딥러닝 | Deep Learning
인간의 뉴런과 비슷한 방식으로 심층 인공 신경망을
기반으로 학습 방식을 구현하는 머신러닝 기술

머신러닝(Machine Learning)은 컴퓨터에게 많은 데이터를 주고 그 안에서 패턴을 찾게 하는 방식입니다.

예를 들어, 수많은 고양이 사진을 컴퓨터에게 보여주면서 이것이 고양이라고 알려주면 컴퓨터는 점점 더 고양이를 잘 구별하게 됩니다.

딥러닝(Deep Learning)은 기계학습의 한 분야로, 인간의 뇌가 작동하는 방식을 모방한 신경망(Neural Networks)을 사용합니다. 이 신경망은 많은 계층과 노드로 구성되어 있어서, 복잡하고 추상적인 개념까지 학습할 수 있습니다.

좀 더 기계학습(Machine Learning)과 딥러닝(Deep Learning)에 대해서 자세히 알아보겠습니다.

Askup (아숙업, 애스크업)

 개요 및 특징

'AskUp(아숙업, 애스크업)'은 'KakaoTalk(카카오톡)'에서 '챗 GPT'와 '대화(Chatting)'를 나눌 수 있는 서비스입니다. 국내 AI 대표 스타트업 '업스테이지(Upstage)' 기업에서 모바일 메신저 '카카오톡'에 23년 3월 론칭하였습니다.

AskUp은 생성 인공지능 챗봇 '챗GPT'를 기반으로 업스테이지의 'OCR(Optical Character Reader)'과 'Upsketch(업스케치)' 기술을 결합하였습니다. 'OCR(광학문자인식)' 기술은 사용자가 문서의 사진을 찍거나 전송하면 그 내용을 읽고 이해하고 답변할 수 있는 일명 '눈 달린 챗 GPT' 입니다, 'Upsketch (업스케치)'는 원하는 이미지 만들어 그려주는 기능과 얼굴 이미지를 바탕으로 더 젊게, 더 멋지게 프로필을 바꿔주는 '손 달린 챗 GPT'입니다.

AskUp은 영어로 '묻다, 질문하다'라는 뜻을 가진 'Ask'에, 'Upstage'의 기업명을 합성한 것으로 한글로는 발음하기 쉽게 '아숙업'이라는 친근한 별명으로 불립니다. '(주)업스테이지'가 'Making AI beneficial(AI로 세상을 더욱 이롭게 만듭니다)'라는 미션으로 AI의 편리함과 기술력을 더 많은 사람이 알고 써보면 좋겠다는 취지에서 카카오톡으로 서비스를 확장한 것이 AskUp입니다.

내 손안의 지식백과처럼 한 번 알아두면 언제 어디서나 유용하게 활용할 수 있는 AskUp은 카카오톡에서 '아숙업' 또는 'AskUp'으로 채널검색 하거나 홈페이지 접속을 통해 추가만 하면 간단히 쓸 수 있습니다. 이러한 특징들은 아숙업 출시 25일 만에 50만 채널 추가를 돌파했습니다.

AskUp 크레딧(질문할 수 있는 혜택)은 1일 GPT-3.5는 100건, GPT-4는 10건이고 이미지에서 1,000자까지 글씨를 읽을 수 있습니다. GPT-4를 사용하기 위해서는 질문 앞에 '!'을 붙이면 GPT-4가 친절하게 답을 합니다. 정보를 검색하기 위해서는 궁금한 질문 앞에 '?'를 붙여주면, 해당 질문에 관한 정보를 검색하여 알려줍니다.

 장점

- **친화적인 인터페이스**
  별도 앱 설치 없이 카카오톡에서 편리하게 AskUp과 대화할 수 있습니다.

- **자연어 처리 기술과 대화형 인터페이스**
  AskUp은 자연어 처리 기술을 통해 사용자의 질문을 이해하고, 정확한 답변을 제공하며 대화형 인터페이스를 통해 사용자와 상호작용하며 추가적인 질문에도 답변할 수 있습니다.

- **지식과 정보**

  AskUp은 다양한 주제와 분야에 대한 지식을 갖추고 있어 다양한 종류의 질문에도 대답할 수 있습니다. 구글 검색을 응용하여 최신 뉴스와 실시간 정보도 제공합니다.

- **다국어 지원**

  한국어, 영어, 일본어를 지원하여 사용자들에게 접근성과 사용 편의성을 제공합니다.

- **이미지 및 그림 지원**

  AskUp은 이미지나 그림을 그려주는 기능을 제공하고 사용자가 원하는 이미지를 요청하면 그림을 그려서 보여줄 수 있습니다.

 단점

- **최신 정보 제공의 제약**

  AskUp은 2021년 9월까지의 정보를 기반으로 하므로 최신 정보나 이벤트에 대해서는 제한된 지식을 가지고 있습니다. 최신 소식이나 업데이트된 정보에 대해서는 검색을 권장합니다.

- **인간과의 대화 한계**

  AskUp은 AI 챗봇으로써 인간과의 대화 한계가 있을 수 있습니다. 따라서, 감정이나 의도를 완벽히 이해하지 못할 수도 있고, 복잡한 주제나 감정적인 대화에 대해서는 인간의 도움이 필요할 수 있습니다.

- **직접적인 경험 부족**

  AskUp은 직접적인 경험을 갖지 않기 때문에 실제 상황에 대한 답변이 제한될 수 있고, 실제 상황에서는 전문가의 조언이 필요할 수 있습니다.

- **언어 및 문화 제한**

  AskUp은 다양한 언어를 지원하지만, 언어와 문화의 특징에 따라 이해하는 데 제한이 있을 수 있으므로 특정 언어와 문화에 대한 깊은 이해는 한계가 있을 수 있습니다.

- **신뢰성 문제**

  제공되는 모든 정보가 정확하고 신뢰할 수 있는 것은 아닐 수 있으며, 사용자는 답변을 받은 후에도 질문의 내용을 검증해야 합니다.

 결론 및 전망

AskUp은 실시간 질문과 답변 플랫폼으로써 빠른 답변 제공, 다양한 분야 지식, 편리한 사용성, 정확한 답변 제공 등의 장점을 가지고 있습니다. 그러나 도메인 제한, 오해 소지, 인간의 판단력 부재, 신뢰성 문제, 대화의 한계와 같은 단점도 있습니다. AskUp은 전반적으로 지속적인 학습과 개선을 통해 서비스의 품질을 향상하고 있으며, 앞으로 더 많은 사용자에게 유용한 정보를 제공할 것으로 전망됩니다. 사용자들의 피드백과 요구를 반영하여 더욱 발전하는 AskUp을 기대해 볼 수 있습니다.

1 아숙업 친구 등록하기 - 카카오톡에서 채널추가

1 ① 친구 또는 채팅탭에서 ② [돋보기]을 터치합니다.

2 ① 검색창에 [AskUp]를 입력합니다. ② [채널 아이콘] ⓒⓗ+ 을 터치하여 터치합니다.

3 [채널 추가]를 터치합니다.

 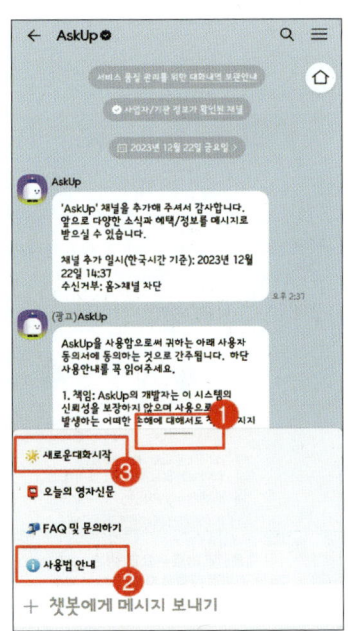 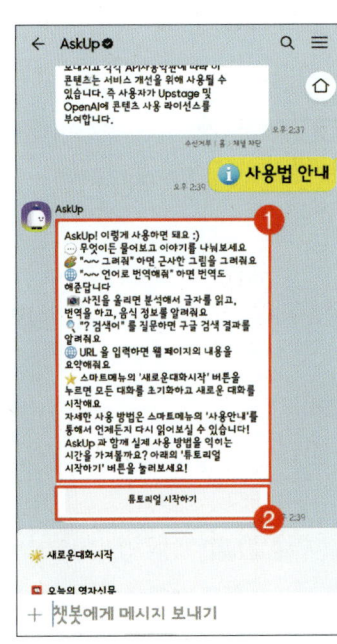

1 ① 채팅 목록에서 채널 추가된 [AskUp 채널]을 확인 및 터치합니다.

2 AskUp 첫 화면입니다. ① [바] — 를 위로 밀어 ② [사용법 안내]를 터치합니다. 대화 중 새로운 주제로 대화하려면 ③ [새로운대화시작] 터치합니다.

3 ① 사용법이 안내됩니다. 더 자세한 안내가 궁금하면 ② [튜토리얼 시작하기]을 터치하여 단계별 상세 설명서를 확인하고 따라서 해봅니다.

2 아숙업 튜토리얼 1~6단계

 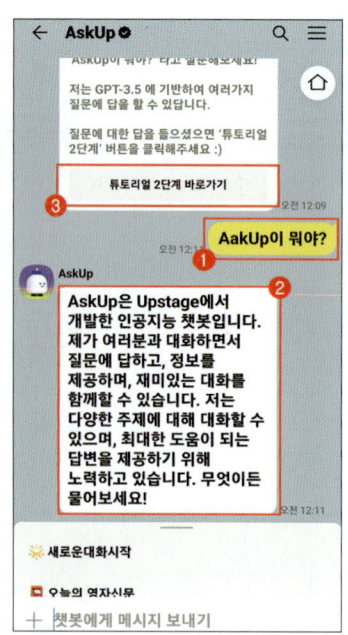 

1 [튜토리얼 1단계 바로가기]을 터치하면 ② 1단계가 시작되며 연습할 질문이 나타납니다.

2 ① 하단 입력창에 [AskUp이 뭐야?]를 입력합니다. ② 답변이 나타납니다. ③ [튜토리얼 2단계 바로가기] 을 터치합니다. **3** [? 강남 근처 맛집] 질문하고 답변이 나타납니다.

※ AskUp은 GPT-3.5기반이라 2021년 9월까지 정보로 답변하지만, [?] 붙이면 최신 정보를 검색하여 답변합니다.

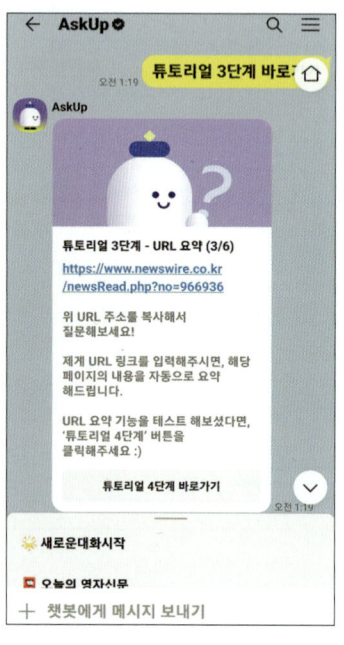  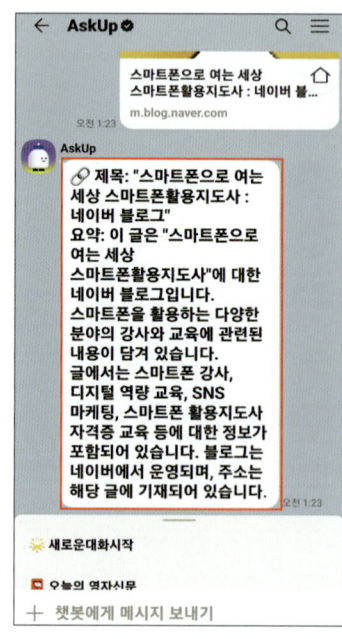

1 튜토리얼 3단계는 [URL 요약] 기능입니다.

2 [챗봇에게 메시시 보내기] 창에 URL를 복사하여 붙여 놓고 [요약해줘]라고 입력합니다.

3 해당 URL 내용을 요약하여 보여줍니다.

 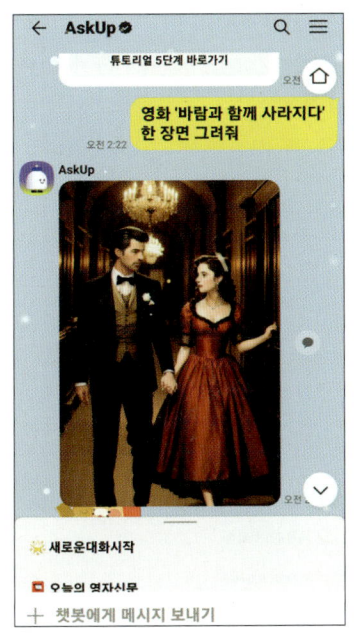 

1 튜토리얼 4단계는 [이미지 생성]입니다. ① [챗봇에게 메시지 보내기]창에 ②이미지 생성 문구를 입력합니다.

2 생성된 이미지가 보입니다.

3 다시 요청하면 다른 이미지를 생성하여 보여줍니다.

 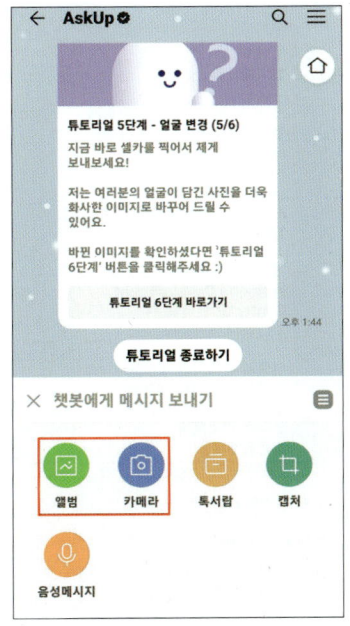 

1 튜토리얼 5단계는 [얼굴 변경]입니다. ① [+]를 터치합니다.

2 [앨범] 선택하여 갤러리에서 얼굴 사진을 불러오거나 [카메라]를 터치하여 셀카를 찍어 가져옵니다.

3 [멋있게]를 선택합니다.

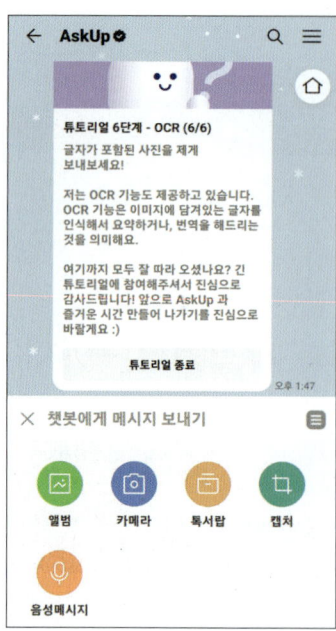

1 선택한 이미지가 완성되어 나타납니다. ※ 이미지는 프로필로 활용하면 좋습니다.

2 튜토리얼 6단계는 [OCR]입니다. ① [+]를 터치합니다.

3 [앨범]을 선택합니다. 갤러리에서 텍스트를 추출할 이미지를 선택하여 가져옵니다.

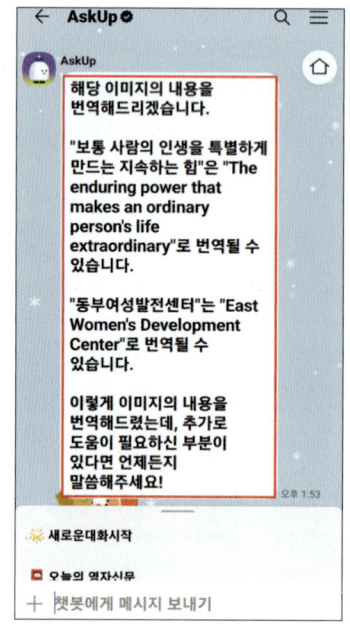
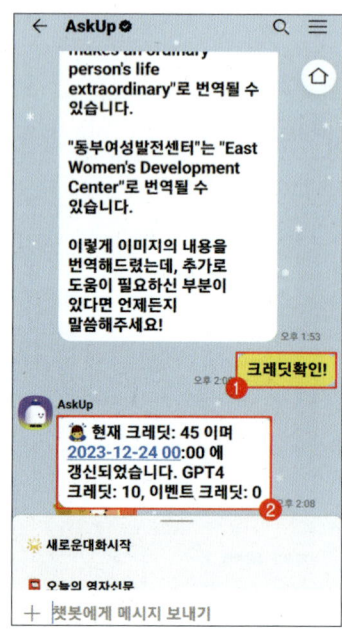

1 ① 이미지에서 ② 텍스트를 추출하였습니다. ③ [이미지 내용 번역해줘]를 선택합니다.

2 번역된 내용입니다.

3 ① [크레딧확인!]를 입력하면 현재 내 AskUp 크레딧 잔량을 확인할 수 있습니다. ② 잔여 크레딧을 확인합니다. ※ 크레딧은 AskUp에게 질문할 수 있는 횟수를 의미한다.

3 아숙업 - 활용사례

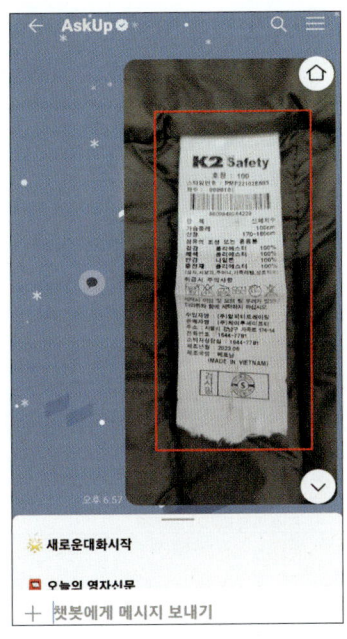 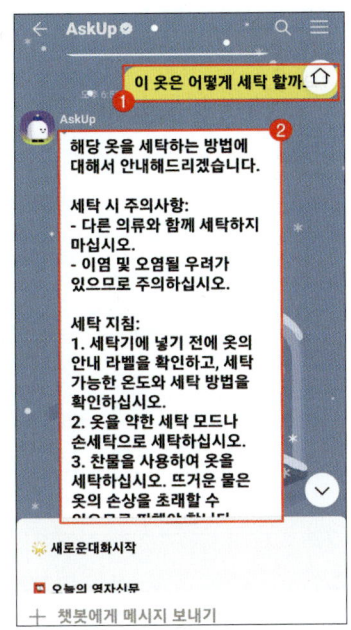 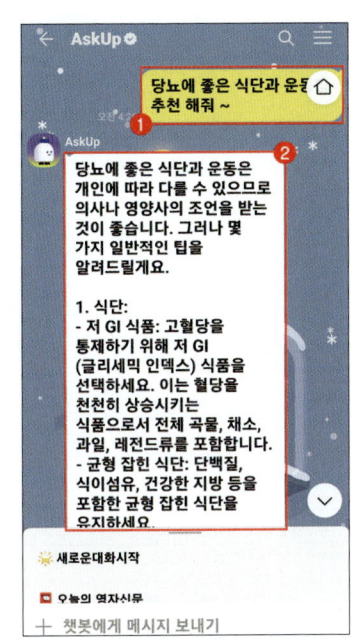

1 **활용 사례 • 일상** - 옷라벨을 찍어 올리고,
① 세탁 방법을 물어보면 ② 세탁 시 주의 사항을 알려줍니다.

3 **활용 사례 • 건강** - ① 당뇨 식단과 운동 추천을 요청하면 ② 쉽고 빠르게 안내합니다.

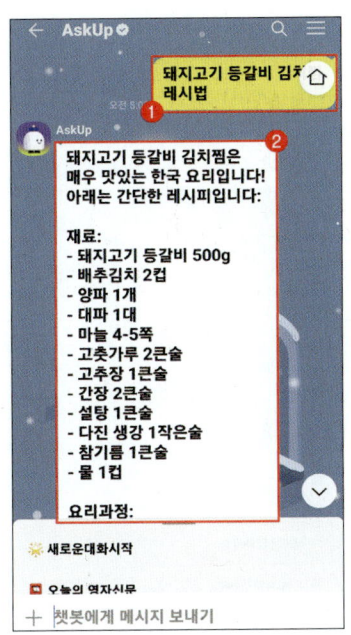 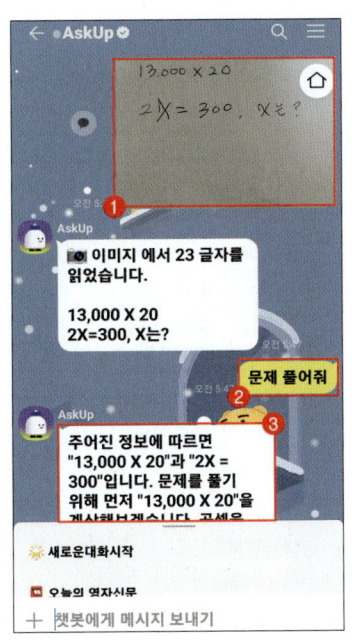 

1 **활용 사례 • 요리** - ① 등갈비찜 레시피를 요청하면 ② 레시피가 나옵니다.

2 **활용 사례 • 학습** - ① 문제를 보여주고 ② 풀어달라고 하면 ③ 풀고 설명까지 자세히 알려줍니다.

3 **활용 사례 • 여가** - ① 노래 추천을 부탁하면 추천해주고 ② 추천한 이유를 물어보면 자세히 설명해 줍니다.

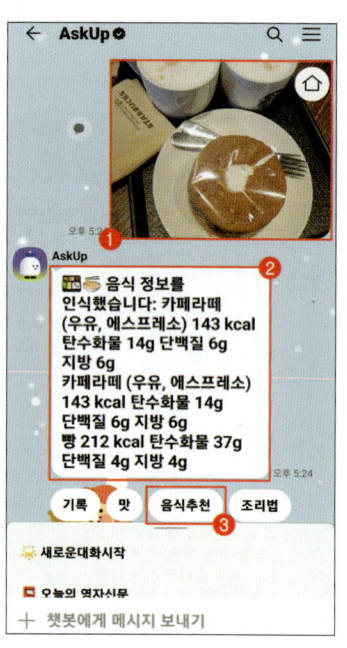
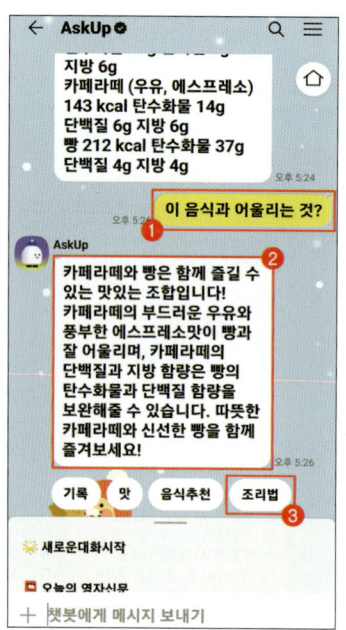
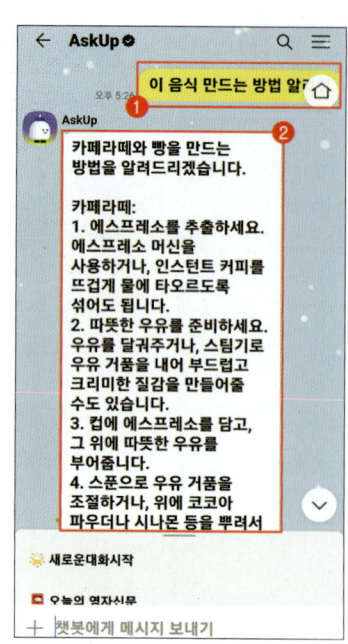

1 **활용사례・칼로리** ① 사진 속 이미지에서 ② 음식 정보를 알려줍니다.
③ 어울리는 [음식추천]을 터치합니다.

2 ① 선택 질문이 쓰여지고 ② 카페라떼와 빵 어울림을 설명합니다. ③ [조리법]을 터치합니다.

3 ① 선택 질문이 쓰여지고 ② 카페라떼와 빵 만드는 방법을 설명합니다.

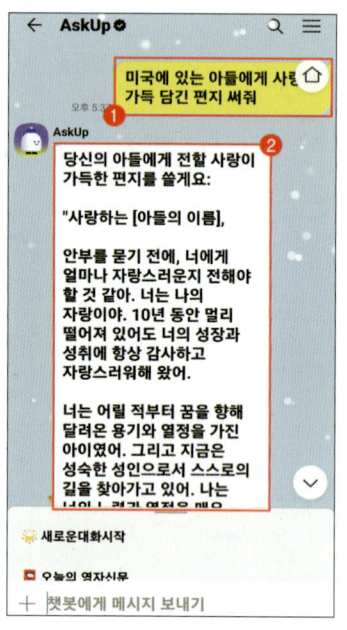
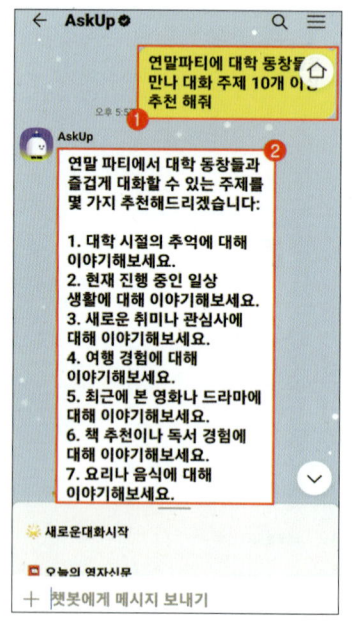

1 ① 안부 편지를 요청합니다. ② 사랑 가득 편지가 완성되었습니다.

2 ① 대화 주제를 부탁합니다. ② 대화 주제가 작성되었습니다.

3 대화 주제를 바꿀 때는 꼭 ① [새로운대화시작]을 터치하고 질문을 시작합니다.
② [타지마할 그려줘]라고 입력합니다. ③ 멋진 타지마할 그림입니다.

20강 디지털문해교육전문지도사가 꼭 알아야 할 스마트폰 앱 (App) 및 사이트 소개

하단에 소개하는 앱 및 프로그램은 동영상으로 녹화한 강의로 **QR-CODE를 스캔하면 시청**하실 수 있게 해드리고자 합니다.

1등 비서 AI 서비스 앱(App) 활용하기

오른쪽의 QR-CODE를 스캔하시면 각 강좌를 시청할 수 있습니다.

1 구글 어시스턴트

구글 어시스턴트에서 전세계 뉴스를 무료로 청취하자!

2 구글렌즈

구글렌즈로 1시간동안 타이핑할 자료 5초만에 해결하자!

3 OpenAI ChatGPT

OpenAI ChatGPT 기본만 활용해도 인생이 즐거워진다

4 Microsoft Copilot

Microsoft Copilot에서 내가 원하는 이미지 무료로 만들기

※ 오른쪽의 QR-CODE를 스캔하시면 각 강좌를 시청할 수 있습니다.

5 포토퍼니아
가족간 지인간의 원활한 소통을 위한
이미지 합성 앱 활용하기

6 포토랩
가족간 지인간의 원활한 소통을 위한
사진 편집 앱 활용하기

7 감성공장
다이내믹하고 임팩트한 카드뉴스 만들기

8 BraveBroser
광고없이 유튜브 시청하면서 내가 원하는
음악이나 동영상 무료로 다운받기

9 Powertoys
PC화면, 사진에 있는 텍스트를 추출해야 하는 경우
사용하면 유용한 프로그램

10 Wormhole

회원가입 필요 없고 보안이 최고인
무료 파일 전송 프로그램 활용하기

11 드래그프리

우클릭 막아놓은 PC 사이트 한번에 해제하는
확장 프로그램

AI 추천사이트

 쉽고 간편한 업무시간을 90% 이상 줄여주는 웹사이트 소개

샌드애니웨어
send-anywhere.com

샌드애니웨어는 **쉽고 빠른 무제한 파일 전송 서비스**입니다. 모바일, PC 어떤 플랫폼에서도 간편하게 파일을 전송할 수 있습니다. 샌드애니웨어는 파일의 종류, 개수, 용량 제한 없이 사용할 수 있습니다.

웜홀
wormhole.app

웜홀(Wormhole.app) 서비스는 **10GB 이상의 대용량도 빠른 속도로 전송이 가능한 무료 서비스**입니다. 별도의 설치가 필요하지 않은 웹 서비스로 아이폰(iOS), 안드로이드 스마트폰, 윈도우, 맥 등 구분이 없이 자유롭게 파일 전송이 가능합니다.

투컬러컴비네이션
2colors.colorion.co

파워포인트에서 슬라이드 화면에 사용할 이미지나 폰트 및 도형의 색채, 배색 생각만 해도 고민이라고 하시는 분들은, 간편하게 투컬러 컴비네이션을 사용해보시면 좋습니다.

| AI 추천 사이트 |

리무브
remove.bg

Remove는 **개인이 무료로 사용할 수 있는 배경제거 사이트**입니다. 인공지능 기술을 활용하여 피사체를 인식하고, 배경을 깔끔하게 지워줍니다. 안드로이드폰은 구글 플레이스토어에서도 다운받아 사용할 수 있습니다. 캔바 CANVA 에디터를 활용해서 디자인을 만들 수도 있습니다.

클린업픽쳐스
cleanup.pictures

모두 사용 가능한 **인공지능 배경 제거 사이트**입니다. 클린업 픽쳐스는 **[인페인팅]이라는 인공지능 기술을 이용**하는 사이트로, '인페인팅'이란 이미지에서 손상된 부분을 채우거나, 누락된 부분을 복원하고 사진에서 원하지 않는 사물이나 인물 및 개체를 제거하는 기술입니다. '인페인팅'은 딥러닝 알고리즘을 활용하여 이미지의 특정 부분을 새로운 이미지로 변경도 가능한 기술입니다.

플레이스잇
placeit.net

실제 제품을 만들기 전, 디자인 검토를 위해 **실물과 비슷하게 시제품을 제작하는 작업의 과정을 '목업(Mockup)'**이라고 합니다. 머릿속으로 상상하는 것과 눈에 보이는 형태의 시제품으로 만들어서 작업을 진행하는 것은 정말 큰 차이가 있습니다. 디자이너가 아닌 이상(혹은 우리 팀에 디자이너가 없다면) 목업을 하는 과정이 너무 어렵습니다. 그럴 때 강력 추천하는 것이 **무료 목업 사이트를 활용하는 방법**입니다. 실제로 전자책을 만들 때 썸네일, 상세 페이지에 들어갈 입체적인 전자책 이미지를 만들기 위해 플레이스잇을 사용하면 쉽고 빠르게 만들 수 있습니다.

셀프
xelf.io

xelf은 전 세계 수많은 유저들과 함께 **무료 ppt 탬플릿을 제작하고, 공유할 수 있는 커뮤니티 기능을 포함**하고 있습니다. 일단, xelf는 한국어를 지원하기에 영어 울렁증이 있는 당신이라면 보다 편하게 사용해볼 수 있습니다. xelf는 미리캔버스처럼 ppt 탬플릿뿐만 아니라 카드 뉴스, HTML5를 이용한 게임 소스까지 당신만의 개성을 뽐낼 수 있는 다양한 콘텐츠를 제작하고 웹을 통해 유저들과 공유할 수 있습니다.